U0720620

高职高专"十三五"物流类专业系列规划教材

运输管理实务

主　编　柯沪芬　高　怡
副主编　陶　青　樊恺盈

西安交通大学出版社
XI'AN JIAOTONG UNIVERSITY PRESS

内 容 提 要

　　本书以系统化的工作过程为导向，注重学生运输技能的训练，对物流运输业务进行了全面的梳理、分析和概括，共包括九个项目，即物流运输概论、公路运输实务、铁路运输实务、航空运输实务、水路运输实务、管道运输实务、集装箱运输实务、国际货物运输、运输分析与决策。

　　本书既可作为高职高专物流管理、运输管理、交通运营管理等专业的教学用书，也可作为物流从业人员的参考用书。

前言
FOREWORD

2017年1月,国务院印发了《国家教育事业发展"十三五"规划》,重点强调了课堂教学与实训的融合,项目教学、案例教学、情境教学等教学模式的综合运用。根据《国家教育事业发展"十三五"规划》的要求,紧密围绕高职教育培养学生岗位技能的主旨,编者对本书的内容、结构进行了策划和编排。

本书以系统化的工作过程为导向,注重学生运输技能的训练,培养学生运输职业岗位能力、自主学习能力、解决问题的能力和创新能力。全书共有九个项目,每个项目以知识目标和能力目标为主旨,通过项目导入案例和案例后的"学而思",让学生带着任务去学习。项目后的实训环节,理论和实践紧密结合,使学生在实训中巩固了知识,掌握了运输工作的岗位技能。

运输管理实务是高职院校物流管理专业的一门核心课程,也是一门应用性很强的物流管理专业课程,因此教材的编写以运输管理的实践运用为主线,以运输管理岗位群对应的岗位技能的培养为核心。本书对物流运输业务进行了全面的梳理、分析和概括,主要呈现出以下特点:

(1)根据物流企业对运输相关岗位从业人员的能力要求设计教材内容,以就业为导向,适应社会和相应企业对人才的要求。运输管理岗位群对应岗位及岗位能力如下表所示:

序号	岗位描述	岗位能力要求
1	运输调度员	能够根据货物的性质、重量、体积等因素合理调配车辆; 运输单证的处理和交接
2	送货员	有驾照; 熟悉运输流程; 运输过程中对商品最大限度地保护; 会计算运费

序号	岗位描述	岗位能力要求
3	运输经理（主管）	熟悉运输法规； 制定运输线路； 选择运输工具； 良好的沟通协调能力； 能够处理运输过程中的突发事件
4	运输总监	具备丰富的运输专业知识； 能够对运输工具、运输服务商、运输线路的优化、运输能力的配备进行决策； 熟悉车辆管理； 熟悉交通和地理信息； 良好的沟通协调能力

（2）全书共九个项目，分别是物流运输概论、公路运输实务、铁路运输实务、航空运输实务、水路运输实务、管道运输实务、集装箱运输实务、国际货物运输、运输分析与决策。每个项目由以下内容构成：①导入案例：帮助学生了解每一个项目的主要学习内容，激发学生的学习兴趣；②知识目标和技能目标：帮助学生分清主次，明确学习目标；③知识精讲：详细、透彻地讲解运输知识点；④实训：理论结合实际，帮助学生增强对知识的理解力，考察学生解决实际问题的能力，突出岗位技能的培养。

（3）情境教学理念在教材编写中的运用。每个项目设计的实训环节，让学生模拟在真实工作环境中的角色，在实践中消化理论知识，掌握物流岗位技能，变被动学习为主动学习，提高学习的兴趣和效率。

本书由西安职业技术学院柯沪芬、高怡担任主编，陶青、樊恺盈担任副主编。具体编写分工如下：柯沪芬（项目一、项目二、项目三）；高怡（项目四、项目五、项目九）；陶青（项目六、项目七）；樊恺盈（项目八）。柯沪芬负责全书的整体策划、结构和内容设计及统稿工作。在教材的编写过程中，得到了陕西省物流与采购联合会相关领导及陕西省部分物流企业领导的大力支持，在此表示感谢。

由于时间仓促，编者水平有限，加之物流运输行业发展变化快，书中难免有不足之处，恳请广大读者提出宝贵意见。

编者

2017 年 11 月

目录
CONTENTS

项目一
物流运输概论

学习目标

知识目标：

了解运输的概念；

了解运输的功能；

理解运输市场的特征和功能；

区分物流与运输。

技能目标：

能识别运输参与方，并明确各个参与方的作用；

能够运用运输的供需机制解决实际运输问题。

案例导入

货主跟车货物丢失谁担责？

案情：一公司委托个体运输的老韩运送一批货物，公司组织人员装货并捆绑好篷布，并派职员随车押运。行车途中，由于篷布松动，部分货物丢失，价值远超过运费。为此，托运货物的公司要求老韩赔偿。老韩想咨询一下，在货主派人随车押运的情况下，丢失货物谁应该承担责任？

律师称，老韩是否要承担货物损失的赔偿责任，关键是看他与托运公司所形成的是哪种法律关系。

如果是运输合同关系，那么，老韩作为承运人，就应当对货物丢失承担赔偿责任。因为按相关法律规定，承运人对运输过程中货物的毁损、灭失承担损害赔偿责任，但承运人证明货物的毁损、灭失是因不可抗力、货物本身的自然性质或者合理损耗，以及托运人、收货人的过错造成的，不承担损害赔偿责任。

不过，从老韩反映的情况看，他与托运公司之间应该属于雇用关系。按规定，托运人办理货物运输应当向承运人准确表明收货人的名称或者姓名，或者凭指示的收货人，以及货物的名称、性质、重量、数量、收货地点等有关货物运输的必要情况。

本案中，双方没有就运输货物的数量等内容签订运单，也没有办理货物的交接手续，并非运输合同，而是约定由老韩提供劳务，并且由该公司派人随车押运货物，自行履行对货物照料和保管的义务。因此，丢失货物的损失，应由该公司自行承担。

你了解运输中的托运人、承运人等专业概念吗？"老韩"在本运输实例中，其身份是什么？他应该承担的运输责任是什么？

任务一 物流运输概述

▶一、运输的概念

《中华人民共和国国家标准物流术语》对"运输"的定义如下：用设备和工具，将物品从一地点向另一地点运送的物流活动。其中包括集货、分配、搬运、中转、装入、卸下、分散等一系列操作。运输以改变物的空间位移为目的。运输是物流的主要功能之一，也是物流的基本活动要素。

▶二、运输的功能

从原材料到半成品到产成品，从生产领域到流通领域，从生产企业到消费者，运输发挥着日益重要的作用。运输在完成货物位移的过程中，实现了以下三大功能：

（一）创造货物的空间效用

"效用"是微观经济学中最常用的概念之一，我们将"消费者从消费某种物品中所得到的满足程度或实现了某种价值"称之为"效用"。运输是一种特殊的商品，其特殊性体现在无形性上，消费者在购买并消费运输服务时，运输使货物的空间位置发生变化，在空间变化的过程中产生更大的价值，给消费者带来高价值的满足程度。例如，陕西省周至县名优猕猴桃口感鲜美，富含多种维生素，很多果农对猕猴桃进行加工再出口，在猕猴桃从国内到国外的运输的过程中，通过改变猕猴桃的空间位置，创造了更多的利润，实现了创收的价值。

（二）创造货物的时间效用

京东与永辉超市在生鲜领域的配送合作——京东到家诞生了，主打 3 公里范围内、2 小时送货上门的生鲜、超市食品、外卖和鲜花的配送服务，对于下班回到家就想做饭的人们来说，非常实用。

（三）短时间的储存

运输的短时储存功能是指将运输工具作为临时的储存设施，让运输工具发挥仓储的功能，节约物流成本。这种情况通常发生在需要中转的货物上。例如，有一批货物到达韵达快递西安集散中心，正值运输旺季，货物周转量非常大，仓库不够用，在这种情况下，我们可以将到达集散中心的韵达货车作为临时仓库存放货物，省去了卸货、仓储成本（由于仓库不够用，在附近租用仓库产生的费用）。

▶三、运输的参与方

（一）货主

货主即货物的所有人，有时是发货人，有时是收货人（多数情况下，货主指发货人）。货主可以是生产企业、流通企业等法人,也可以是自然人。货主是运输的主要参与方。货主的权利包括要求承运人按合同约定的时间安全运输到约定的地点;在承运人将货物交付收货人前,托运人可以请求承运人中止运输、返还货物、变更到货地点或将货物交给其他收货人,但由此给承运人造成的损失应予赔偿。货主的义务主要有:如实申报货运基本情况的义务;办理有关手续的义务;包装货物的义务;支付运费和其他有关费用的义务。

(二)承运人

承运人是指本人或者委托他人以本人名义与托运人订立货物运输合同的人。在实际的运输业务中,承运人有两个特征非常明显:①承运人拥有运输工具。例如航空公司和航空货运公司,二者当中,只有航空公司拥有飞机,能够完成货物运输,因此航空公司是承运人。②承运人与托运人签订运单。

承运人的权利是收取运费及符合规定的其他费用;对逾期提货的,承运人有权收取逾期提货的保管费,对收货人不明或收货人拒绝受领货物的,承运人可以提存货物,不适合提存货物的,可以拍卖货物提存价款;对不支付运费、保管费及其他有关费用的,承运人可以对相应的运输货物享有留置权。承运人的义务是按合同约定调配适当的运输工具和设备,接收承运的货物,按期将货物运到指定的地点;从接收货物时起至交付收货人之前,负有安全运输和妥善保管的义务;货物运到指定地点后,应及时通知收货人收货。承运人对货物在运输过程中发生的货物灭失、短少、污染、损坏等负责。一旦发生此种情况,应按实际损失给予赔偿。这种损失必须发生在承运人的责任期间内。承运人的责任期间一般是从货物由托运人交付承运人时起,至货物由承运人交付收货人止,法律有特别规定或当事人有特别约定的除外。在这段责任期间内,承运人应承担货物损失的责任。只有在损失是由于不可抗力、货物本身的自然性质或合理损耗、托运人或收货人的过错等原因造成的情况下,承运人才可以免责。

知识链接

运单

运单是由承运人签发的,证明货物运输合同和货物由承运人接管或装船、车及空运,及承运人保证将货物交给指定的收货人的一种不可流通的单证。运单具有合同证明和货物收据的作用。因此,我们通常可在运输合同中看到"运单作为本协议的附件,具有与本协议同等的法律效力"的字样。

(三)货运代理人

货运代理人是连接货主与承运人的桥梁,是把委托者(通常是货主)委托的货物,通过制定的运输途径,从一地运往另一地,货运代理是为运输公司(海、陆、空)代理收运货物、揽货,从而在完成货主与客商之间的贸易中起到重要的连接作用的公司。

货运代理人根据其服务范围,可以分为国内货运代理和国际货运代理。国际货运代理行业的形成,是国际商品流通过程的必然产物,是国际贸易不可缺少的组成部分。

国际货运代理人可以代理货主办理以下业务,货运代理人代替发货人承担在不同货物运输中的任何一项手续:

(1)以最快最省的运输方式,安排合适的货物包装,选择货物的运输路线。

(2)向客户建议仓储与分拨。

（3）选择可靠、效率高的承运人，并负责缔结运输合同。

（4）安排货物的计重和计量。

（5）安排货物到港口的运输，办理海关和有关单证的手续，并把货物交给承运人。

（6）代表托运人/进口商承付运费、关税税收。

（7）办理有关货物运输的任何外汇交易。

（8）从承运那里取得各种签署的提单，并把它们交给发货人。

（9）通过承运人与货运代理在国外的代理联系，监督货物运输进程，并使托运人知道货物去向。

国际货运代理人可以代理承运人办理以下业务：向承运人及时定舱，议定对发货人、承运人都公平合理的费用，安排适当时间交货，以及以发货人的名义解决和承运人的运费账目等问题。

（四）政府

运输服务是无形的，这种特殊的无形性决定运输涉及面广，管理难度大。从发达国家和地区的经验来看，现代物流运输的发展离不开政府的支持和适当的干预，既需要政府政策的引导，也需要政府资源的支持。

➤ 四、运输业的发展现状

目前，我国已建成了由铁路运输、公路运输、水路运输、航空运输和管道运输5个部分组成的综合物流运输体系，运输线路和场站建设方面以及运输车辆及装配方面都有较大发展。

截至2015年末，全国公路总里程457.73万公里，公路密度47.68公里/百平方公里，全国高速公路里程12.35万公里，位居世界第一；全国铁路营运里程12万公里，仅次于美国，其中高速铁路里程1.9万公里，超过世界其他国家里程之和；内河航道12.6万公里，其中高等级航道1.3万公里，沿海港口万吨级以上泊位2200多个，吞吐能力世界第一；输油管线里程12万公里；现有民用机场202个，业内人士预测，"十三五"期间，中国民航业将迎来快速发展时期。机场数量从目前的202个，可能会进一步增加到270个左右。机场覆盖所有地级行政单位，县级行政单位被覆盖95%以上。

➤ 五、运输业存在的问题和改进

（一）运输业存在的问题

1. 运输管理体制制约物流运输的发展

现行运输管理体制实行层级管理，使得部门之间、地区之间的权利和责任存在交叉和重复，难以有效合作和协调。运输的网络化特征又要求各种运输方式要相互联合，综合利用，提高效率，节约成本。现行体制直接导致了各种运输资源的分散和难以整合，影响以多式联运为基础的各种物流服务的发展。

2. 运输决策不当

国家发改委、国家统计局和中国物流与采购联合会对2014年全国重点工业、批发和零售企业（共1069家）物流状况的统计调查显示，运输外包比例处于较高水平。从物流运输量看，2014年工业、批发和零售企业委托代理货运量比上年增长11.6%，占货运量的79.6%，但仍然有很多企业观念落后,在运输的组织方面仍然采用自营运输的模式,不愿外包,自己承担物流运输,这使得运输的不合理现象经常发生:运输工具、运输线路选择不当,运输成本增加,更为重要的是,使运输资源的利用率下降,造成了资源的浪费。

3.运输的信息化、标准化程度低

发达国家物流运输领域的信息技术如条形码、GPS、GIS、RFID、运输管理系统等已经广泛使用,我国的很多运输企业基于成本的原因尚未运用信息技术,使得运输行业的信息化程度较低,因而物流公司普遍存在对物流信息的获取、处理、运用能力不强的问题,导致送货延迟、错误递送等行为经常发生,最终导致物流服务成本的增加。

(二)改进

1.发展综合运输体系

打破现行条块分割的运输管理体制,统一协调各种运输方式,整合现有的运输资源,着力发展多式联运等综合运输组织方式。多式联运运输价格低、运输时间短、运输质量高,为货主节省时间、提高效率。

2.合理决策运输方案

合理决策运输方案有两层含义:一方面,落后企业应该改变观念,特别是中小型规模的企业更应该外包运输业务,既能够节约运输成本,也能有效地优化社会运输资源的配置;另一方面,每一种运输方式都在速度、运量、成本和灵活性方面均有不同特点,因而在进行运输决策,如选择运输方式、设计运输时,要综合考虑各个方面因素,进行决策。

3.加快信息化、标准化建设和运用

鼓励企业充分利用计算机管理、RFID、条形码和GPS等先进信息技术,发挥计算机网络的通信优势,运用EDI等先进处理手段,形成信息共享的全方位服务网络,使散布在各处的信息资源汇集起来供大家实时共享、准确获取,形成网络化经营,提高货物运输的整体效益。

任务二　运输与物流的关系

➤一、运输与物流的区别

在现实生活中,常常有人将运输等同于物流,究其原因主要是由于在物流活动中运输的重要性所致。运输是社会物质生产的必要条件之一,是国民经济的基础和先行。运输虽然不创造产品,但是通过改变货物的位置,创造了空间效用。

国家标准《物流术语》中,"物流"的定义是:物品从供应地到接收地的实体流动过程,根据实际需要,将运输、储存、装卸、搬运、包装、流通加工、配送、信息处理等基本功能实施有机的结合。从定义中可以看到,运输只是物流整个实体流动过程中的一个部分。除了定义层面,物流与运输的区别体还现在以下几个方面:

(1)物流的时间弹性强。物流服务的计划性很强,但是制订计划的出发点仍然是以企业的生产、商品的销售节奏为基础,无论是企业内部因素或是外部环境导致订单的变化,物流计划必须作出及时的调整,而运输的时间弹性稍弱,时间因素也成为很多运输企业的核心竞争力。例如,京东推出的211限时达业务即当日上午11:00前提交的现货订单,当日送达;夜里11:00以前提交的现货订单,第二天15:00前送达。

（2）物流实现了实物流、商流和信息流的三流联动。运输通常只注重实物的流动，而物流同时关注着商流和信息流的同步联动。

（3）物流比运输更依赖先进技术的应用。20世纪90年代以来，互联网、条形码以及卫星定位系统在物流领域得到普遍应用，而且越来越受到人们的重视。这些高科技在物流领域的应用，极大地提高了物流的信息化和物流服务水平，运输领域的先进信息技术再配合自动化立体仓库、自动化装卸设备、电子票签拣货技术等物流领域其他环节的先进信息技术，使物流系统的综合功能不断完善，物流总成本不断降低。所以，有学者认为"物流就是综合运输加高科技"。

（4）现代物流体现了系统化管理思想。物流的概念最早在美国形成于二战时期，主旨是军事后勤。发展至今天，现代物流不仅单纯地考虑从生产者到消费者的货物配送问题，而且还考虑从供应商到生产者对原材料的采购，以及生产者本身在产品制造过程中的运输、保管和信息等各个方面，全面地、综合性地提高经济效益和效率的问题。因此，现代物流是一个控制原材料、制成品、产成品和信息的系统，从供应开始经各种中间环节的转让及拥有而到达最终消费者手中的实物运动的过程。这与传统物流把它仅看作是"后勤保障系统"概念相比，在深度和广度上又有了进一步的含义。由于物流深度和广度的变化，所以现在的物流与运输相比，体现了系统化的思想：一方面，物流以满足客户的需求为最终目标，同时兼顾供应链上各方的利益，比如基于系统化管理思想产生的VMI供应商管理库存理念；另一方面，物流是包含运输、仓储、配送、流通加工、包装、装卸搬运、信息处理等多个环节的综合系统，为了降低物流成本必须通盘考虑，否则会带来极强的"效益背反"现象，导致物流成本不降反升。

知识链接

效益背反

"效益背反"又称为二律背反，即两个相互排斥而又被认为是同样正确的命题之间的矛盾。物流成本的效益背反规律或二律背反效应又被称为物流成本交替损益（trade off），是指在物流的各要素间，物流成本此消彼长。这种现象在物流领域普遍存在。例如，为了提高运输效率，降低运输成本，可行的做法是在生产商与客户之间增加仓库的数量，但是仓储成本会显著上升，如果仓储成本上升的幅度大于运输成本下降的幅度，最终会导致物流成本不降反升。

二、运输与物流的联系

运输是物流的重要构成要素，运输合理化是实现物流合理化的关键。运输与物流的其他构成要素的关系也极为密切，影响物流其他功能要素的实现。

（一）运输与包装

包装对运输的影响是整体上的。运输决策中对于运输方式的选择就是根据货物本身的特点以及包装的特点进行的。因而，货物包装对运输方式的选择、配载、装车，都有很大的影响。包装影响整个运输过程的组织与实施，包装技术的不断发展也深刻影响着运输行业的发展趋势。

运输与包装的效益背反现象常常发生。众所周知，包装成本在物流成本中所占比例很大，这也就意味着在产品销售市场和销售价格不变的前提下，假定其他成本因素也不变，那么包装方面每节约一分钱，这一分钱就必然转到收益上来，包装越省，利润则越高。但是，一旦商品进入流通之后,如果节省的包装降低了产品的防护效果,造成了大量损失,就会造成运输的货损率加大,使运输成本显著上升。我国流通领域每年因包装不善出现的上百亿的商品损失,就是这种效益背反的实证。

(二)运输与仓储

现实生活中,很多商品的生产和消费是存在背离的,如大米、空调、羽绒服等。通过仓储环节,采用适当的方法和保管技术,保持并延长商品的使用价值。当仓库中储存的商品成为消费领域急需的商品时,运输成为关键环节。运输使仓库中的商品完成了货物的流转,实现了商品的价值,维持了企业的再生产。例如,羽绒服、空调的反季节销售都是很好的实例。运输与仓储的效益背反现象经常发生。

(三)运输与装卸搬运

一般而言,一次运输伴随着运输之前的装货和运输之后的卸货,装卸质量的好坏严重影响到物流运输的效率。此外,当涉及多式联运时,装卸搬运也是有效联接各种运输方式的必要环节。

(四)运输与配送

配送是指在经济合理的区域范围内,根据客户要求,对物品进行拣选、加工、包装、分割、组配等作业,并按时送达指定地点的物流活动。配送的重点是配,配是送的基础,但很多人存在认识上的误区,认为配送中的送等同于运输,我们从以下几个方面对此加以区分:

(1)从运输性质方面讲,配送是支线运输、区域内运输、末端运输,而运输则属于干线运输。

(2)从货运量方面讲,配送所运送的是多品种、少批量,而运输则是少品种、大批量。

(3)从运输工具方面讲,由于配送的货运量小,所以配送时所使用的是小型货车,一般不超过2吨的载重量,而运输使用的是大型货车或铁路、水路等重吨位运输工具。

(4)从运输距离而言,配送中涉及的运输里程短,一般而言,在同一个城市内。运输的里程长,指不同城市、不同地域,甚至不同国家之间;

(5)从其附属功能方面讲,配送所附属的功能较多,主要包括装卸、保管、包装、分拣、流通加工、订单处理等,有学者甚至将配送称之为"小物流,物流的缩影",而运输则只有装卸和包装。

任务三　运输需求与运输供给

一、运输需求

(一)定义

运输需求是指在一定时期内、一定的价格水平下,对货物与旅客的空间位移具有支付能力的需要。从定义上可以看到,构成运输需求的两个必要条件,即:有空间位移的愿望和有支付能力,二者缺一不可。

学而思

小明准备去韩国旅游,机票的费用是3000元,但是小明只能拿出2000元用于旅游开支,请问小明去韩国旅游是运输需求吗？

（二）构成要素

运输需求的构成要素如下：

（1）运输流向，指货物或旅客发生空间位移时的运输走向；

（2）运输距离，指货物或旅客发生的空间位移的始发地到目的地之间的里程；

（3）运输价格，指单位重量的货物或每一位旅客的运输费用；

（4）运输时间，指托运人准备托运货物到承运人将货物完好地移交给收货人所需的时间；

（5）运输速度：货物在运输过程中从运输行为开始，直至将货物交给收货人止，货物平均每小时被运送的距离，也是运输工具（汽车、火车、飞机、轮船）单位时间内移动的距离；

（6）运输需求结构：指按照不同货物种类或者不同运输距离等因素对运输需求的分类。如：公路运输中，按照货物类别，常常将货物分为普通货物和特殊货物，特殊货物又可以进一步细分为大件（长大笨重）货物、贵重货物、鲜活及易腐冷藏货物和危险货物。

（三）特征

1.派生性

派生需求是由阿弗里德·马歇尔在其《经济学原理》一书中首次提出的经济概念，是指由于生产某种产品的需求而引起的对其中某种生产要素的需求。引起派生需求的商品或服务需求称之为本源需求。例如，对汽车运输的需求派生了对轮胎的需求。对汽车运输的需求是本源需求，对轮胎的需求是派生需求。

运输需求具有派生性，运输需求的本源需求是对社会经济活动的需求。运输是国民经济的基础和先行，货主或者旅客提出空间位移要求的目的并非位移本身，而是为实现其生产或生活的目的。因此，研究运输需求，必须关注社会经济活动的影响。

2.总体需求的规律性

运输需求派生自社会经济活动的需求，社会经济的发展在整体上呈现出一定的规律性。因此，运输需求受到社会经济活动的影响，经济景气时期，运输需求显著增长；经济萧条时期，运输需求明显下降。例如，随着经济的快速发展，人们的可支配收入不断增长，对于旅游的运输需求显著增加，据联合国世界旅游组织发布的最新数据显示，2013年全球国际旅游人数已超过10.8亿人次，旅游收入达到1.15万亿美元，增幅为5%。其中，以中国为代表的亚太地区成为增长最快的区域。2013年中国出境游逾9800万人次，境外消费高达1290亿美元，出境游人数和旅游消费均位居全球第一。

3.个别需求的差异性

货物运输的目的是为了将货物安全、及时地送达目的地。安全和及时是货主的共性需求，有的货主追求速度更快，有的货主追求价格便宜，有的货主追求高质量的服务，危险货物的运价高于普通货物，鲜活易腐货物运输的时效性更强，这些都是个别需求差异性的体现。

4.不平衡性

运输需求的不平衡性主要体现在地域和时间上。我国幅员辽阔，农业、轻工业、重工业和商业的产销地区分布不平衡，决定了物流运输的地域流向呈现出不平衡性。例如，煤炭的运输布局基本流向是西煤东运、北煤南运和煤炭出关；由于农业生产的季节性、经济贸易活动的淡旺季导致了运输需求在时间上的不平衡性。

（四）影响运输需求的因素

影响运输需求的因素主要有以下几个方面：

1.经济

运输需求是派生需求，其本源需求是社会经济活动的需求。因此，经济因素对运输需求的影响是最为重要的。同一国家或地区经济发展的不同时期，运输需求也会发生变化。经济繁荣，必定刺激运输需求；经济疲软，运输需求也会随之下降。国际物流运输需求也受经济的影响。例如，二战以后，国与国之间的交往越来越频繁，特别是石油危机爆发后，国际贸易量迅速增加，要求的货运质量也越来越高，因此，这一时期，运输需求突出体现在大型和超大型船舶以及国际集装箱运输。20世纪70年代，随着战后经济水平的提高，人们对货物运输的速度提出了更高的要求，在国际货运方面，航空货运量大幅度增加。

2.政治、经济体制

随着全球经济一体化的发展，国际贸易发展迅速。进行国际贸易时，两国的关系友好与否对运输需求产生直接影响。

我国的经济体制经历了从计划经济向市场经济的转变，不同经济体制对运输需求的影响非常明显。在计划经济体制下，商品进入流通领域的主要方式是分配，货物种类少，运输需求小；市场经济体制下，商品种类多，商品在市场上自由流通，交换的范围不断扩大，运输需求迅速增长。

3.科学技术

在人类的发展历史中，科学技术是构成生产力的重要因素。尤其是三次科技革命，改变了世界经济结构，使运输业发生了翻天覆地的变化。

18世纪60年代开始的第一次科技革命，使蒸汽机船和蒸汽机火车诞生，提高了运输速度；19世纪70年代开始的第二次科技革命的主要成就之一就是内燃机和新交通工具的创制：卡尔·本茨——内燃机驱动的汽车、莱特兄弟——飞机，使运输速度再次提高；第二次世界大战后爆发的第三次科技革命以原子能的利用、电子计算机和航天技术的发展为主要标志，人类进入"电子时代""信息时代"和"太空时代"，加快了运输工具的改造速度，促进了多式联运等。其中，智能交通系统的产生最为瞩目。智能交通，一般包括智能导航系统、安全驾驶系统、交通管理系统、行人帮助系统、公路高效管理系统、公共交通管理系统和运输车辆管理系统以及车辆紧急支援系统等子系统。它将信息、通信、控制和计算机技术及其他现代技术集成应用于交通运输领域，使人、运输工具、运输线路密切结合，建立起全方位发挥作用的实时、准确、高效的运输管理系统，实现对运输网络的现代化管理和对运输工具的服务，同时，也为交通安全提供了有力保障。

4.价格

按照西方经济学的理论，运输服务或运输商品的价格变动，会引起运输需求的变动。一般而言，价格下降，运输需求上升；价格上升，运输需求下降。

➢二、运输供给

（一）定义

运输供给是在一定时期内、一定价格水平下，运输生产者愿意且能提供的运输服务的数量。构成运输供给的两个必要条件是:运输生产者能够提供运输服务;运输生产者愿意提供运输服务。

(二)特征

1.不可储存性

运输是一种看不见、摸不着的服务。运输的生产和消费是同时进行的,即运输服务不能脱离生产过程而单独存在,所以运输不可储存,只能通过储备运输能力来适应运输市场的变化。众所周知,运输业(如高速公路、高铁)前期投资巨大,回收期长,由于运输服务不可储存,运输能力通常按照运输高峰量设计,在运输淡季时会受到巨大波动,运输业的风险很高。

2.运输供给的不平衡性

运输供给的不平衡性主要体现在以下方面:受价格因素的影响,价格上涨,刺激运力投入,运输供给显著增加;价格下跌,迫使运力推出市场,运输供给减少。由于运输需求的不平衡性,直接导致运输供给的变化。

3.外部性

外部性是经济学术语。外部性亦称外部成本、外部效应或溢出效应。经济学家萨缪尔森定义:"外部性是指那些生产或消费对其他团体强征了不可补偿的成本或给予了无需补偿的收益的情形。"外部性可分为正外部性和负外部性,运输供给产生的是负外部性。

运输供给的负外部性体现在两个方面,即环境的污染和运输条件的恶化。从环境污染角度来看,物流运输环节形成的污染分为公路污染、铁路污染、航道水域污染以及航空污染等,各种交通工具在运行过程中释放大量碳氧化合物和氮硫化合物,与扬起的灰尘一起形成强烈的空气污染,伴随噪音、强光等对生活在物流通道附近的居民造成扰袭。

运输业的规模效益非常明显,运输业可以在运输需求显著增加时,在运输成本几乎不变或较少增加的情况下,增加运输供给,但随之而来的是消费者运输服务质量的下降,让消费者为下降的服务质量埋单。例如,运输需求高峰时期,为了节约成本,火车站很少增加车厢,只是增加无座票的销售,而无座票的价格和硬座一样,无座的乘客享受到的运输服务质量根本无从谈起。

(三)影响运输供给的因素

1.经济

国家或地区的经济状况是运输供给发展的必备条件。"要致富,先修路""经济要发展,运输需先行"已达成共识。

2.政策

为了保证运输行业健康、快速的发展,中国的物流运输领域出台了一些重大的政策。①2015年9月29日,国务院办公厅发布了《国务院办公厅关于推进线上线下互动加快商贸流通创新发展转型升级的意见》。政策要点是:转变物流业发展方式。运用互联网技术大力推进物流标准化,重点推进快递包裹、托盘、技术接口、运输车辆标准化,推进信息共享和互联互通,促进多式联运发展。大力发展智慧物流,运用北斗导航、大数据、物联网等技术,构建智能化物流通道网络,建设智能化仓储体系、配送系统。发挥互联网平台实时、高效、精准的优势,对线下运输车辆、仓储等资源进行合理调配、整合利用,提高物流资源使用效率,实现运输工具和货物的实时跟踪和在线化、可视化管理,鼓励依托互联网平台的"无车承运人"发展。推广城市共同配送模式,支持物流综合信息服务平台建设。鼓励企业在出口重点国家建设海外仓,推进跨境电子商务发展。②2015年8月19日,国家发改委、交通运输部联合发布《交通运输部国家发展改革委关于开展多式联运示范工程的通知》。政策要点是:先期开展15个多式联运示范工程建设,形成具有典型示范意义和带动作用的多式联运枢纽场站、组织模式、信息系统以及多式联运承运人;不断完善多式联运设施、装备、信息化、运营组织等方面的技术标准和服务规范;探索托盘集装单元等管理运营模式;逐步充实推进多式联运发展的政策与法规,加快推进多式联运发展。在此基础上,不断归纳形成典型经验和做法,制定完善多式联运发展顶层设计,建立多式联运持续、有序发展的体制机制,加快推进物流大通道建设,促进我国多式联运加快发展。③2015年5月4日,交通运输部办公厅发布的《关于开展全国道路运政管理信息系统互联互通工作的通知》。相关要点是:按照"整体规划、统一接入,统一开发、复制推广,重在主体、兼顾个体"的联网思路和"先联后统再提升,边联边用出成果"的工作原则,自2015年5月起,全面启动各地运政系统建设和联网工作,在2015年度内全面实现全国道路运政基础数据的共享交换,基本实现运政业务跨区域、跨部门的业务协同。2016年底前,实现全国部、省、市、县四级运政系统业务的全面协调联动,为构建"省际联动、行业协同、资源共享、互联互通"的道路运输行业信息化体系奠定基础。

3.价格

价格因素的影响体现在运输服务的价格、运输服务成本等因素的价格变化。在其他因素不变的条件下,运输服务价格与运输供给呈同方向变化。引起运输服务成本变动的因素很多,值得关注的是生产要素价格的变动,如国际航运市场燃油价格上涨,必然导致运输成本增加,进而引起运输供给的减少;GPS、GIS等先进技术在运输领域的运用使运输管理成本显著下降,其结果是运输服务成本下降,运力增加。

实训一　认识运输与物流

实训目标:

通过分析案例,充分认识运输与物流的区别和联系。

实训要求:

以6人为小组,讨论运输对物流的重要性,认识运输与物流的区别和联系。

资料准备:

储运、物流到供应链:宝供的三级跳

有人在私底下开玩笑说,宝供能发展到今天,跟总裁的名字有很大关系,"刘武",反过来念就是"物流"的谐音,所以宝供才能在物流市场上有那么好的触觉。一句笑谈,道出了玩笑人对刘武在物流领域敏锐性的认同。摩根士坦利给宝供下的评语是"中国最具价值的第三方物流企业",麦肯锡也有类似的评价。刘武把宝供物流企业集团的发展大致分为三个阶段:1994年到1997年,是宝供从一家传统的储运企业变成了提供物流一体化服务的专业公司;1997到2000年,宝供逐步变成了一家较为成熟的第三方物流企业;2000年至今,则是宝供从提供物流专业服务向提供供应链一体化服务转型的阶段。

"储运—物流—供应链",宝供就这样进行着它的三级跳。宝供与宝洁的合作始于1994年。当时,刘武在广州承包经营一家铁路货物转运站,而刚刚进入中国市场的宝洁正在为产品

不能及时、快速地运送到全国各地而犯难,经人介绍,宝洁找到了刘武。对于与宝洁合作的第一笔业务,刘武至今仍记得很清楚。"为了这4个集装箱的货,我自己坐着飞机赶到上海,对这笔货进行了全过程的跟踪。"当时,铁路货运紧张且中间环节非常烦琐,而宝洁的要求则显得非常苛刻,不仅要准时送达,而且还有许多附加要求。这些在现在看来再正常不过的事情在当时却被看着是天方夜谭,宝洁此前也曾与多家储运企业有过接触,但都没能谈成。"当时我们也觉得这些要求是有点过分,但并不是完全做不到的事情,所以我们就答应了下来。"在这单业务结束后,刘武主动给宝供写了一份报告,对整个过程中各环节可能遇到的问题及解决办法都详细地作出了说明。刘武称这笔业务他基本上没赚到钱,但却赢得了宝洁的信任。此后,刘武注册成立了宝供储运公司,而宝洁也加大与宝供的合作力度,到1996年,宝供已经成了宝洁铁路运输的总代理。宝洁对于宝供发展的重要性是不言而喻的,在很长的一段时间里,来自宝洁的业务都占据了宝供的绝大部分。但是,宝供并没有因为有宝洁这样大客户而满足。早在1995年的年终总结大会上,刘武就提出了"依靠宝洁,发挥优势,积极参与市场竞争"的方针,"说得难听点,宝供不是宝洁的储运部"。刘武表示,1995年正是宝洁在中国市场快速膨胀的时期,宝供又是刚创办不久,实际上并没有余力去承担更多客户的业务。但这种未雨绸缪的意识却让宝供走出了"宝洁储运部"的影子,现在我们知道,除了宝洁之外,宝供的客户名单中还增添了飞利浦、TCL等几十家国内外著名企业,而宝洁也将其物流业务分散给了更多的服务商。

有人评价说:"宝供一没有大规模车队,二没有自己的仓库群,连搬运工都没有,靠什么赚钱?宝供靠得就是把整个物流过程产业化,并做成了一套规范,然后去社会上找车队、仓库和搬运工,按他们的要求去做。这样,宝供就跟一般的储运企业有了明显的区别,真正达到了物流的层次。"说起注册物流企业的事,刘武至今仍印象深刻。当时,他提出要以"物流"的名称注册宝供,但是跑遍了广州、北京、上海等地的工商部门均未能如愿,因为在当时工商部门的"字典"里,根本就没有"物流"这个词。最后,刘武找到了国家工商总局的有关领导,费了许多口舌,才算把这件事给办了下来。1999年,宝供储运有限公司更名成了宝供物流企业集团。

"我记得,我们注册批文下来的时候,工商总局的领导对我说,你们现在是国内唯一的一家物流企业集团。"刘武言谈中充满自豪。近期,宝供对他们的物流基地发展规划作了修改,规划在全国兴建物流基地的数量由原来的10个扩充为15个。按宝供的规划,这15个基地将主要分布在东南沿海地区,同时兼顾华中、西南和西北地区。目前,宝供苏州物流基地一期工程已完工并投入运营,广州基地也已进入收尾阶段。广州基地是宝供投资规模最大的一个基地,占地面积约70万平方米,总投资为8亿元至10亿元。刘武设想中的物流基地,将是集配送、分拣、拼装和简单加工等功能为一体的一站式物流中心。同时,还附加了基于进出口业务的保税、通关、检验检疫和国际金融结算等功能。另外,由于生产商和供应商的产品都在宝供的基地集散,基地同时还具有产品展示和贸易的功能,在一定意义上,宝供的物流基地也是一个采购平台。利用这些基地,宝供为客户减少了大量的搬运环节,降低物流成本,自身也通过增值服务获取更多的利润。刘武表示,宝供之所以花大力气在物流基地的建设上,是因为随着物流市场竞争的激烈,企业对物流服务的要求也越来越高,小批量、多批次、多品种的配送方式和快速反应的能力越来越被看重,这就要求对物流的各环节进行高度整合,提高效率,宝供建设物流基地就是为了适应这种需要。实际上,物流基地建设这么受重视,还在于宝供将此作为其向供应链一体化服务提供商转型的重要载体。

2002年,宝供向外界宣称与IBM合作,进军供应链服务领域。"向供应链方向转型,意味着我们的主要业务变成了两个方面：一是与需要服务的企业一起制订合理的供应链解决方案，不仅涉及他们的产品物流，还要将其销售、生产、采购的各个环节的物流业务作综合性的规划，提供整体优化方案；二是通过我们的物流服务来确保这个方案的实施。"谢家涛表示，这涉及宝供利润着眼点的变化，"通俗一点说，宝供以前主要靠整合社会资源提供物流服务赚钱，今后则主要通过提供和实施供应链解决方案来赚钱。"刘武表示，宝供的转型已取得了一定的成绩，"联合利华整个工厂的仓库管理都在由我们做。像飞利浦照明，他们现在只负责生产、销售和定价，别的相关事情都是由我们在做。红牛的整个供应链业务更是都交给了我们。"不过，刘武也坦承，基于目前国内的现实条件，供应链上下游的厂商之间缺乏起码的信任和沟通，这方面的业务推进需要较长的过程，所以宝供必须从最基础的工作做起，建设物流基地，就是要让它成为一个联系供应链上下游厂商的纽带。

案例思考：从宝供公司"储运—物流—供应链"三级跳的发展历史看，运输与物流存在怎样的关系？传统的运输企业应如何应对物流行业的发展？

项目小结

本项目介绍了运输的定义；运输的三大功能：创造货物的空间效用、时间效用，短时储存；分析了货物运输的参与方，即货主、承运人、货运代理人和政府在运输中发挥的作用；区分了运输与物流；分析了运输需求、运输供给的定义、特征和影响因素。

思考与练习

1. 运输与物流的区别和联系是什么？
2. 简述承运人在运输中的作用。
3. 我国运输业的发展现状如何？
4. 结合实际，谈一谈影响运输需求的因素有哪些？

项目二

公路运输实务

🔲 学习目标

知识目标:

了解我国公路运输的发展概况;

了解公路运输的类型;

掌握公路零担运输、整车运输的作业流程。

技能目标:

能够区分公路货物运输的各种单证,并正确填写货运单证;

能够根据实际的运输状况拟定运输合同。

案例导入

快递新物种来了! Uber 专车也送快递,滴滴快的也将这么干!

2016 年 6 月 10 日,全球规模最大的移动专车公司 Uber 宣布 Uber Rush(第三方快递服务)对外开发的接口(API)结束测试期,将面向所有的公司和开发者开放。

在相关移动软件中,服务商能直接整合 Uber 的快递服务,Uber 司机不仅可以"拉人",也可以"送货"了。而 2015 年 9 月 25 日,滴滴高管表示未来不排除涉足快递和物流等市场。

一、Uber Rush 怎么玩众包快递?

1. Uber 的众包快递服务

2014 年 4 月,Uber 正式开展众包快递服务 Uber Rush,在纽约曼哈顿地区提供由人力或自行车提供派送快递服务的 Uber Rush,通常能够在一小时之内到达,根据距离远近,费用在 15 至 30 美元之间。

简单来说,如果你在 Uber 所划定的五个区域内,就可以像用 Uber 叫车那样叫快递,Uber 的司机——在这里叫做 Messenger(信使)就会来取件并派送到你指定的位置。

和 Uber 过去的服务不同,Messenger 不是司机,他们可能会骑自行车,也可能是步行。用户可以在 Uber 上看到 Messenger 取件的预计到达时间,也可以随时检查自己的物品移动的位置。截至 2015 年 10 月份,该服务已经覆盖了纽约、芝加哥、旧金山三座城市。

2. 消费者咋用 Uber 发快递

具体的使用方法就像叫车——打开 Uber 软件选择 Uber Rush,给自己定位或者标记一个取件位置,Uber 告诉你过多久"信使"就会过来取件,然后你就可以根据 Uber 软件上看到物品移动的情况。不过 Uber 指明由于"信使"可能是步行也有可能是骑自行车,所以预计到达时间不一定会很准;如果"信使"坐地铁没有信号,也会影响预计到达时间或者物品的位置追踪。

二、Uber 物流新拓展

2016 年 1 月 29 日,Uber 为了进一步拓展这项服务,向第三方商家开放 Uber Rush 的 API。这意味着快递服务走向标准化,外部的公司,尤其是拥有 APP 的服务商,只需要利用这一接口,就可以直接采购 Uber 的快递服务,实现快速递送物品、商品的目的。

这样一来,其他零售商或是外部物流公司只需在自身产品里增加几行代码,就可以直接使用 Uber Rush 的快递服务。目前,已经有许多的商户 APP 整合了 Uber 的快递服务,比如披萨外卖服务软件 Pythagoras,上门干洗服务工具 Dryv,外卖送餐服务 Ando 和 Mealmade,此外还包括上门的无人飞机租赁服务商 Up Sponder 等。

三、Uber 的雄心勃勃,欲在快递行业大展宏图

1. 敢于跟联邦快递等快递巨头争食

据 Uber CEO 称,Uber 希望在 Uber Rush 及点餐服务 Uber Eats 覆盖的城市地区构建一个"城市物流网络"计划。同时 Uber 表示,这项计划拟招募超过 20 万人的司机团队参与城内邮包递送服务。这样一来,Uber 确实能从联邦快递手中抢走部分订单。但 Uber Rush 开启的是以智能手机为联络载体的快递服务,重点在于小型、快速、当天送达的类型。而这在联邦快递业务中,只是小部分。

Uber 快递司机从同城的地点 A 去往地点 B,服务范围受限于一个较小的地理区域,更多的只是适合递送一些类似鲜花、星巴克、外卖,或者是来自亚马逊的一本书等物件,较难威胁有巨大物流中心及高效快捷中心辐射型物流网络的联邦快递。

诚然,Uber Rush 的搅局不太可能逼死传统物流巨头,或者短期内引起什么实质性的影响,但是,其快递服务无疑是颠覆性的。

2. 对比国内快递

目前,国内传统快递的发展根基比较稳健,顺丰和通达系等势头相对都很猛。而自共享经济的风在全球刮起以来,Uber 快递业务这类众包物流业务早已拔地而起。

就京东而言,京东众包,后台强硬,是 Uber 快递业务扩展之路上一道难以逾越的障碍。虽然,Uber 以专车这类共享经济模式作为切入点,意图探索更为广泛的服务模式和业务板块的理念很符合时代发展,但就目前快递行业的发展形势来看,还需要充分利用自身的优势,对新业务所出现的问题作出有效的解决方案,突破瓶颈并撬动快递市场。

滴滴公关总监叶耘曾明确表示:未来将涉及物流业务。2015 年 9 月 25 日,滴滴公关总监叶耘表示:"我们很难给自己设上限,至少从目前来看,希望全面地涵盖出行领域遇到的各种场景和各种需求,未来不排除涉及物流、快递,甚至是更多的服务。"在他看来,人的流动和物的流动都是通过交通工具从 A 点到 B 点,甚至可以说人和物的需求是可以重合的。出租车司机、专车司机可能在头一天或早上出发时拿到一些快递,只需要去接这个方向的定单,就可以将运送人和运送物通过同一个行程完成。不过,叶耘坦言,目前,拓展物流业务还只是一个构想。

"当一个行为需要有多个任务同时发生的时候,对于信息之间的匹配度,包括在运营和管理上的难度会大大的增加,如果能够实现,可以大大提高交通的效率,也可以降低物流和出行的成本,背后的大数据挖掘和处理技术难度是非常高的。"叶耘说。

(资料来源:新物种来了! Uber 专车也送快递[EB/OL]. http://www.icaijing.org/ebusiness/article5433434/.)

学而思

你了解"众包物流"的概念吗？Uber 快递的竞争力体现在哪里？

任务一　公路运输概述

➤ 一、公路运输的发展

公路运输(highway transportation)是在公路上运送旅客和货物的运输方式,是交通运输系统的组成部分之一,主要承担短途客货运输。现代所用运输工具主要是汽车。因此,公路运输一般即指汽车运输。

公路运输是 19 世纪末随着现代汽车的诞生而产生的。初期主要承担短途运输业务。第一次世界大战结束后,基于汽车工业的发展和公路里程的增加,公路运输走向发展的阶段,不仅是短途运输的主力,并进入长途运输的领域。第二次世界大战结束后,公路运输发展迅速。欧洲许多国家和美国、日本等国已建成比较发达的公路网,汽车工业又提供了雄厚的物质基础,促使公路运输在运输业中跃至主导地位。发达国家公路运输完成的客货周转量占各种运输方式总周转量的 90% 左右。

知识链接

道路运输与公路运输

中华人民共和国成立之初,我国陆上有动力装置的交通工具主要是四轮车辆,称为"汽车"。并用其实现"货畅其流、人便于行"之目的,所以称为"汽车运输"。因此,当时的运输单位大都称"某汽车运输公司"等,当然也有叫"某公路运输公司"的。"公路"是近代说法,古文中并不存在,"公路"是以其公共交通之路得名,所以称"公路运输"有其合理之处。不管是"汽车运输",还是"公路运输",在今天看来,都相对狭小。因为除"汽车运输"之外,还有自行车、畜力车、人力车等非汽车类的运输大量存在,且"汽车"的管理部门叫法后来也改为"机动车"。"公路运输"仅仅为城际连线的运输,实际上还有城市内区间的运输。因此,自 1988 年《中华人民共和国道路交通管理条例》颁布后,"道路"的定义通过汇总、丰富而确定下来,从而形成了今天通用的"道路运输"。

(一)我国公路运输的发展概况

中华人民共和国成立前,我国的公路建设极为落后,1949 年全国公路的通车里程仅为 8 万 km。中华人民共和国成立后,为适应经济快速发展的需要,公路里程迅速增长,1959 年通车里程达到 50 万 km。

改革开放以来,公路运输市场在综合运输市场中发生的变化幅度和力度非常明显,特别是1983 年在全国交通工作会议上,交通部提出"有路大家行车"的公路运输市场开放政策,极大调动了社会各方从事公路运输的积极性,国有、个体、合资、外资等多元竞争的格局取代了以往的由交通系统运输企业独家经营的局面。至此,公路运输市场基本实现了"卖方市场"向"买方市场"的转变。

20 世纪 90 年代以来,公路运输发展的重点是改善公路运输的经营结构:根据运输需求变化的特点,发展省际长途客运和货运班线,增强了公路运输的服务功能;在城市内大力发展出租车客运,方便城市居民的出行需求,成为长途公路客运的有效补充形式;全国各地为适应外向型经济的发展,公路集装箱运输成为公路运输新的增长点;为适应城镇居民生活质量的提高,大力推进了生鲜货物的公路运输,使之成为公路货物运输增长较快的类别。

进入新世纪以来,随着我国公路建设的迅速发展,公路网络的不断完善,道路运输业成为服务范围最广、承担运量最大、运输组织最为灵活、运输产品最为多样的运输服务业,客货运输量呈现快速增长。根据《交通运输部公路水路交通运输行业发展统计公报》及《2013 年交通运输行业发展统计公报》,我国客运量由 2001 年的 140.34 亿人上升至 2014 年的 385.19 亿人,年复合增长率达到 8.08%,客运周转量从 2001 年的 7207.57 亿人公里上升至 2014 年的 20986.46亿人公里,年复合增长率达到 8.57%;货运量从 2001 年的 105.58 亿吨增加至 2014 年的 385.89 亿吨,年复合增长率达到 10.48%;货运周转量从 2001 年的 6332.87 亿吨公里增加至 2014 年的 73624.61 亿吨公里,年复合增长率达到 20.77%。2001—2014 年全国公路客运、货运情况如图 2-1、图 2-2 所示。

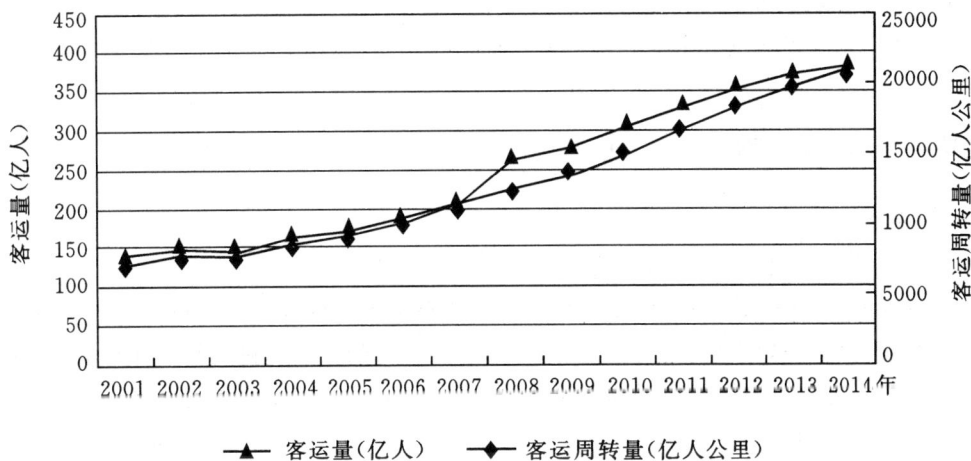

图 2-1 2001—2014 年全国公路客运情况

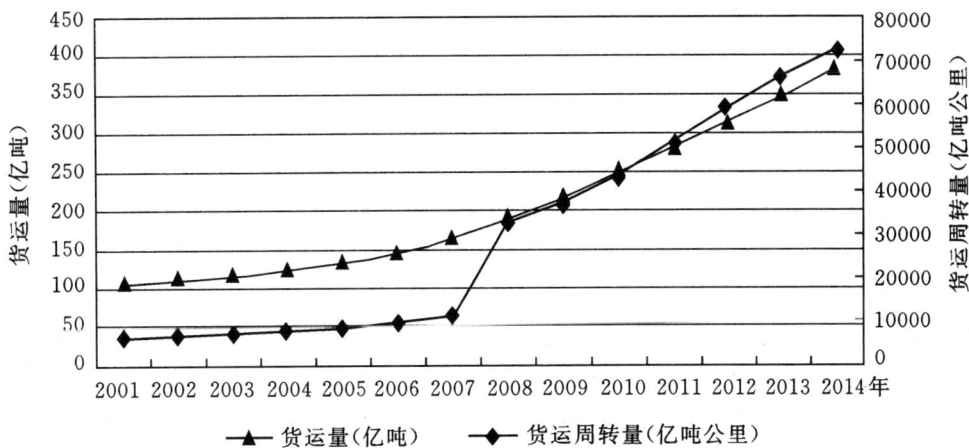

图 2-2 2001—2014 年全国公路货运情况

运输 管理 实务 *YunShuGuanLiShiWu*

"十二五"末期,我国公路总里程已经达到 450 万公里,二级及以上公路里程达到 65 万公里,省道总体技术状况达到良等水平,农村公路总里程达到 390 万公里。由此,随着公路基础设施的建设和投入,公路技术等级、路面等级和公路密度都将显著提高,通达水平也将进一步提升,从而为公路运输业的发展提供广阔的发展空间。

(二)我国公路运输的发展前景

随着高速公路及汽车专用公路建成投入使用,开展公路快速客、货运业务。随着公路网的完善,特别是高速公路网的形成,按规模化要求建立集约化经营的运输企业。公路货运业将纳入物流服务业发展的系统中,更强调在专业化原则上的合作,与服务对象的合作。

集约化经营、规模化发展,是公路客运发展的方向。运输组织方式按生产力水平分层发展,在公路通行条件好、客货流量大的公路上,按现代企业制度的要求建立规模化、集约化经营的运输企业,在车辆配置上充分考虑使用强度的影响及运输服务质量的要求。逐步加强运输规划,使公路建设及运输站场设施的配置与客货流规律更好地协调起来,同时还根据效率与效益的原则,把运输服务向纵深推进。

随着 GPS、GIS 等先进技术在公路运输领域的运用,智能运输系统将成为未来公路运输的发展方向。

二、特点和适用范围

(一)特点

与其他运输方式相比,公路运输的特点如下:

(1)适应性强。由于公路运输网一般比铁路、水路网的密度要大十几倍,分布面也广,因此公路运输车辆可以"无处不到、无时不有"。公路运输在时间方面的机动性也比较大,车辆可随时调度、装运,各环节之间的衔接时间较短。尤其是公路运输对客、货运量的多少具有很强的适应性,汽车的载重吨位有小(0.3t~1t 左右)、有大(200t~300t 左右),既可以单个车辆独立运输,也可以由若干车辆组成车队同时运输,这一点对抢险、救灾工作和军事运输具有特别重要的意义。

(2)直达运输。由于汽车体积较小,中途一般也不需要换装,除了可沿分布较广的公路网运行外,还可离开路网深入到工厂企业、农村田间、城市居民住宅等地,即可以把旅客和货物从始发地门口直接运送到目的地门口,实现"门到门"直达运输。这是其他运输方式无法与公路运输比拟的特点之一。

(3)运送速度较快。在中、短途运输中,由于公路运输可以实现"门到门"直达运输,中途不需要倒运、转乘就可以直接将客货运达目的地,因此,与其他运输方式相比,其客、货在途时间较短,运送速度较快。

(4)资金周转快。公路运输与铁、水、航运输方式相比,所需固定设施简单,车辆购置费用一般也比较低,因此,投资兴办容易,投资回收期短。据有关资料表明,在正常经营情况下,公路运输的投资每年可周转 1~3 次,而铁路运输则需要 3~4 年才能周转一次。

(5)技术易掌握。相对火车司机或飞机驾驶员的培训要求来说,汽车驾驶技术比较容易掌握,对驾驶员的各方面素质要求相对也比较低。

(6)运量较小。世界上最大的汽车是美国通用汽车公司生产的矿用自卸车,长 20 多米,自重 610t,载重 350t 左右,但仍比火车、轮船小得多;由于汽车载重量小,行驶阻力比铁路大 9~14 倍,所消耗的燃料又是价格较高的液体汽油或柴油,因此,除了航空运输,公路运输的成本也是居高不下。

(7)持续性差。按照技术经济学的观点,公路运输的经济里程为 300km 以内。超过 300km,运输成本上升的幅度会显著高于运输距离增加的幅度。在各种现代运输方式中,公路的平均运距是最短的,运行持续性较差。

(8)环境污染严重。公路运输的可变成本高,即消耗的燃料多,汽车所排出的尾气和引起的噪声严重地威胁着人类的健康,是城市环境污染的最大污染源之一。

(二)适用范围

公路运输的适用范围主要体现在以下四个方面:

(1)近距离,中、小批量的货物运输。如前所述,300km 以内的运输距离为近距离,也是公路运输的最佳经济里程。

(2)对运输时间较高的货物运输。公路运输的可变成本高,导致公路运输的运费高,但由于公路运输灵活、适应性强的特点,使公路运输成为仅次于航空运输的时效性较强的运输方式。特别是在距离短的公路运输中,这种适应性尤为明显,例如同城快递。

(3)独立运输作业。公路运输是铁路、公路、水路、航空、管道五种基本运输方式中唯一能够实现"门到门"的运输方式(门:发货人或者收货人的工厂或仓库)。因此,公路运输可以不依赖于任何运输方式,独立完成经济里程内的运输。

(4)补充和衔接其他运输环节。在多式联运的运输业务中,公路运输完成了货物起运地、目的地的集散以及中转节点的转运,补充和衔接其他运输方式,共同完成货物的运输任务。

三、类型

公路运输的划分标准有很多,按照不同的划分标准,公路运输可以分为以下不同的类型:

(1)按货运营运方式分类。按照货运营运方式的不同,可将公路运输分为整车运输、零担运输、集装箱运输、联合运输和包车运输。

①整车运输是指一批托运的货物在 3t 及其以上或虽不足 3t,但其性质、体积、形状需要一辆 3t 及其以上汽车运输的货物运输,如需要大型汽车或挂车(核定载货吨位 4t 及以上的)以及容罐车、冷藏车、保温车等车辆运输的货物运输。

②零担运输通常是指托运人托运的一批货物不足整车的货物运输。

③集装箱运输是将适箱货物集中装入标准化集装箱,采用现代化手段进行的货物运输。

④联合运输,是指一批托运的货物需要两种或两种以上运输工具的运输。目前我国联合运输有公铁(路)联运、公水(路)联运、公公联运、公铁水联运等。联合运输实行一次托运、一次收费、一票到底、全程负责。

⑤包车运输是指根据托运人的要求,经双方协议,把车辆包给托运人安排使用,按时间或里程计算运费的运输。

(2)按货物的运输和保管条件分类。按货物的运输和保管条件,可将公路运输分为普通货物运输和特种货物运输。

①普通货物是指货物在运输和保管的过程中,无需特殊看管的货物。具体而言,普通货物运输分为一等货物运输(堆积货物,价值较低,如煤、沙、石及某些非金属矿石等)、二等货物运

输(一般的工业产品、农业产品和加工过的矿产品)、三等货物运输(各种价值较高的工业制品和普通鲜活物品)。

②特种货物是指在运输和保管的过程中,需要特殊对待的货物。特种货物运输分为大件(长大笨重)货物、危险货物、贵重货物、鲜活及易腐冷藏货物四类运输。

(3)按运送速度分类。按运送速度可将公路运输分为一般货物运输、快件货物运输和特快专运。

一般货物运输即普通速度运输或称慢运。快件货物运输,它要求货物位移的各个环节上要体现一个"快"字,运输部门要在最短的时间内将货物安全、及时、完好无损地送到目的地。特快专运是指按照托运人要求在约定时间内运达。特快一般是在 24 小时内(有担保的)。

(4)按照托运的货物是否办理保险分类。按托运的货物是否办理保险或保价,可将公路运输分为不保险(不保价)运输、保险运输和保价运输。

保险和保价均采用托运人自愿的原则,办理保险或保价,需按照规定缴纳保险或保价费。货物运输保险是为了补偿由于不可抗力(地震、暴雨、泥石流)等非人为因素给货主造成的货损货差;保价是为了补偿人为因素(主要是承运人在运输过程中的看管不力)给货主造成的货损货差。

拓展阅读

快递寄丢 18 个"苹果"——论保价运输的重要性

近日,在广州市经营手机店的于先生通过物流公司给长沙的买家发了 18 个 iPhone 5s 手机。第二天,于先生突然接到物流公司的电话,称货物在运送途中遗失。而更让他气愤的是,对方弄丢了价值约 8 万元的货物,却只愿意按默认的 1 元保险金赔偿自己 200 元。

"光是今年已经合作了 40 多单,之前也一直没出过问题,所以对他们比较信任。"于先生称,装箱的时候还特意用黄色胶带将箱子封得严严实实,行内人一般都会知道,这种包装就意味着里面是手机、电脑等电子产品。于先生要求物流公司等价赔偿 8 万元,但是遭到拒绝,物流公司表示,按照双方的签单条款,于先生并未填写货物保价,只能按默认的 1 元保险金赔偿200 元。"我一再上门追问,他们坚持说我在发货前没有保价,只能赔这么多,但事实上他们根本没和我们说起过保价的事情,我对那些条款也一无所知。"于先生无奈地说。

提醒 1:托运时,尽量写全货物名称

某快递公司相关专业人士提示,在享受快递给生活和工作带来便捷的同时,也要多一份留心。快递过程中的一些不规范服务和不合理规定引发的纠纷和投诉不在少数,快递丢失难索赔,快递公司"限制性条款"免除自己的责任相对比较突出,因此在快递物品时一定要加强自我保护意识。

首先,尽量到当地邮局或者选择规模大、信用好的快递公司进行邮递。其次,在填送货单时,要仔细查看托运单的填写是否全面、清晰,是否包括货物名称、数量、价值、到货日期、运输方式、取货方式、收货人以及联系方式等。注意阅读运单背面条款,并清楚填写运单,尤其是托运物品的名称、数量,这在发生纠纷、申请赔偿时是相当重要的凭据。有的消费者就因为在运单上简单填写"物品",而无法证明寄递的内容物到底是什么,而失去了获得合理赔偿的机会。

提醒 2:贵重物品一定要保价

如果快递的是重要物品或易损坏物品,一定要选择保价快递服务并填写"等额保价合同"

以明确违约责任。一般情况下,消费者所支付的保价费为消费者申报保价金额的 1% 至 3%。贵重物品尽量与其他物品分开邮寄,单独填单。最后,要看清楚快递委托单背面的合同约定,发现快递公司单方面拟定的限制性不公平的格式条款,尽量不要选择这些公司的服务,避免货物在遭受损失后追偿困难。另外,要重视快递物品的运输状态。在包裹发出后,双方都需及时跟进包裹运输状态,如果网站上显示 24 小时没有再转运记录,即表示该快递有不正常原因:快递超区域、无法转运、快递包装破损、快递遗失等。要马上与快递公司联系,了解原因并及时追踪处理结果。

提醒 3:先验后签保存书面证据

在接收快递物品时,要先验后签,保障自身权益。消费者在寄递贵重物品时,要及时与收件人沟通,提醒对方在收货时切记要先验货后签字,当面开包检查、核对好货品后再签收。如发现物品丢损,尽量与投递员书面确认丢失情况,保存证据。同时也提醒广大消费者,一旦发现货物运输有问题,在收集好索赔证据的前提下,应立即联系快递公司进行投诉,如果对快递公司的答复不满意,可拨打 12315 进行投诉或者通过法律途径进行解决。

(资料来源:快递寄丢 18 个"苹果"——论保价运输的重要性[EB/OL]. http://roll.sohu.com/20140617/n400930786.shtml.)

四、公路货物运输基础知识

(一)公路货物运输系统构成要素

公路货物运输系统,由运输工具、运输线路、运输节点、运输参与方等多个要素构成,缺一不可。

1.运输工具

公路货物运输的运输工具主要指载货汽车。根据《机动车结构术语》可将载货汽车分为以下几类:

(1)普通货车。载货部位的结构为栏板的载货汽车,不包括具有自动倾卸装置的载货汽车。普通货车的使用范围最广泛,普通货物都适合装运。见图 2-3。

图 2-3 普通货车

（2）厢式货车。载货部位的结构为封闭厢体且与驾驶室各自独立的载货汽车。厢式货车可采用的材质有铁瓦楞、彩钢板、铝平板、铝合金瓦楞、发泡保温厢型。厢式货车可选后开门、左右开门、全封闭、半封闭、仓栅式。厢式货车具有机动灵活，操作方便，工作高效，运输量大，充分利用空间及安全、可靠等优点。其广泛适用于运输各类货物，特别是冷藏厢式货车可运输肉类、蛋类等生鲜货物。厢式货车的优点是能够全方位的保护货物，缺点是运价高。见图2-4至图2-6。

图 2-4　厢式货车

图 2-5　后开门厢式车

图 2-6　侧开门厢式车

（3）封闭货车。载货部位的结构为封闭厢体且与驾驶室联成一体，车身结构为一厢式。见图 2-7。

图 2-7　封闭货车

（4）罐式货车。载货部位的结构为封闭罐体的载货汽车。罐式汽车适合装运液体、气体（如天然气、化工原料，等等）。见图 2-8。

图 2-8　油罐车

（5）平板货车。载货部位的地板为平板结构且无栏板的载货汽车。平板货车适合装运长大笨重货物,需要注意的是,平板货车装货后必须对货物进行加固,才能保证运输的安全性。见图2-9。

图2-9　平板车

（6）集装箱车。集装箱车,又称为货柜车,指将密封箱式货柜固定在汽车底盘上,载货部位为框架结构且无地板,专门运输集装厢的载货汽车。国际标准的集装箱尺寸为20英尺和40英尺,因此,集装箱车的规格也是根据国际标准集装箱的尺寸来制定。20英尺集装箱:外尺寸为6.1m×2.44m×2.59m（20ft×8ft×8ft6in）,即高度2.59m;40英尺集装箱:外尺寸为12.2m×2.44m×2.59m（40ft×8ft×8ft6in）,即高度2.59m;40英尺加高集装箱:外尺寸为12.2m×2.44m×2.9m（40ft×8ft×9ft6in）,即高度为2.9m。一般标准的货柜车货台高度是50～51in（127～130cm）,冷冻货柜车是54～60in（137～153cm）,其他型式货柜车在30～36in（76～92cm）,这些尺寸受到胎压及负载的影响,会有一些变化。如果只是20英尺和40英尺货柜加普通货车,总高度就在3.86m～3.89m。见图2-10至图2-12。

图2-10　20英尺集装箱货车(一)

图 2-11   20 英尺集装箱货车(二)

图 2-12   40 英尺集装箱货车

（7）自卸货车。自卸货车又称翻斗车,由汽车底盘、液压举升机构、货厢和取力装置等部件组成。它是载货部位具有自动倾卸装置的载货汽车。自卸货车在土木工程中,经常与挖掘机、装载机、带式输送机等工程机械联合作业,构成装、运、卸生产线,进行土方、砂石、散料的装卸运输工作。见图 2-13。

图 2-13   自卸货车

(8)拖挂车。拖挂车由拖车(又称牵引车)和挂车两个部分组成。拖车仅提供动力,没有装载工具;挂车仅提供装载工具,没有动力设备。按照拖挂方式,可将拖挂车进一步细分为全拖挂车和半拖挂车。

①全拖挂车。即指普通汽车后加挂一个全挂车厢,二者之间用挂钩连接。全挂车可以提高货车的装载量,降低油耗,从而减少运输成本。常见的全拖挂车有罐式全挂车、平板全挂车、集装箱全挂车和自卸全挂车。

全挂车一般由车架、车身、牵引装置、转向装置、悬架、行走系统、制动系统、信号系统等组成。

直梁式车架纵梁的上翼面都是平直的。其优点在于挂车货台底板平整,制造工艺简单,离地间隙一般较高,纵向通过性好。重型平板式全挂车为了满足其结构和使用要求,车架主要由主梁、横梁、支承梁和边梁组成。整车的载荷通过横梁间的支承梁、悬架、车轮轴和车轮传到地面。车架主梁、支承梁和边梁为箱形截面的焊接件,具有较大的抗扭刚度。连接主梁的横梁向两侧伸出,为变截面的工字形焊接结构,具有较高的横向抗弯强度。车架主梁的高度尺寸较大,且是向下延伸,使车架在不增加货台高度的情况下,提高了车架的纵向抗弯强度。各支承梁下面设有安装平衡悬架的转盘机构,以实现全轮转向。

重型全挂车装运的货物质量大,外形尺寸也大,一般说来,应增加车架的强度,尽量降低车架的高度,以便货物的装卸与运输。见图 2-14、图 2-15。

图 2-14　全挂车(一)

图 2 - 15　全挂车(二)

②半拖挂车。半挂车,指本身无动力,与主车共同承载依靠主车牵引行驶的车辆。半挂车长度不许超过十七米但运汽车半挂车的除外。从外形上看,半拖挂车的车头较短。见图 2 - 16、图 2 - 17。

图 2 - 16　半拖挂车(一)

图 2 - 17　半拖挂车(二)

全拖挂车与半拖挂车的比较见表2-1。

表2-1 全拖挂车与半拖挂车的比较

比较项目	全挂车	半挂车
直立方式	可完全依靠自身直立	必须靠支腿直立
有无前轮	有	无
轴承	两根(重型多余两根)	一根
组成	车架、车身、牵引装置、转向装置、悬架、行走系统、制动系统、信号系统等组成	车轴置于车辆重心后,并装有有连接装置的挂车
挂车与拖车的联系方式	载荷由自身全部承担,与拖车仅用挂钩连接。机车仅提供动力,不负担挂车的重量	需要机车提供一个支撑点。机车除提供动力之外,还需负担挂车一半的重量
长度限制	无特殊限制	不能超过17米(但运输汽车的半挂车除外)

学而思

你能总结一下全拖挂车与半拖挂车两种公路运输车辆的差别吗?

(9)特殊结构货车。载货部位为特殊结构,专门运输特定物品的载货汽车。如运输小轿车的双层结构载货汽车,运输活禽畜的多层结构载货汽车。见图2-18至图2-21。

图2-18 运输汽车的重型货车

图 2-19 运输禽畜的货车

图 2-20 水泥罐车

图 2-21 危险品运输车

2.运输线路

运输线路是供运输工具定向移动的通道,是运输工具赖以运行的物质基础,需承受运输工具及其装载物或人的重量,并主要或部分地引导运输工具的行进方向。

在公路运输系统中,运输线路即公路。公路的主要组成部分由路基、路面、桥梁、涵洞、渡口码头、隧道、绿化、通讯、照明等设备及其他沿线设施组成。

（1）公路与道路。

公路与道路的概念容易混淆。公路是指联接城市之间、城乡之间、乡村与乡村之间和工矿基地之间，按照国家技术标准修建的，由公路主管部门验收认可的道路，包括高速公路、一级公路、二级公路、三级公路、四级公路，但不包括田间或农村自然形成的小道。主要供汽车行驶并具备一定技术标准和设施。道路是供各种车辆（无轨）和行人通行的工程设施。按其使用特点分为城市道路、公路、厂矿道路、林区道路及乡村道路等。其中城市道路是指城市规划区内的公共道路，一般划设人行道、车行道和交通隔离设施等，包括城市快速路、城市主干道、城市次干道、城市支路。

（2）公路的分类级别。

根据我国现行的《公路工程技术标准》（JTJ 001－1997），公路按使用任务、功能和适应的交通量分为高速公路、一级公路、二级公路、三级公路、四级公路五个等级。

①高速公路。高速公路是全部控制出入、专供汽车在分隔的车道上高速行驶的公路。它主要用于连接政治、经济、文化上重要的城市和地区，是国家公路干线网中的骨架。四车道高速公路应能适应将各种汽车折合成小客车的年平均日交通量 25000～55000 辆。六车道高速公路应能适应将各种汽车折合成小客车的年平均日交通量 45000～80000 辆。八车道高速公路应能适应将各种汽车折合成小客车的年平均日交通量 60000～100000 辆。

中国高速公路建设起步于 1984 年，最早开工的是沈大高速公路，最早完工的是广佛高速公路，至 2014 年年底，中华人民共和国高速公路的通车里程达到 11.2 万公里，比 2013 年新增 7450 公里，是世界上规模最大的高速公路系统。20 世纪 90 年代后期，中华人民共和国政府实施积极的经济政策引导基础设施建设，对高速公路的资金投入执行倾斜政策，每年建成高速公路达到 3000 公里以上。2004 年 12 月，中华人民共和国交通部出台了国家高速公路网规划"7918 网"，计划通过 20 至 30 年的建设，建成里程达到 8.5 万公里国家高速公路主干网。"7918"网由 7 条首都放射线、9 条南北纵线和 18 条东西横线组成，总规模约 8.5 万公里，其中主线 6.8 万公里，地区环线、联络线等其他路线约 1.7 万公里，是世界上规模最大的高速公路系统。编号系统完成后，也解决自中国首条沈大高速公路通车以来，中国高速公路有名无号的问题，更方便驾车者出行。"十二五"期间，国家高速公路网基本建成，高速公路总里程达到 10.8 万公里，覆盖 90％以上的 20 万以上城镇人口城市。在 2013 年 6 月 20 日，交通运输部在国务院新闻办举行的新闻发布会上正式公布了《国家公路网规划（2013 年—2030 年）》，在新的规划里国家高速公路网进一步完善，在西部增加了两条南北纵线，成为"71118"网，规划总里程增加到了 11.8 万公里。

知识链接

"71118"高速公路规划网

首都放射线：7 条

①北京—哈尔滨（京哈高速公路）（G1）：北京—唐山—秦皇岛—锦州—沈阳—四平—长春—哈尔滨，1280 公里。

②北京—上海（京沪高速公路）（G2）：北京—天津—沧州—德州—济南—莱芜—新泰—临沂—淮安—江都—江阴—无锡—苏州—上海，1245 公里。

③北京—台北（京台高速公路）（G3）：北京—天津—沧州—德州—济南—泰安—曲阜—徐

州—蚌埠—合肥—铜陵—黄山—衢州—南平—福州—台北,2030公里。

④北京—港澳(京港澳高速公路)(G4):北京—保定—石家庄—邢台—邯郸—新乡—郑州—漯河—信阳—武汉—咸宁—岳阳—长沙—株洲—衡阳—郴州—韶关—广州—深圳—香港(口岸),2285公里。

并行线:广州—澳门(G4W广澳高速公路):广州—中山—珠海—澳门(口岸)

⑤北京—昆明(京昆高速公路)(G5):北京—保定—石家庄—阳泉—太原—临汾—西安—汉中—广元—绵阳—德阳—成都—雅安—西昌—攀枝花—昆明,2865公里。

⑥北京—拉萨(京藏高速公路)(G6):北京—张家口—集宁—呼和浩特—包头—巴彦淖尔—乌海—银川—中宁—白银—兰州—西宁—格尔木—拉萨,3710公里。

⑦北京—乌鲁木齐(京新高速公路)(G7):北京—张家口—集宁—呼和浩特—包头—巴彦淖尔—额济纳旗—哈密—吐鲁番—乌鲁木齐,2540公里。

南北纵线:11条

①鹤岗—大连(鹤大高速公路)(G11):鹤岗—佳木斯—鸡西—牡丹江—敦化—通化—丹东—大连,1390公里。

②沈阳—海口(沈海高速公路)(G15):沈阳—辽阳—鞍山—海城—大连—烟台—青岛—日照—连云港—盐城—南通—常熟—太仓—上海—宁波—台州—温州—宁德—福州—泉州—厦门—汕头—汕尾—深圳—广州—佛山—开平—阳江—茂名—湛江—海口,3710公里。

③长春—深圳(长深高速公路)(G25):长春—双辽—阜新—朝阳—承德—唐山—天津—黄骅—滨州—青州—临沂—连云港—淮安—南京—溧阳—宜兴—湖州—杭州—金华—丽水—南平—三明—龙岩—梅州—河源—惠州—深圳,3580公里。

④济南—广州(济广高速公路)(G35):济南—菏泽—商丘—亳州—阜阳—六安—安庆—景德镇—鹰潭—南城—瑞金—河源—惠州—广州,2110公里。

⑤大庆—广州(大广高速公路)(G45):大庆—松原—双辽—通辽—赤峰—承德—北京—霸州—衡水—濮阳—开封—周口—麻城—黄石—吉安—赣州—龙南—连平—从化—广州,3550公里。

⑥二连浩特—广州(二广高速公路)(G55):二连浩特—集宁—大同—太原—长治—晋城—洛阳—平顶山—南阳—襄阳—荆门—荆州—常德—娄底—邵阳—永州—连州—怀集—三水—广州。

⑦包头—茂名(包茂高速公路)(G65):包头—鄂尔多斯—榆林—延安—铜川—西安—安康—达州—重庆—黔江—吉首—怀化—桂林—梧州—茂名,3130公里。

并行线:延安—西安高速公路(G65W—延西高速):延安市—甘泉县—富县—洛川县—黄陵县—宜君县—铜川市—三原县—西安市。

⑧呼和浩特—北海(呼北高速)(G59):呼和浩特—和林格尔—右玉—朔州—岢岚—吕梁—吉县—运城—灵宝—卢氏—十堰—房县—保康—宜昌—慈利—张家界—新化—武冈—新宁—资源—荔浦—平南—玉林—北海(铁山港)。

⑨银川—百色(银百高速)(G69):银川—惠安堡—庆城—旬邑—西安—安康—岚皋—城口—万州—忠县—涪陵—南川—道真—瓮安—贵阳—罗甸—乐业—百色—靖西—龙邦(口岸),2281公里。

⑩兰州—海口(兰海高速公路)(G75):兰州—广元—南充—重庆—遵义—贵阳—麻江—

都匀—河池—南宁—钦州—北海—湛江—海口,2570公里。

⑪银川—昆明(银昆高速公路)(G85):银川—中宁—平凉—宝鸡—汉中—巴中—广安—重庆—内江—宜宾—昭通—昆明。

东西横线:18条

①绥芬河—满洲里(绥满高速公路)(G10):绥芬河(口岸)—牡丹江—哈尔滨—大庆—齐齐哈尔—阿荣旗—满洲里(口岸),1520公里。

②珲春—乌兰浩特(珲乌高速公路)(G12):珲春(口岸)—敦化—吉林—长春—松原—白城—乌兰浩特,885公里。

③丹东—锡林浩特(丹锡高速公路)(G16):丹东—海城—盘锦—锦州—朝阳—赤峰—锡林浩特,960公里。

④荣成—乌海(荣乌高速公路)(G18):荣成—文登—威海—烟台—东营—黄骅—天津—霸州—涞源—朔州—鄂尔多斯—乌海,1820公里。

⑤青岛—银川(青银高速公路)(G20):青岛—潍坊—淄博—济南—石家庄—太原—离石—靖边—定边—银川,1600公里。

⑥青岛—兰州(青兰高速公路)(G22):青岛—莱芜—泰安—聊城—邯郸—长治—临汾—富县—庆阳—平凉—定西—兰州,1795公里。

⑦连云港—霍尔果斯(连霍高速公路)(G30):连云港—徐州—商丘—开封—郑州—洛阳—西安—宝鸡—天水—兰州—武威—嘉峪关—哈密—吐鲁番—乌鲁木齐—奎屯—霍尔果斯(口岸),4280公里。

⑧南京—洛阳(宁洛高速公路)(G36):南京—蚌埠—阜阳—周口—漯河—平顶山—洛阳,712公里。

⑨上海—西安(沪陕高速公路)(G40):上海—崇明—南通—泰州—扬州—南京—合肥—六安—信阳—南阳—商洛—西安,1490公里。

⑩上海—成都(沪蓉高速公路)(G42):上海—苏州—无锡—常州—镇江—南京—合肥—六安—麻城—武汉—孝感—荆门—宜昌—万州—垫江—南充—遂宁—成都,1960公里。

⑪上海—重庆(沪渝高速公路)(G50):上海—湖州—宣城—芜湖—铜陵—安庆—黄梅—黄石—武汉—荆州—宜昌—恩施—忠县—垫江—长寿—重庆,1768公里。

⑫杭州—瑞丽(杭瑞高速公路)(G56):杭州—黄山—景德镇—九江—咸宁—岳阳—常德—吉首—遵义—毕节—六盘水—曲靖—昆明—楚雄—大理—保山—瑞丽(口岸),3405公里。

⑬上海—昆明(沪昆高速公路)(G60):上海—杭州—金华—衢州—上饶—鹰潭—南昌—宜春—株洲—湘潭—邵阳—怀化—麻江—贵阳—安顺—曲靖—昆明,2370公里。

⑭福州—银川(福银高速公路)(G70):福州—南平—南城—南昌—九江—黄梅—黄石—武汉—孝感—襄阳—十堰—商州—西安—平凉—中宁—银川,2485公里。

⑮泉州—南宁(泉南高速公路)(G72):泉州—永安—吉安—衡阳—永州—桂林—柳州—南宁,1635公里。

⑯厦门—成都(厦蓉高速公路)(G76):厦门—漳州—龙岩—瑞金—赣州—郴州—桂林—麻江—贵阳—毕节—泸州—隆昌—内江—成都,2295公里。

⑰汕头—昆明(汕昆高速公路)(G78):汕头—梅州—连平—翁源—英德—怀集—贺州—柳州—河池—百色—兴义—石林—昆明,1710公里。

⑱广州—昆明(广昆高速公路)(G80)：广州—三水—肇庆—云浮—梧州—玉林—南宁—百色—富宁—开远—石林—昆明，1610公里。

②一级公路。一级公路是为供汽车分向、分车道行驶，并部分控制出入、部分立体交叉的公路，主要连接重要政治、经济中心，通往重点工矿区，是国家的干线公路。四车道一级公路应能适应将各种汽车折合成小客车的年平均日交通量15000～30000辆。六车道一级公路应能适应将各种汽车折合成小客车的年平均日交通量25000～55000辆。

③二级公路。二级公路是连接政治、经济中心或大工矿区等地的干线公路，或运输繁忙的城郊公路。一般能适应各种车辆行驶，二级公路一般能适应按各种车辆折合成中型载重汽车的远景设计年限年平均昼夜交通量为3000～7500辆。

④三级公路。三级公路是沟通县及县以上城镇的一般干线公路。通常能适应各种车辆行驶，三级公路一般能适应按各种车辆折合成中型载重汽车的远景设计年限年平均昼夜交通量为1000～4000辆。

⑤四级公路。四级公路是沟通县、乡、村等的支线公路。通常能适应各种车辆行驶，四级公路一般能适应按各种车辆折合成中型载重汽车的远景设计年限年平均昼夜交通量为：双车道四级公路能适应每昼夜中型载重汽车交通量1500辆以下。单车道四级公路能适应每昼夜中型载重汽车交通量200辆以下。

公路按行政等级可分为：国家公路、省公路、县公路和乡公路(简称为国、省、县、乡道)以及专用公路五个等级。一般把国道和省道称为干线，县道和乡道称为支线。

①国道。国道是指具有全国性政治、经济意义的主要干线公路，包括重要的国际公路，国防公路，连接首都与各省、自治区、直辖市首府的公路，连接各大经济中心、港站枢纽、商品生产基地和战略要地的公路。国道中跨省的高速公路由交通部批准的专门机构负责修建、养护和管理。1981年经国务院批准，正式使用国家干线公路网，简称为国道网。国家干线公路网采取放射与网络相结合的布局，由具有全国政治、经济、国防意义的现有干线公路连接而成，共70条，总长达10.9万公里。可分为以下三种：以首都为中心通往全国的辐射干线，12条，全长23997公里，序号从101开始至112；南北纵向线，28条，全长3800公里，序号从201至228；东西横贯线，共30条，全长48855公里，序号从301至330。1993年，又在国道网基础上，提出了国道主干线系统，其技术标准是以汽车专用公路为主的高等级公路，即高速公路、一级公路和二级汽车专用公路。这个主干线系统是全国综合运输大通道的组成部分，具有比较完善的安全保障、通信和综合管理服务体系。国道主干线连接了首都北京与各省会和所有100万以上人口的特大城市及绝大部分50万以上人口的城市。国道主干线布局为"五纵七横"共12条，总长约3.5万公里，已于2010年建成。

②省道。省道是指具有全省(自治区、直辖市)政治、经济意义，并由省(自治区、直辖市)公路主管部门负责修建、养护和管理的公路干线。

③县道。县道是指具有全县(县级市)政治、经济意义，连接县城和县内主要乡(镇)、主要商品生产和集散地的公路，以及不属于国道、省道的县际间公路。县道由县、市公路主管部门负责修建、养护和管理。

④乡道。乡道是指主要为乡(镇)村经济、文化、行政服务的公路，以及不属于县道以上公路的乡与乡之间及乡与外部联络的公路。乡道由人民政府负责修建、养护和管理。

⑤专用公路。专用公路是指专供或主要供厂矿、林区、农场、油田、旅游区、军事要地等与

外部联系的公路。专用公路由专用单位负责修建、养护和管理,也可委托当地公路部门修建、养护和管理。

3.运输节点

运输节点(也称运输结点)即货运站(场),是以场地为依托,为社会提供有偿服务的具有仓储、保管、配载、信息服务、装卸、理货等功能的综合经营场所。

货运站按照运输货物的组织形式分为零担货运站、整车货运站和集装箱货运站;按照运输对象可以分为公路客运站和公路货运站。

公路运输节点是公路运输系统的基础和"硬件",站场的选址和布局具有承上启下的重要作用,是公路枢纽总体布局规划最重要的内容之一。公路运输节点的布局原则应该充分考虑以下因素:

①要符合城市总体规划和建设的需要;

②考虑货源的分布和货物的性质;

③满足运输方便的要求;

④尽量避免不合理运输现象的产生;

⑤为以后的发展留有余地;

⑥靠近配送中心和综合型物流中心。

为适应物流的快速发展,专业化的配送中心、综合型的物流中心应运而生。由配送中心、综合型物流中心衍生的存储、搬运等功能如果能与运输功能结合起来,从社会资源配置的角度而言,就能够节约物流成本,实现物流的合理化。因此,公路运输节点可以通过拓展功能,加强仓储、配送功能向配送中心、综合型物流中心发展。

任务二　公路零担货物运输作业

➤ 一、公路零担运输组织

(一)公路零担运输的概念

依据中华人民共和国《道路零担货物运输管理办法》,公路零担货物是指托运人一次托运的货物不足 3 吨(注:不含 3 吨)的货物。按件托运的零担货物,单价体积一般不小于 0.01 立方米(单件重量超过 10 千克的除外),不大于 1.5 立方米;单件重量不超过 200 千克;货物长度、宽度、高度分别不超过 3.5 米、1.5 米和 1.3 米。

与整车运输相比,零担货物是指运量零星、批数较多、到站分散、品种繁多、性质复杂、包装条件不一、作业复杂的货物。公路零担运输是指当一批货物的重量或容积不满一辆货车时,可与其他几批甚至更多批次的货物共用一辆货车装运的运输形式。零担运输主要依托零担货运站。零担货运站是公路运输系统的重要运输节点,是经营零担货物运输的服务单位和零担货物的集散场所,担负着组织零担运输生产、为货主服务、班线管理及信息传输等方面的任务。

(二)公路零担运输的特点

公路零担运输相对于公路整车运输和公路集装箱运输,具有以下特点:

(1)一票货物的托运量小,托运批次多,托运时间和到站分散,一辆货车所装货物往往由多个托运人的货物汇集而成并由几个收货人接货。

（2）零担运输的托运人对于运输服务的时效性、便捷性和安全性要求高。公路零担班车多为厢式车,使所装货物不受风吹、日晒、雨淋的影响,最大限度地保护货物,体现了安全、迅速的优越性。此外,货运代理人还可提供上门取货、代办托运、送货上门、代收运费等服务,有效节约了托运人的时间,提高了运输效率。

（3）管理难度大。公路零担货物运输作业环节多,对货物的配载要求高,零担货物质量的确定、货物的装卸均由车站负责,货运站不仅要配备一系列相应的货运设施,而且也增加了大量的业务管理工作。因此,公路零担货物运输,难以通过运输合同等方式,将其纳入计划管理的轨道。为了组织好零担货运工作,应做到合理利用车辆、场库等设施,不断提高设备利用率和运输效率,汽车运输部门应加强对零担货运流量、流向的调查,掌握其变化的规律,抓好零担货物的受理工作。零担货运组织工作复杂,环节较多,作业工艺比较细致,货物配载和装载要求也比较高。

（4）单位运输成本较高。为了适应零担货物运输的需求,货运站要配备一定的仓库、货棚、站台,以及相应的装卸、搬运、堆置的机具和专用厢式车辆。此外,相对于整车货物运输而言,零担货物周转环节多,更易于出现货损、货差等情形,且赔偿费用较高,因此,导致了零担货物运输成本较高。

知识链接

如何区分公路零担运输与快递业务?

零担运输通常是指一种公路货运方式,从国际成熟市场的经验来看,公路货运按单件货物的重量主要分为快递和零担,而重量/体积继续增加就到达了整车范畴。与快递业务相比,零担业务在运作和经营上与之存在一些关键区别:第一,二者的客户界面以及客户分布密度不同,因此营销所需要的客户接触点和接触方式有所不同,快递更多通过呼叫中心、网站和一般业务员,而零担则可能通过客户代表上门营销;第二,两者的前台接送货设备不同,从而导致接货技能和设备要求也不同;第三,网络形态不同,这一差异导致两者需要采用不同的运输流程。

(三)公路零担运输的类型

零担货物运输由于集零为整,站点、线路较为复杂,业务繁琐,因而开展零担货运业务,必须采用合理的车辆运行组织形式。这些形式通常有以下几种:

1.固定式零担运输

固定式零担运输也称零担货运班车运输,指车辆运行采取定线路、定班期、定车辆、定时间的一种组织形式。零担货运班车和水路运输中的班轮运输非常相似,都称之为"四定运输"。零担货运班车运输主要有以下几种方式运行:

（1）直达式。

直达式指在起运站,将各发货人托运到同一到达站,而且性质适合配装的零担货物,同一车装运直接送至到达站。其无中间站,直接从起运站运至到达站。

（2）中转式。

中转式是指在起运站将各托运人发往同一去向、不同到达站,而且性质适合于配装的零担货物,同车装运到规定的中转站中,卸货后另行配装,重新组成新的零担班车运往各到达站的一种组织形式。

(3)沿途式。

沿途式是指在起运站将各个托运人发往同一线路、不同到站，且性质适宜配装的各种零担货物，同车装运，按计划在沿途站点卸下或装上零担货再继续前进，运往各到达站的一种组织形式。沿途式零担运输的运行方式可以简单地理解为公交车，公交车有固定的站点，每一个沿途站都有乘客上下，最终到达目的站。

2.非固定式零担运输

非固定式零担运输是指按照零担货流的具体情况，根据实际需要，随时开行零担货车的一种组织形式。这种组织形式由于缺少计划性，必将给运输部门和客户带来一定不便。因此只适宜于在季节性或在新辟零担货运线路上作为一项临时性的措施。

（四）公路零担运输货运站的组织管理

1.公路零担货运站的组成

一般而言，公路零担货运站由仓库、货棚、装卸货场、停车场、站房以及生产辅助设施组成。

公路零担货运站的仓库与货棚主要由货位、通道、进仓门、出仓门、装卸站台组成；装卸货场为车辆装卸货物提供场所；站房是公路零担货运站办理托运、提货、收缴运费等工作的场所，包括托运处、提货处、办公室等。办公室主要办理调度、开票、统计账务等办公业务。生产辅助设施包括员工宿舍、餐厅、休息室等。

2.公路零担货运站的设计规则

零担货物运量零星、批数较多、到站分散、品种繁多、性质复杂、包装条件不一、作业复杂。因此，为了避免零担货运站的各种运输流线发生干扰，在规划公路零担货运站的布局时，须遵从以下的设计规则：

（1）托运处和提货处分开设立。托运处和提货处是公路零担货运站站房的重要组成部分。如今，很多快递公司在住宅小区设立的便民办理点通常是托运处和提货处在同一地点，虽然零担运与快递有很多相似之处，但快递的这种做法在公路零担货运站的场站布置上是不能生搬硬套的。

（2）车流与货流分开。一般而言，零担货运站都存在"朝发夕至"的工作规律，也就是发货车辆多数集中在早上，到货车辆多数集中在下午。除了一级零担货运站分别设置车辆的进站口和出站口外，其他级别的零担货运站都是进出车辆共用一个进出站口。仓库附近是车流与货流的汇集处，容易发生货物的错拿、错发、混淆、盗窃等现象。因此，我们通常在公路零担货运站仓库的左右两侧分别设立装卸场，一侧供发送车辆停靠和装卸，另一侧供到达车辆停靠和装卸。这种做法，分开了车流和货流，保证了货物的安全性。

（3）装卸站台要体现便利性。由于零担货物单个运量小，运输批次多，因此，装卸站台要能够满足多辆火车进行装卸作业的便利性，同时要考虑方便叉车、推车等辅助作业设备操作的便利性。

二、公路零担运输业务

公路零担运输流程见图2-22。

036

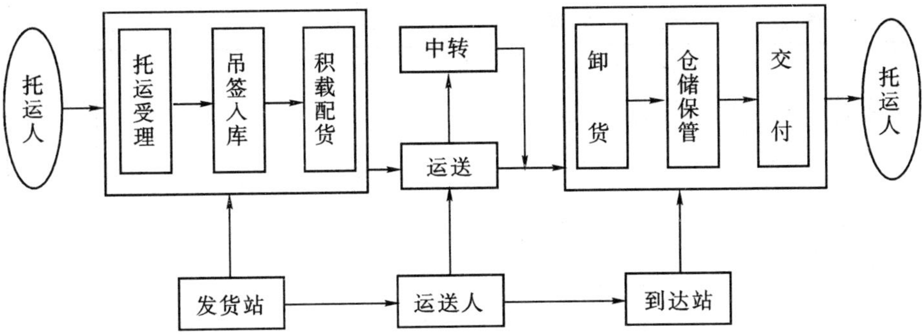

图 2-22 公路零担运输流程图

(一)托运受理

1.托运的定义

托运是指货主(单位或个人)委托承运企业为其运送货物,并为此办理相关手续的统称。具体而言,主要是签订合同,明确托运方、承运方双方的权利、责任和义务。零担货物托运的合同形式是托运单。零担货物托运的中心工作是货主填写托运单和按约定条件(时间、地点等)提交货物。

2.托运单

货物托运单是指托运人应承运人要求填写的有关货物运输情况的单据,是货主(托运方)与运输方(承运方)之间就货物运输所签订的契约,按照规定由托运方填写约定事项,再由运输方审核承诺。经双方审核并签章认可的托运单,具有法律效力。托运单确定了承运方与托运方在货物运输过程中的责任、权力和义务,是货主托运货物的原始凭证,也是运输单位承运货物的原始依据,更为重要的是,它是处理承运人与托运人之间运输纠纷的重要凭证。货物托运单见表 2-2。

表2-2 货物托运单

白联存根联、红联签收联、蓝联客户联、黄联财务联

托运日期	年 月 日		发运网点		始发站	中转站	目的站		业务类型	○特快 ○快件 ○普件
托运人	名称				收货人	名称			付款方式	○现付 ○回付 ○到付 ○月结
	地址					地址				
	电话					电话				

货物名称	包装	件数	重量	体积	保价金额	保险费	运价	装卸费	服务方式	○门到门 ○门到站 ○站到站 ○站到门
								仓储费	复核栏	件数
								提送货费		重量
								吊装费		体积
合计：								总金额	查货电话	

合计金额大写：

代收返单	（返单名称）	拾 万 仟 佰 拾 圆 整 /联次 /份数	代收货款：____元	制单人签字	收货人签字

货物/包装状态描述：

特别说明：

特别提示：承运人建议托运人选择保价运输或委托承运人办理货物保险，如托运人没有保价，承运人的赔偿责任是：破损等最高不超过运费的2倍，丢失不超过运费的3倍。请托运人仔细阅读运单契约，托运人在本托运单上签字或盖章，即表示理解并同意运单背书契约条款的法律含义并接受其约定。托运人签字：

知识链接

运单契约

1.本条款依据《中华人民共和国合同法》《中华人民共和国保险法》及相关货物运输规则制定。托运人应当如实申报所托运的货物,属于国家管制运输的货物,托运人应当提供准运证,属违禁品托运人隐瞒虚报品名的,由此产生的法律后果由托运人全部承担。

2.托运人应当妥善包装委托承运的货物且必须符合货物安全运输的要求,对特殊性质货物,托运人应作好特殊包装,并在本运单中向承运人作出特别声明。如果托运人没有特别声明,承运人接收货物时,只对货物表面包装进行检查;承运人向收货人交付货物时,以货物外包装完好为交付验收标准,承运人对外包装完好货物的内在质量、数量不承担责任;承运人对托运货物包装不符合相关标准造成的损失不予赔偿。

3.理赔约定:①托运人须申明货物价值,可以委托承运人办理保价(保险)运输,如无特别说明,每件投保货物的价值均等,发生本运单约定范围内应由承运人承担责任的货物损失,承运人在保价范围内赔偿;②托运人没有办理保价运输的货物发生货运事故时,托运人同意按以下标准赔偿:货物破损、浸湿、污染等根据其坏损程度最高按照坏损部分运费的2倍予以赔偿,丢失货物最高赔偿不超过丢失货物部分运费的3倍;如系鲜货、易碎品,承运人对腐烂、变质、破损、自然损耗不予赔偿。③迟延交付的,承运人最高赔偿额不超过运费的20%。

4.收货人须在货物到站后24小时内提货,逾期不提,收货人应向承运人支付仓储保管费,托运人承担连带支付责任;无法定理由自应当提货之日超过60日仍未提取或拒收的,承运人有权对货物予以变价处理。

5.收货人为自然人时,凭货物运单客户联和身份证原件领取货物;收货人为单位时,凭货物运单客户联、单位证明和提货人身份证原件提取货物。收货人签字提取货物后,视为承运人已履行完全部交货义务。

6.托运人应当如实、完整填写运输单据,因填写错误所发生的后果由托运人承担;托运人委托他人或承运人工作人员代为填写,视为托运人自己的填单,表明其接受本单条款。

7.托运人将托运物品交付承运人运送,如无特别运输方式要求,表明认同承运人可以采用普通、适当的运输工具,以普通、适当的方式安排运送托运物品。

8.承运人的责任期间从接受托运货物装车完毕时起,至约定的交货时间和地点货交收货人止。收货人超期领取或拒收的风险责任由收货人和托运人承担连带责任。

9.对于托运物品损坏、毁灭、短缺、丢失、污染或变质等,收货人应当在签收货物的时候提出异议;并最迟在收到托运物品之日起14日内向承运人提出索赔请求;整单货物未收到,最迟应在托运日期起算45日内提出索赔请求。所有异议或索赔请求都必须在上述期限内依据本《运单》原件和已向承运人支付运费的收据向承运人以书面形式提出,否则视为放弃索赔权利。提出索赔时,应当填写索赔书,并随附运单、货物异常证明和能够证明货物内容、价值的发票、购销合同或其他有效价值证明,否则承运人有权拒绝赔付。

10.在托运人或收货人向承运人支付全部运费及其他相关费用以及领受托运物品以前,承运人不受理任何索赔请求,请求赔偿的金额不得与运费及其他费用相抵消。

11.即使托运人给予承运人不同的付款指示,在收货人或托运人指定的其他付款人不履行义务时,托运人仍应承担支付与托运物品有关的所有费用的连带责任;如果托运人或收货人拒绝支付应当支付的费用或收货人拒绝提取、接收托运物品,承运人有权停运、留置,并在留置30日后有权自行处置托运物品,从处置托运物品所得款项中优先扣除应由托运人或收货人支付的所有费用,余款退还托运人或收货人,因此产生的后果由拒绝付费或拒绝收货的托运人或收货人承担。

12.本运单内容为双方自愿、平等协商达成的协议,经双方经办人签章后即发生法律效力。

(注:运单契约位于托运单的背面,明确了承托双方的权利、责任和义务,是托运单的重要组成部分。)

托运单的填写注意事项如下:

(1)一张运单托运的货物,必须是同一托运人、收货人。

(2)准确填写托运人和收货人的名称(姓名)和地址(住所)、电话、邮政编码。

(3)准确标明货物的名称、性质、件数、重量、体积以及包装方式。

(4)一般而言,由承运人负责装卸货物。如托运人要求自行装卸或委托代理人装卸的货物,经承运人确认后,在运单内注明。

(5)危险货物与普通货物的运单要分开。

(6)应使用钢笔或圆珠笔填写,字迹清楚,内容准确,需要更改时,必须在更改处签字盖章。

(7)托运单一式四联:第一联为存根联;第二联为签收联;第三联为客户联;第四联为财务联。

(8)托运的货物品种不能在一张运单内逐一填写的应填写货物清单,如表2-3所示。

表2-3 公路零担运输物品清单

起运地点:			卸货地点:		运单号码:	
编号	货物名称及规格	包装形式	件数	体积长×宽×高(cm)	重量(kg)	保险、报价、价格

3.托运受理

(1)托运受理的形式。

托运受理的形式主要有以下三种:①随时受理制。对托运日期无具体规定,在营业时间内,发货人可将货物送到托运站办理托运。随时受理制为货主提供了极大的便利,但是缺乏计划性,不能事先组织货源,因而货物在库时间长,资源的利用率低。②预先审批制。货主通过电话、传真、网络等途径与承运方联系,提出运输申请,承运方根据约定托运货物名称、性质和数量等因素,再结合站内的作业能力,在指定日期集结货物并运输货物。预先审批制适用于货运量小、去向分散的零担货运站。③日历承运制。这种制度要求车站在基本掌握零担货物流量和流向规律的前提下,认真编制承运日期表,事先向货主公布,发货人则按规定日期来车站办理托运手续。日历承运制适合于货物流量、流向基本固定的零担货运站。

(2)托运受理的工作要点。

①货单对照。

受理托运时,承运方必须认真审核托运单,将运单填写的内容与托运货物的名称、性质、件数、质量、体积和包装等实际情况对照,保证运单内容的真实性。

学而思

以下案例中,快递物品致人死亡的根本原因是什么?

夺命快递致一死九伤

2013年11月27日,位于湖北省荆门市沙洋经济开发区的××化工有限公司职工杨某,经××物流有限公司,向山东潍坊某制药厂快递氟乙酸甲酯样品。快件从沙洋发往山东潍坊后,在潍坊分拨中心发生泄漏,导致数人中毒、部分快件受到污染。

11月29日,受污染快件照常投送,山东广饶县一刘姓男子在收到网购童鞋几小时后,出现呕吐、腹痛等症状,当天因抢救无效身亡。据初步诊断,刘某死于氟乙酸甲酯中毒。12月20日,山东省邮政管理局通报称:"夺命快递"共导致1人死亡、9人不同程度中毒。

荆门市××化工有限公司职工杨某因涉嫌以危险方法危害公共安全,被警方刑拘,带入山东协助调查"夺命快递"案件。与此同时,湖北省邮政管理局依法吊销了××物流有限公司的快递业务经营许可证。

"这是出了事故,如果没出事故,这个问题不知道什么时候才会被重视。据我们了解,快递行业这种缺乏验视的现象已经非常普遍,所以出事不是偶然,是必然。"一名快递行业人士说。实践中甚至有快递企业与网络商家签订协议,约定寄件人承诺交寄的物品不存在违反国家有关禁止寄递、限制寄递规定的情形,并承担由此产生的法律责任。快递企业对交寄物品不再逐件检查,仅负担抽查义务。"这样的做法给寄递渠道造成了严重的安全隐患。"

大家都有过寄送快递的经历,"快递员很少问我寄的什么。""就算问,也就是问下有没有液体。"而所谓的"安全检查"也形同虚设,"从来没有被检查过""快递员问了寄的是什么就好了,也不检查一下。"

不少市民也表示,发生"夺命快递"事件并不意外,"主要原因还是现在快递竞争激烈,大多是跑量,快件安全很难保证";也有市民坦言,"夺命快递"发生后,让自己对快递安全产生怀疑,有网友说:"现在我都不太敢在网上买东西了,就怕快递不安全。"

"我在国外也寄过快递,他们会很认真地检查快件中的物品。"有市民说。希望"夺命快递"能够引发快递行业的重视和改革,"要加强监管,要把安全检查落到实处""对于一些易碎、易污染的快件要单独寄送""最好能保证快件的检查到位。"

(资料来源:夺命快递责任人被拘 业内:部分员工不知什么是禁品[EB/OL].新浪财经.)

②检查货物的包装。

零担货运种类繁多,性质不一,货物包装的材料、形式也各不相同,包装直接关系到运输质量和货物自身的安全,也直接影响到装卸搬运、仓储等环节的效率。因此,必须注意检查货物包装,尤其是一批货物中形态、性质不同的货物,确保包装符合货物的特性和相关要求,达到零担货物运输关于包装的规定。

③计重收费。

零担货运站工作人员在收到托运单后,及时过磅称重,收取运费并填写公路零担运输货票,作好记录,如表2-4所示。

表 2-4 公路零担货物运输货票

起点站		中转站		到达站		千米			
托运人		详细地点							
收货人		详细地点							
货 名	包 装	件 数	体积(m³)			实际质量	计费质量	运价	合计
			长	宽	高				
合 计									托运人签字

车站: 填票人: 复核人: 经办人:

(二)吊签入库

1.吊签

零担货物货签应使用坚韧的材质制作,货签内容、规格必须符合统一格式。每件货物使用2枚货签,分别粘贴、钉固于包装的两端,不宜粘贴或钉固时,可使用栓挂方法。常见的公路汽车包裹零担标签如表2-5所示。

表 2-5 公路汽车包裹零担标签

站 至 站	
票号	总件数
站	年 月 日

车次	
起站	
到站	
票号	
总件数	
站发	
年 月 日	

2.入库

零担货物入库保管,是决定零担运输工作成败的关键环节。零担货物批次多、批量少,既有始发货物、中转的货物,也有到站需要交付的货物,货运公司保障货物不发生混乱,必须把好验收入库关,有效地杜绝差错。

入库工作的要领是做到货单相符,单单不漏。

在货位的划分上,零担货物仓库和普通的仓库一样,一般可为待运货位、急运货位、到达待交货位,便于工作人员根据货物的种类、急缓要求和到达地点进行分类码放。除此之外,零担货物仓库要具有良好的通风、防潮、防火、防盗条件和灯光照明设备,以保证货物的完好和适应各项作业要求。

(三)积载配货

积载配货简言之就是将各种待运货物整理装车,它分两个步骤进行,即配货和积载装车。

1.配货

配货是公路零担货物运输之前尤为关键的一个步骤。具体而言,是指对待运送的货物,依据其性质、数量、体积、流向等,选择安排适当吨位或容积的车辆装载,以保证货物运输中的安全、不互相发生影响的活动。

2.积载装车

(1)装车前的单证准备。

积载装车是零担货物进入运输阶段之前的最后一项准备工作,装车前要填写公路汽车零担交接及运费结算清单(见表2-6)。填写交接单的基本原则是按由远及近、由重到轻、由大到小的顺序填写,这样既能够方便装车,也能够帮助装车人员高效率地完成货单对照工作,防止出现差错。

表2-6 公路汽车零担交接及运费结算清单

原票记录			中转记录		票号	收货人	品名	包装	承运路段				备注
原票起站	到达站	里程	中转站	到达站					件数	里程	计费质量	运费	
合计													
附件	零担货票	发票	证明										
填发站:			填单人:				驾驶员签字:						

(2)装车的基本原则。

在选择合适的车辆后,应该遵循以下原则:

①充分利用车辆载重量和容积,避免大马拉小车现象。

②符合货物堆放规则。重货在下面,轻货在上面;大货在下面,小货在上面;木箱在下面,纸箱在上面。

③性质相抵触的货物严禁混装于同一车。

④做到中转先运、急件先运、先托先运、合同先运。

⑤尽量采用直达方式,减少中转;必须中转的货物,则应合理安排流向。

⑥最后到站的货物放在车厢的最里面,先到站的货物放在靠近车厢外部的位置,依次按照由远及近的原则放置货物。

⑦货物装车过程中,要考虑整个货车的重心是否稳固。

⑧通过互联网等先进技术加强预报中途各站待运量的掌控,尽量使同站装卸的货物在重量和体积上相适应。

⑨怕压、易碎、易变性货物在装载时要采取防护措施。

⑩液态货物要注意包装的密闭性,必要时要与其他货物隔离。

(四)运输

装车完毕后,零担货物进入运输阶段。零担货运班车必须按照定车、定期、定线、定时的原则运行。单证随货一起运输,在各个中转站由相关工作人员在单证上签字、盖章。

(五)中转

中转作业主要是将来自各个方向仍然需要继续运输的货物在中转站卸车后,重新集结,进行再次运输,直至将货物运至终点。

公路零担货物中转主要有三种方法,即落地点、坐车法和过车法。

1.落地法

顾名思义,落地法即将达到中转站车辆上的货物全部卸下入库,按照货物的流向、性质等特点重新集结,再次配载装车。这种方法操作起来非常简单,但是装卸的作业量很大,耗费时间久,库房和货场的占用面积也很大。

2.坐车法

坐车法是将到达车辆上运行前方同一到站,且中转数量较多或者不便卸车(如长大笨重货物或者贵重货物)的那些核心货物留在车上,将其余货物卸下入库后,再与到达车站同一运行方向、同一目的站的货物拼装,成为一辆新的零担货运班车。坐车法使货物的装卸量显著减少,加快了中转速度,节约了劳动力和仓库货位,但是对继续停留在车上的核心货物不易检查和清点,有时会发生丢失现象。

3.过车法

当几辆零担班车同时到达车站,进行中转作业时,将车内部分中转货物由一辆车向另一车上直接换装,中转的全过程都在车上进行,不再将货物卸下入库。这种中转作业方法最大程度地减少了作业量,提高了作业效率和中转速度,但是对车辆的到达和出发时间要求非常精确,一旦受到不可抗力等外界因素的干扰,就会对整个作业过程产生影响。

(六)到达卸货

具体而言,当货物到达目的地后,分为以下几个步骤进行卸货处理:

(1)到站接车:卸货人员检查到站票据和装载清单的积载项目;制订卸车计划,安排卸车货位;将待卸货位清理干净。

(2)卸车:根据交运物品清单,逐批检查清点核对,在清单上注明货位号码;通知货物交付人员一起检查货物情况;对于经检查存在异常情况的货物,应该采取措施及时处理。常见的异常情况及相应处理方法是:有单无货,双方签注情况后,在交接单上注明,将原单返回;有货无单,确认货物到站后,由仓库人员签发收货清单,双方盖章,清单寄回起运站;货物到站错误,将货物原车运回起运站;货物短缺、破损、受潮、污染、腐烂时,应双方共同签字确认,填写事故清单。

(3)卸车后工作:清扫零担运输班车车厢;卸货人员与驾驶员办理交接手续,在交运物品清单上签收。

(七)仓库保管

对于未能够及时提走的货物,由到站仓库保管人员妥善保管。具体而言,货物保管工作的具体要求是:保障货物及对应单证的安全、无丢失;仓库无火灾隐患;仓库无闲杂人员;仓库整洁。

(八)交付

货物交付主要分为三个方面:发出到货催领通知;查验;货物交付。

(1)发出到货催领通知:货运站发出货物催领通知,并及时在货票上记载通知时间;对逾期未领取的货物,再次催领;对于拒绝领取的货物,可联系发货站、托运人,征求处理意见。

(2)查验:查验领货人的提货凭证,确认收货人的名称和证件(若被委托代领,还应出具委托人的身份证明和委托书)。

(3)货物交付:搬运货物出库,当面清点数量,在货物运单上签注提货日期,加盖货物交讫戳记。

任务三　公路整车货物运输作业

➤ 一、公路整车运输组织

公路整车运输是指公路运输企业一次承运的货物重量大于等于3吨,或者虽重量不足3吨,但是其形状、性质、体积需要3吨以上的货车运输。值得注意的是,判断 批货物是零担货还是整车货的依据不完全取决于货物数量、体积或形状的大小,还应考虑货物的性质、货物价值对运费的负担能力等因素,对于特种货物(包括集装箱货物),无论数量、体积、形状如何,承运人通常按照整车进行承运。

学而思

除了运输货物的重量,整车运输和零担运输的区别是什么?(见表2-7)

表2-7　公路整车运输与零担运输的区别

项目	整车运输	零担运输
货物重量	一般而言,重量≥3吨(也有特殊情况,不足3吨)	3吨以下
承运人的责任期间	装车、卸车	装车、卸车、货运站内的中转
是否进站储存	否	是
货源与运输组织	货物品种单一,批量大,一般为一个终点站(整车分卸除外),运价低,装卸地点固定,运输组织简单	货物种类多,达到地点零星分散,运价高,装卸地点不固定,运输组织较整车相对复杂

项目	整车运输	零担运输
营运方式	直达,不定期运输	定线,定班期发运
运输时间	相对较短	相对较长
运输合同	签订运输合同	通常以托运单作为运输合同的证明
运输费用的构成与高低	运费较低,仓储、装卸等费用分担,需在运输合同中约定	运费较高,运费中包含了较高的仓储、装卸、中转等费用
装车环节	仅仅对货物进行整车整装	除了装车,还伴随货物的分拣、组配等作业
押运	活动物、植物,贵重物品需要押运	一般而言,无需押运

二、公路整车运输业务

公路整车运输和零担运输相比,作业流程有所简化,省去了货运站的装卸分拣作业,除了整车分卸外,一般而言,是将整车货物从起点直接运至终点。

(一)托运受理

与公路零担运输一样,托运受理成为公路整车运输的第一步。托运受理主要作好以下几个方面的工作:

1.填写托运单

托运单一般由托运人(即发货人)填写,也可以委托他人填写。货运站在收到托运单后,应该仔细审核运单。

2.审核托运单等运输凭证

审核货物的具体情况(名称、质量、体积等)是否能够受理。有以下情况之一的,货运站不予受理:

(1)法律或政府部门禁止运输的禁运品,如枪支、弹药等;

(2)受国家或政府部门统一管理的货物,需提供证明方可承运,如烟草等;

(3)未提供检验检疫证明的动、植物;

需要提供证明文件的货物,托运人应主动向货运站提供,如动植物检疫合格证、烟草运输许可证等。

(二)验货

查验货物的包装、确定货物的重量是验货最重要的环节。公路整车货物运输除整车分卸外,大多数都是一站直达目的地的运输组织方式,为了保证整个运输过程的连续进行,必须根据运输货物的性质、质量、运输距离、道路等级等条件,按照国家标准及相关规定进行包装。货运站对托运的货物,应该仔细检查其包装,对不合要求的包装,应督促发货人按照相关规定对货物进行再次包装后,方可承运。

货物的重量是货运站核收运费的依据,也是保证运输安全性的必要条件。货物的重量分为实际重量和计费重量。对于普通货物而言,实际重量与计费重量相当,对于毛竹、泡沫等轻泡货物而言,要进行换算,将体积转化为计费重量。

(三)监装

车辆到达出货地点后,司机、接货人员与出货负责人根据交运物品清单,对货物的包装、数量、重量等进行清点和核实,确认准确无误的情况下将货物装车。

装车前,由监装人员再次检查货物的外包装有无破损、渗漏等情况,如发现不适合装车的情况,应该及时与发货人协商并尽快采取补救措施,保证运输的安全性;如果发货人自愿承担货物包装不合格可能引起的运输货损,由发货人在运单上签字、盖章,明确责任。

装车完毕后,监装人员再次检查货物,检查有无错装、漏装现象。确认无误后,由托运人和承运人填写交运物品清单,办理交接手续。公路整车运输交运物品清单见表2-8。

表2-8　公路整车运输交运物品清单

起运地:　　　　　　　运单号码:

编号	货物名称及规格	包装形式	件数	新旧程度	体积	重量	保险/保价

托运人签章:　　　承运人签章:　　　　　　年　　月　　日

(四)运输与押运

公路整车运输运载量大、运输距离长,承运人在运输途中要不断检查货物和车辆的安全情况,如货物撒漏、车辆技术状况不良、加固材料折断、蓬布被风吹落等。出现安全隐患时,应该及时采取措施,对货物进行整理或者对车辆进行调换。

整车运输的普通货物无需押运,活动物、植物、贵重物品、危险品必须押运。在接到押运命令之后,应迅速拟定押运预案,内容包括运输时间、地点、路线、负责人及异常情况的处理措施等。运输前,对车辆、通信器材、保卫设备等仔细检查。检查无误后,严格执行押运守则和运输途中的规章制度。

(五)到站交付

车辆装运货物到达卸车地点后,收货人或车站货运员组织卸车。工作人员对卸下货物的名称、规格、包装等认真检查。检查无误后,由收货人在货票上签字,货物交付完成。交货时,如发现货物短缺、丢失、损坏等现象,承运人会同收货人和保险公司等相关部门应该认真核实,并作出原始记录,由承运人或卸车人员开具证明文件。

知识链接

公路整车运输行车路单

行车路单(简称路单)是公路运输的调度命令,是记录车辆运行的原始凭证,是公路整车运输的一项重要单证,也是企业和运输管理部门考核车辆运用情况和进行统计的重要依据。凡从事运输活动的车辆,均应按规定使用路单,一运次一单或一车一单,有效期内全国通行。路单分客运与货运,全国已有统一格式,由车籍所在地的运输部门统一发放。

行车路单的功能有以下几方面:①是检查运输车辆执行运输政策和法规的依据;②是检查处理商务事故的根据;③是运输企业调度汽车运行作业的重要凭证;④是检查考核运输生产、油料消耗和进行运输统计的原始资料。

公路整车运输行车路单见表2-9。

表2-9 公路整车运输行车路单

使用单位		车号		出车时间	
起点	终点	货物名称	规格	数量	吨位
运费结算		用车单位 (签字)			
单价					
合计					

审批   调度   财务

实训二　公路运输合同与单证

实训目标:

掌握各种公路货运单证的作用;

会根据实际的运输状况制定运输合同;

会根据实际的运输状况填制运单。

实训要求:

根据运输情景拟定公路运输合同;独立编制公路货物运单。

资料准备:

一、公路货物运输合同

公路货物运输合同是指国内经营公路货物运输的企业与其他企业、农村经济组织、国家机关、事业单位、社会团体等法人之间以及个人或联户之间,为了实现特定货物运输任务而明确相互权利义务关系的协议。要求托运货物的一方,称为托运方;承接货物运输任务的一方,称为承运方。

公路货物运输合同的主体资格包括:公路货物运输企业及其他企业、农村经济组织、国家机关、事业单位、社会团体等法人、其他经济组织及个体工商户、农村承包经营户。

公路货物运输合同的承运方必须持有经营公路货物运输的营业执照,否则,承运方无权对外签订货物运输合同。国家工商行政管理部门颁发的运输执照的主体包括:专业汽车运输企业(国营或集体)、工业企业运输队(在完成本企业运输任务以后所承接的任务)、联合运输企业和农村经营运输的专业户。

公路货物运输合同是汽车承运人与托运人之间签订的明确相互权利关系的协议,公路货物运输合同除具有一般货运合同的特点外,还有下列几个特点:

第一,承运人必须是经过国务院交通行政主管部门批准并持有运输经营许可证的单位和个人,国家交通行政主管部门必须对运输工具、司机进行管理,明确职责,以确保货物运输的安全。

第二,公路货物运输合同可以是全程运输合同,即交由公路承运人通过不同的运输工具一次完成运输的全过程。

第三,承运人的许多义务是强制性的,如定期检修车辆,确保车辆处于安全待运状态;运费的计算和收取必须按照有关部门的规定,不得乱收费等。

知识链接

公路货物运输合同(参考样本)

甲方(托运方):   乙方(承运方):

根据国家有关运输规定,本着平等互利、相互协作、共同发展的原则,经过双方友好协商,特订立本合同,以便双方共同遵守。

一、甲方在满足自备车辆运输的前提下,将所需托运的货物交由乙方承运。甲方托运的货物须包装完好,否则乙方有权拒绝承运。

二、货物运输方式:门到门,即起运地点为甲方指定仓库,到达地点为甲方送货单所注明的收货单位及其地址。甲方同意乙方按照对所托运的货物保价金额的4‰收取保价费。甲方选择货物保价运输时,申报的货物价值不得超过货物本身的实际价值。托运的同一批货物每件之间价值不同,应分别保价并在合同上另行注明。不分别保价的,按保价总金额平均计算出每件货物的保价金额,其中每件货物内装有小件的,按单件货物保价金额和内装数量平均计算出每小件货物的保价金额。对于价值较高的货物,保价费收取标准可以另行协商。

三、乙方应安排专人并持有乙方法定代表人授权委托书与甲方储运部门衔接工作。

四、乙方应保证在接到货运通知后及时提供安全适载的车辆到指定地点装货,要求车况良好、手续齐全、无漏湿现象,车厢干净卫生、无毒无污染。

五、乙方在装载货物时,必须轻拿轻放,按规定装载,并按要求办理交接手续。

1.货物装载高度规定:从装载安全及保证产品质量考虑,产品装载高度从货厢底部算起,不超过2.2米。篷车原则上不揭蓬装货,若需揭蓬,其装载高度从货厢底部算起,不超过2.2米。

2.在运输过程中因乙方过错导致货物发生毁损、灭失的,乙方承担赔偿责任。具体赔偿标准为:若甲方选择保价运输,乙方最高赔偿限额为甲方对该损毁、灭失货物的保价金额;若甲方选择非保价运输,乙方最高赔偿限额为该毁损、灭失货物运费的两倍。乙方的赔偿范围仅限于货物本身的损失,乙方对于甲方(或收货人)遭受或者可能遭受的其他损失和间接损失不予赔偿。

3.在货物装车过程中,甲乙双方当事人应在现场清点货物及随货同行票据,乙方确认无误后应在甲方送货清单上签字,办理货物及票据交接手续。

4.货物到达指定地点后,承运人应与收货人在现场清点货物,并要求收货方按甲方的规定在送货清单(或委托书)上签字盖章带回。若发生拒收货物,应及时与甲方联系,并要求客户注明退货原因。

5. 对于有特殊要求的签字盖章(如为保障客户的商业秘密,要求收货方只能在委托书上签字盖章,承运人不能将带有产品价格的送货清单交收货方签字盖章等情况),乙方必须按甲方要求与收货方完善交接手续。若未按要求签字盖章而导致甲方商业秘密泄露,乙方需承担由此造成的一切损失,另处以 500 元/次以上的违约金。

六、乙方必须保证原装原运,承运过程中产生的货差货损由乙方按货物的销售价承担赔偿责任。乙方在运输中未经甲方同意,擅自改道或迂回运输等而造成的运输成本增加,由乙方自行负责。如乙方将货物错运到货地点,每次处以 500 元违约金,并无偿送到正确的到货地点,若因此造成甲方货物损失及其他损失,由乙方全额赔偿。

七、乙方应按以下要求将货物安全无损地运达甲方指定地点并按约定完成交接手续:

1. 应及时将货物送达目的地并按期交回送货清单返回联。

(1)货物运输时限以甲乙双方签订的运输方案第八条为准。

(2)乙方须在指定收货人签收相关单据后的第二天以邮政快递寄回甲方。

(3)若发生票据遗失,按 100 元/票处以违约金,重新打票完善票据签章手续,并赔偿由此造成的一切损失。

2. 每批药品都附有质检报告随货同行,要求与送货清单一起交收货单位,并签收,发生错、漏、遗失等情况,每份处以违约金 10 元,每次最低处以违约金 30 元。

八、由不可抗力造成一方违约的,依法免除违约责任;但有义务及时通知对方,并采取有效补救措施。如因一方过错使损失进一步扩大,该方必须赔偿扩大部分的损失。

九、对于甲方可能出现的大宗轻泡货物,按如下办法计算:首先核算该批货物的重量与体积的比值,如果低于 0.333 吨/立方米,则按 0.333 吨/立方米的标准乘以货物的实际体积来计算重量和运费;如果比值高于 0.333 吨/立方米,则按实际重量计算运费。

十、合同价格在执行过程中,遇到国家政策调整造成原价格不能履行时,双方可平等协商解决。在合同期内,如果油价(以重庆市场零号柴油零售价格为标准)波动(包括上涨或下跌)幅度在 5% 以下(含 5%),则运价维持不变;如果油价波动幅度超过 5%,则运价随之调整,其调整幅度为油价波动幅度的 30% 计算(如油价上涨 6%,则运价上涨 6%×30%=1.8%,依此类推)。

十一、乙方每月按要求统计运输费用,汇齐所有相应的报表、收货方签章送货清单结费联及法定代表人授权委托书等交甲方货运部门审核,如无异议,乙方开具正规的运输发票,按月与甲方结算运费,原则上甲方在此后三个月内分期付清账款。在支付运费时,甲方将根据资金状况支付一定比例的三个月以内的银行承兑汇票,乙方不得拒收。运费应按附件所确定的价格和里程数结算。

十二、为保证运输服务质量,乙方不得向他人整体转包运输项目,一经发现,甲方有权终止合同。

十三、乙方运输服务不到位造成甲方形象受损(不提供门到门服务、谎报到达时间、货物交接时造假、与客户争吵甚至打架等),每次处以 200 元以上的违约金,如影响到甲方的正常销售,甲方有权提出警告或暂停合作,情节严重的,赔偿由此造成的损失,同时甲方有权提前解除合同。对于运输造假、单据造假等违法违规行为,一经查实,终止合同,并依法追究法律责任。

十四、乙方有义务向甲方提供有关工商执照、法律文件及私车挂靠协议和机动车辆保险单等复印件,供甲方审核存档备查。乙方不得以任何形式向公众透露甲方的商业秘密,否则,乙方承担由此造成的一切损失(如名誉损失、经济损失等)。

十五、双方若发生纠纷,应友好协商解决,协商不成,则向运输始发地人民法院申请处理。本合同未尽事宜,根据国家有关法律、法规办理,也可由双方另行协商解决。

十六、本合同一式六份,双方签字并盖章后生效。合同有效期从××××年××月××日起至××××年××月××日止。

甲方: 乙方:

法定代表人: 法定代表人:

委托代理人: 委托代理人:

二、公路货物运单

公路货物运单又称为公路托运单,是公路货物运输的合同凭证,是承运人接收货物并在运输期间负责保管和据以交付的凭据,是记录车辆运行和行业统计的凭证,是处理承托双方运输纠纷的原始依据。

三、公路货物运单的种类

公路货物运单分为甲、乙、丙三种。甲种运单适用于普通货物、大件货物、危险货物等货物运输和运输代理业务;乙种运单适用于集装箱汽车运输;丙种运单适用于零担货物运输。

承、托运人要按道路货物运单内容逐项如实填写,不得简化、涂改。承运人或运输代理人接收货物后应签发道路货物运单,道路货物运单经承、托双方签章后有效。

甲种、乙种道路货物运单,第一联存根,作为领购新运单和行业统计的凭据;第二联托运人存查联,交托运人存查并作为运输合同当事人一方保存;第三联承运人存查联,交承运人存查并作为运输合同当事人另一方保存;第四联随货同行联,作为载货通行和核算运杂费的凭证,货物运达、经收货人签收后,作为交付货物的依据。

丙种道路货物运单,第一联存根,作为领购新运单和行业统计的凭证;第二联托运人存查联,交托运人存查并作为运输合同当事人一方保存;第三联提货联,由托运人邮寄给收货人,凭此联提货,也可由托运人委托运输代理人通知收货人或直接送货上门,收货人在提货联收货人签章处签字盖章,收、提货后由到达站收回;第四联运输代理人存查联,交运输代理人存查并作为运输合同当事人另一方保存;第五联随货同行联,作为载货通行和核算运杂费的凭证,货物运达、经货运站签收后,作为交付货物的依据。丙种道路货物运单与汽车零担货物交接清单配套使用。承运人接收零担货物后,按零担货物到站次序,分别向运输代理人签发道路货物运单(丙种)。已签订年、季、月度或批量运输合同的,必须在运单"托运人签章或运输合同编号"栏目注明合同编号,托运人委托发货人签章。批次运输任务完成或运输合同履行后,凭运单核算运杂费,或将随货同行联(第五联)汇总后转填到合同中,由托运人审核签字后核算运杂费。道路货物运输和运输代理经营者凭运单开具运杂费收据。运输危险货物必须使用在运单左上角套印"道路危险货物运输专用章"的道路货物运单(甲种),方准运行。

四、公路运输货物清单

对于公路货物运输而言,如果同一批货物(即一张托运单上注明的所有货物),品名不同、规格不同、包装不同,在办理托运手续时,应提交物品清单。

实训内容 1

现有一批外贸女装通过公路运输从天津运往西安,发货人为天津鑫鑫商务有限公司陈洁,收件人为西安吉祥服装公司李勇,要求 3 天内到达。现交与德邦物流天津分公司托运。

物品描述:20 箱衣服,10 件/箱,10 千克/箱,40 厘米×30 厘米×30 厘米/箱,300 元(RMB)/件。

托运人地址:天津市河西区伏尔加路×号,天津鑫鑫商务有限公司(邮编:3×××××,电话:022—8×××××)。

收货人地址:西安市雁塔区长安南路×号,西安吉祥服装公司(邮编:7×××××,电话:029—8×××××)。

根据以上资料,拟订运输合同。

实训内容 2

上海家化集团有一批化妆品欲通过公路运输从上海运往成都市丽达化妆品公司,收件人为张先生,要求 4 天内到达。现交与宅急送公司托运。

物品描述:15 箱化妆品,18 千克/箱,20 厘米×20 厘米×30 厘米/箱,15 件/箱,100 元(RMB)/件。化妆品为贵重物品,要求按照货物价值的 3‰收取保险费 67.5 元,装卸费 300元,仓储费 200 元,提货费 200 元。这批货物的运费为 2000 元。

托运人地址:上海市虹口区××路×号,上海家化集团大厦××××,谢女士(邮编:200000,电话:021—8×××××)。

收货人地址:成都市金牛区××路 2 号,成都市沁园集团大厦××××,秦先生(邮编:610036,电话:028—×××××××)。

根据以上资料,填写运单。

项目小结

本项目介绍了公路运输的特点、公路运输的分类,详细阐述了公路运输系统中运输工具、运输线路等构成要素,帮助学生理解各个组成要素在整个公路运输系统中发挥的重要作用;然后,在介绍了公路零担运输特点的基础上,详细讲解了公路零担运输的流程和各种运输单证的使用;项目的最后,详细介绍了公路整车运输的流程,并侧重区分了整车运输与零担运输的区别。

思考与练习

1.运输与物流的区别和联系是什么?

2.简述承运人在运输中的作用。

3.谈一谈我国运输业的发展现状。

4.结合实际,谈一谈影响运输需求的因素。

项目三
铁路运输实务

学习目标

知识目标：

了解铁路运输的发展历史；

了解铁路货物运输系统的组成要素；

理解铁路货物运输的组织流程。

技能目标：

会计算铁路运到期限。

案例导入

货运动车 2016 年下线！300km/h 高铁快递或直接冲击物流格局！

在传统观念里，提起铁路运输，更多地让人联想到整车的煤炭、钢材、石油等。而现在，这一传统观念已经到了彻底改变的时候了。路上行驶的中铁快运的快递车，在一点点改变着人们对"铁老大"的认知，高高在上的"铁老大"，在不经意间已经变得越来越亲民了。

2014 年 4 月 1 日，"铁老大"推出高铁快运业务。这是"铁老大"的一记重拳。

众所周知，高铁具有发车频次高、运力充沛等特点，尤其是在每天的早晚时段，运力闲置现象更加明显。这就为高铁快运业务的开通创造了天然的条件。

据介绍，区别于市场上现有的快递服务，高铁快运业务定位于满足客户个性化需求，产品侧重于贵重物品或对时效性要求极高的物品，目前主推"当日达"和"次日达"等服务。

一个生动的例子。高铁快运与北京某互联网生鲜保健品公司合作，承运其对上海市场的业务。早上，产品装上列车，下午，温度适宜的产品就送达用户手中。高铁恒温的环境以及独有的高效、准时的特点，给用户提供了极佳的消费体验。

目前电商班列运输的最高时速还仅为 160km/h。铁路内部人士透露，以后，这种局面将会有大的改观。开通时速 300km/h 的高铁电商班列已经在计划之中。截至 2015 年 12 月初，全国已有 224 个城市开办了高铁快运业务，计划到 2018 年，实现高铁快运业务办理城市达到 1000 个，业务办理车站覆盖所有高铁车站。

据从中国中车股份有限公司（下称中国中车）人事处获悉，货运动车组样车日前正在唐山轨道客车有限责任公司（下称唐车公司）装配组装。唐山客车还在同步装配组装卧铺动车组和餐座改造车，该三型车样车争取 2016 年上半年下线。货运动车组项目是 2014 年启动研制的，由中国铁路总公司（下称中铁总）联手原中国南车、中国北车共同进行。

2015 年以来，受宏观经济增速回落和经济结构调整的影响，铁路黑货（通常煤炭、焦炭、钢铁和矿石统称为黑货,除此之外的高附加值货物统称白货)运量明显下滑,而在货运组织改革的带领下,白货运量正在不断提升。

据中铁总公布数据显示,2015 年前三季度零散货物运输完成 1.51 亿吨,同比增幅高达 12.2%。其中,批量快运相关达 6756 万吨,同比增长 7.6%。11 月,全路散货发送量达 2005 万吨,同比增加 354 万吨。虽然全路货运量下滑态势没有得到有效遏制,但货运结构变化已经非常明显,当前全路零散货物已经占到全部货运量的 5%,而在 3 年前这个数字不足 1%。

当前白货运输的现状与现代物流对于时效性等方面的要求尚有较大差距,中铁总遂决定加速货运动车组的研发。目前中国中车高铁制造技术已相当成熟,货运动车组在技术上没有障碍。

同一知情人士表示:"未来货运动车组将纳入到目前中铁总力推的中国标准化动车组范围内。"该人士没有透露货运动车组将使用当前何种客运动车组型号作为制造蓝本。据了解,唐山客车旗下的动车组为 CRH3 型和 CRH380BL(见图 3-1)。上述人士称:货运动车组在车辆部件、内饰、设备上都会较客运动车组有大幅减少,其制造成本要低一些。可以预见,随着铁路货运转向现代物流,货运动车组有望成为中国中车未来新的利润增长点。

图 3-1 将被改造成货运动车的 CRH380BL 型车(唐山客车生产)

就未来货运动车组运营情况,中铁总人士称:目前,货运动车组项目将时速定在 200～250 公里区间,稍低于客运动车组最高时速 300～350 公里。列车将直接使用高铁线路,也就是说,当前已开行的客运专线有可能转变到客货混用。该人士强调,将来在高铁线路上运行货运列车,与当前既有线路上客货混用不同,高铁货运动车组只运送高附加值、小包裹且易于搬运的白货,普通低速货运列车不会进入高铁客运专线。

目前,中铁总已经开行了 3 对电商快递班列和十余趟区域经济圈快运班列,该型货车最高时速 120 公里。2014 年年底,时速 160 公里的快运棚车投入运行考核,这是目前中国最快的货运列车。在世界铁路货运中,快捷运输一直是附加值最高的货运品种。1984 年法国开行时速 160 公里城际间货运列车,2012 年法国、德国又开行了时速 300 公里高铁货运专列。

(资料来源:中铁快运太原分公司.重磅猛料!货运动车明年下线!300km/h 高铁快递或直接冲击物流格局![EB/OL].2016-06-04. http://sanwen8.cn/p/1aflveE.html.)

学而思

300km/h高铁快递的出现,会改变快递运输业的局面吗？你认为高铁快递与航空运输相比,其显著的优点是什么？

任务一　铁路运输概述

➤一、铁路运输的发展

希腊是第一个拥有路轨运输的国家。中国第一条铁路吴淞铁路建于上海,由英国人兴建,后被清朝地方官员买回并拆毁。而正式使用的第一条铁路和蒸汽机车则是由李鸿章兴办的开滦公司煤矿所建。

我国铁路运输的发展可以分为以下几个阶段:

(一)开创阶段(1876—1893年)

1876年,中国土地上出现了第一条经营性铁路,这就是英国资本集团采取欺骗手段修筑的吴淞铁路。中国第一条自己修筑的铁路是京张铁路。京张铁路连接北京丰台,经居庸关、沙城、宣化至河北张家口,全长约201.2千米,于1909年建成,是中国首条不使用外国资金及人员,由中国人自行完成、投入营运的铁路。

(二)帝国主义争夺路权,中国铁路缓慢发展时期(1894—1948年)

1894年,清政府在中日甲午战争中战败后,八国联军攫取中国的铁路权益。一万多公里的中国路权被吞噬和瓜分,形成帝国主义掠夺中国路权的第一次高潮;辛亥革命后,袁世凯在1912年宣布"统一路政",解散了各省商办铁路公司,把各省已经建成和正在兴建的铁路全部收归国有,用以抵借外债,形成了帝国主义掠夺中国路权的第二次高潮。北洋政府时期(1912—1927年),关内修筑了约2100公里的铁路,1928年,南京国民党政府执政以后,主要是以官僚买办资本与帝国主义垄断资本"合资"方式修建铁路,从而出现了帝国主义掠夺中国路权的第三次高潮。

(三)中华人民共和国成立,抢修和恢复铁路运输生产时期(1949—1952年)

中华人民共和国成立后,1949年共抢修恢复了8278公里铁路。到1949年年底,全国铁路营业里程共达21810公里,客货换算周转量314.01亿吨公里;1952年6月18日,满州里至广州间开行了第一列直达列车,全程4600多公里畅通无阻。到1952年年底,全国铁路营业里程增加到22876公里,客货换算周转量达802.24亿吨公里。

(四)中国铁路网骨架基本形成时期(1953—1978年)

从1953年开始,国家进入有计划发展国民经济的时期。到1980年,铁路经过了五个五年计划的建设,取得了辉煌的成绩。到1980年年底,铁路营业里程达49940公里,全国铁路网骨架基本形成,客货换算周转量达7087亿吨公里。

(五)改革开放,中国铁路步入新的发展时期(1979年以来)

中国共产党十一届三中全会以来,国民经济开始了新的发展时期。1982年指出"铁路运输已成为制约国民经济发展的一个重要原因"，提出"北战大秦，南攻衡广，中取华东"的战略。到1985年年底，全国铁路营业里程达52119公里，客货换算周转量突破1万亿吨公里。

2005年1月7日，国务院发布的《中长期铁路网规划》明确了我国铁路网中长期建设的目标：到2020年，全国铁路营业里程达到10万公里，主要繁忙干线实现客货分线，复线率和电气化率分别达到50%，运输能力满足国民经济和社会发展需要，主要技术装备达到或接近国际先进水平。

（六）2005年至今，中国铁路运输飞速发展时期

"十一五"期间，全国铁路建设实现了跨越式发展，其中，2010年全国铁路固定资产投资（含基本建设、更新改造和机车车辆购置）达到高峰，完成8426.52亿元，比2009年增加1381.25亿元，增长19.6%。"十一五"期间，全国铁路共完成基本建设投资19787.09亿元，比"十五"期间增加16641.79亿元，增长529.1%。

2011年《中华人民共和国国民经济和社会发展第十二个五年规划纲要》继续提出"推进国家运输通道建设，基本建成国家快速铁路网和高速公路网，发展高速铁路"。截至2015年年底，全国铁路营业里程超过12万公里，居世界第二位，其中高铁1.9万公里，居世界第一位。

➤二、铁路运输的特点和适用范围

（一）特点

铁路运输自问世以来，由于具有安全、运力充足、运价低廉等显著优势，迅速成为世界各国最主要的交通运输方式之一。其主要特点如下：

1.运力大

一方面，一条轨道交通线路与一条8车道的公路具有大体相同的运输能力；另一方面，铁路运输的机车有强大的牵引力，当货运量增大时，在机车的承载范围内，可采用加挂车厢的方式，增加运力。

2.用地省，节约资源

修建轨道交通线路的占地仅为普通公路的1/8、高速公路的1/3、高架路桥的1/2，这不仅对土地资源十分稀缺的我国经济发达地区意义重大，从资源利用的效率来看，占地少，运量大，资源充分利用。

3.环境污染少

交通运输的负外部性非常明显，其中，空气污染和噪声污染是交通运输负外部性最重要的体现。就空气污染而言，从单位运输量产生的大气污染物排放量分析，传统内燃机车的氮氧化合物排放量为小轿车的70%，而碳氧化合物的排放量是小轿车的4%，如果是电力机车作为牵引车，则基本没有废弃污染；就噪声污染而言，与公路运输相比，铁路运输产生的噪音较小，易于治理，通过现代技术手段可大大降低铁路运输产生的噪音。

4.安全性高

铁路运输系统由于其特殊的封闭性，减少了行人误入线路可能发生的意外事故，因此具有较高的安全性。据相关数据统计，铁路运输的安全率是公路运输的20倍。

5.受天气影响较小

航空运输遇到大雾天气，飞机无法起飞；水路运输的断航期，内河、湖面结冰，船舶无法起

航;与其他运输方式相比,铁路运输基本不受天气的影响,能实现全天候运输,适应了运输需求平稳持续的货物运输。

6.资本密集

铁路运输的机车、车辆、轨道、场站及其他营运设施,具有极强的专用性,前期投入非常高,建设周期长,固定资本的投入非常高。

知识链接

固定成本与可变成本——根据成本费用与产量的关系可将总成本费用分为固定成本与可变成本。固定成本是指不随产品产量变化的各项成本费用;可变成本是指随着产品产量的增减而成正比例变化的各项费用。

运输业的固定成本——获取路权的成本和维护成本,端点设施成本、运输设备成本和承运人管理成本。

运输业的可变成本——线路运输成本,如燃油和人工工资、设备维护成本、装卸成本、取货和送货成本。

学而思

除了铁路运输的固定成本高外,还有哪些运输方式具有固定成本高、可变成本低的特点?

(二)适用范围

铁路运输由于受气候和自然条件影响较小,且运输能力及单车装载量大,在运输的经常性和低成本性方面占据了优势,再加上有多种类型的车辆,使它几乎能承运任何商品,几乎可以不受重量和容积的限制,尤其是中长途(500公里以上)的大宗货物运输。

三、类型

(1)根据托运人托运货物的数量、体积、形状等条件,结合铁路的车辆和设备等情况,铁路货物运输的形式可分为三种:整车、零担和集装箱。

整车运输系指货物的重量、体积或形状需要以一辆或一辆以上的货车装运。零担运输是指一批货物的重量、体积或形状不够整车运输条件时按零担托运的货物还需具备另两个条件:一是单件货物的体积最小不得小于 0.02 立方米(单件货物重量在 10 公斤以上的除外),二是每批货物的件数不得超过 300 件。集装箱运输是指不会损坏箱体,能装入箱内的货物。符合集装箱运输条件的货都可按集装箱运输办理。

(2)根据运送条件不同,铁路运送的货物可分为普通货物、按特殊条件运送的货物两类。

普通货物系指在铁路运送过程中,按一般条件办理的货物,如煤、粮食、木材、钢材、矿建材料等。按特殊条件办理的货物系指由于货物的性质、体积、状态等在运输过程中需要使用特别的车辆装运或需要采取特殊运输条件和措施,才能保证货物完整和行车安全的货物,如超长、集重、超限、危险和鲜活易腐等货物。

按特殊条件运送的货物具体可分为以下三类:

①超长、集重和超限的货物。超长货物是指一件货物的长度,超过用以装运的平车的长度,需要使用游车或跨装而又不超限的货物;集重货物是指一件货物装车后,其重量不是均匀地分布在车辆的底板上,而是集中在底板的一小部分上的货物;超限货物是指一件货物装车

后,车辆在平直的线路上停留时,货物的高度和宽度有任何部分超过机车车辆限界的,或者货车行经半径为300米的铁路线路曲线时,货物的内侧或外侧的计算宽度超过机车车辆限界的,以及超过特定区段的装载限界的货物。

②危险货物。危险货物是指凡具有爆炸、易燃、毒害、腐蚀、放射性等特性,在运输、装卸和储存保管过程中,容易造成人身伤亡和财产毁损而需要采取制冷、加温、保温、通风、上水等特殊措施,以防止腐烂变质或病残死亡的货物。

③鲜活货物。鲜活货物分为易腐货物和活动物两大类。托运人托运的鲜活货物必须是品质新鲜、无疾残,有能保证货物运输安全的包装,其使用的车辆和装载方法要适应货物性质,并根据需要采取预冷、加冰、上水、押运等措施,以保证货物的质量状态良好。

➤四、铁路货物运输基础知识

铁路货物运输是一个系统工程,由运输工具、运输线路、运输节点等多个要素构成,相互联系,缺一不可。

(一)运输工具

铁路运输工具是沿轨道行驶的各种机车与车辆的总称。

铁路运输工具依靠车辆外部的轨道进行导向,车辆通过带凸缘的钢轮沿钢轨内侧行驶,轨道起着支承车辆和导向的作用。钢轮同钢轨之间的滚动阻力约是汽车轮胎在混凝土路面上的滚动阻力的1/10。

1.机车

铁路机车是列车的动力来源,因此机车的台数与牵引力大小均影响列车的行驶速度与服务质量。理想的机车除了能够提供足够的马力之外,在维修保养方面亦须具有方便性,才可以提高营运效率。目前,世界上较常用的机车有下列几种形式:

(1)蒸汽机车。

这是早期的铁路机车类型,它利用燃煤将水加热成水蒸气,再将水蒸气送入汽缸,借以产生动力,来推动机车的车轮转动。这类机车的主要优点是价格低廉而且维修容易,缺点则是牵引力不够大,热效率甚低(仅为6%),而且会污染空气,造成乘客不舒适。另外,在重联牵引时亦需要增加驾驶人员,导致费用增加。蒸汽机车由锅炉、汽机、车架和走行部以及煤水车等组成。

(2)内燃机车。

1911年美国通用公司开始试验以内燃机作为铁路的动力来源,因而制造了世界上的第一辆柴油机车。此后,内燃机车受到各国铁路业者的喜好而加以采用。内燃机车系利用柴油作燃料,以内燃机运转发电机产生电流作为动力来源,再由电流牵引电动机使其带动车轮转动。

内燃机车是以柴油机作为动力的火车头,与蒸汽机车相比,内燃机车具有许多优点,例如:它可以节约大量优质煤炭;它的热效率比蒸汽机车高3倍左右,运行准备时间短,起动加速快,可提高线路通过能力25%以上。

(3)电力机车。

电力机车是利用机车上的受电弓将轨道上空的接触电线网的高压电直接输入至机车内的电动机,再将电流导入牵引电动机,使之带动机车车轮。其能源的适应性强,利用率高,经济效益明显。电力机车的能源直接来自容量很大的接触网,电力机车功率大、过载性能强、爬坡性能好,出车前的准备时间也比其他机车短,而且起动平稳、加速快,几乎不受气候和地理条件的限制。此外,电力机车本身不带原动机,没有煤油和废气,不污染环境,不仅司机劳动条件良好,并能为旅客创造清洁的旅行条件。

2. 车辆

铁路运输车辆按照用途可分为铁路客车、铁路货车和铁路特种用途车三大类。用于运送旅客和为旅客服务的车辆为铁路客车,如座车、卧车、餐车、行李车等;用于运送货物的车辆为铁路货车,如敞车、棚车、平车、罐车、保温车等;用于铁路企业办理自身业务用的车辆为铁路特种用途车,如检衡车、除雪车、试验车等。见图3-2至图3-7。

图3-2 铁路运输敞车

图3-3 铁路运输棚车(一)

图 3-4　铁路运输棚车（二）

图 3-5　铁路运输平车

图 3-6　铁路运输罐车

图 3-7　铁路运输保温车

此外,铁路车辆还可按轨距分为准轨车、宽轨车和窄轨车;按产权所属关系分为路用车(所有权属于铁路部门的车辆)和厂矿自备车等。

(二)运输线路

铁路线路(railway line)是指在路基上铺设轨道,供机车车辆和列车运行的土工构筑物。铁路线路是为了进行铁路运输所修建的固定路线,是铁路固定基础设施的主体。

1.分类

铁路线路分为正线、站线、段管线、岔线及特别用途线。正线是连结车站并贯穿或直接伸入车站的线路。站线是指到发线、调车线、牵出线、装卸线、货物线及站内指定用途的其他线路。段管线是指机务、工务、电务、供电等段专用并由其管理的线路。岔线是指在区间或站内接轨,通向路内外单位的专用线。特别用途线是指安全线和避难线。

根据线路意义及其在整个铁路网中的作用,铁路线路可划分为 3 个等级:Ⅰ级铁路:保证全国运输联系,具有重要政治、经济、国防意义和在铁路网中起骨干作用的铁路,远期国家要求的年输送能力＞800 万吨;Ⅱ级铁路:具有一定的政治、经济、国防意义,在铁路网中起联络、辅助作用的铁路,远期国家要求的年输送能力≥500 万吨;Ⅲ级铁路:为某一地区服务,具有地方意义的铁路,远期国家要求的年输送能力＜500 万吨。

2.我国十大主要铁路干线

(1)南北交通的中枢:京广线。

京广线从北京南下经石家庄、郑州、武汉、长沙直达祖国南大门广州。沿途纵贯六省市,跨越五大流域,途经华北平原、两湖平原、江南丘陵,穿越南岭山地,连接珠江三角洲,沿线人口稠密、物产富饶、经济发达、城镇密布、运输十分繁忙。南运货物主要有煤炭、钢铁、木材及出口物资,北运货物主要有稻米、有色金属及进口物资。

(2)东西沿海地区交通大动脉:京沪线。

京沪线始于北京,经天津、济南、徐州、南京直抵我国最大城市上海。贯穿京、津、沪三个直辖市和冀、鲁、苏、皖四省,跨越四大水系,连接华北平原、江淮平原和长江三角洲。京沪线北接京沈线,南接沪杭线。京沪线沿线地势低平、人口稠密、城镇众多、煤炭资源丰富、经济发达,是我国重要的工农业生产基地。南运的货物主要是煤炭、钢铁、木材、棉花等,北运货物主要有机械、仪表、百货等。

（3）纵贯南北的第二大交通中枢:北同蒲—太焦—焦柳线。

全线北起山西大同、经太原、焦作、枝城达柳州,基本上与京广线平行。沿线经过五省（区）,跨越三大流域,纵贯黄土高原、豫西山地、江汉平原、湘西山地和两广丘陵。全长2395km,沿线盛产粮、棉、油、烟叶等农副产品及煤、有色金属等矿产,该线对改善我国铁路布局,提高晋煤外运能力,分流京广运量,都具有重要作用。

（4）纵贯南北的第三大交通中枢:京九线。

京九线始于北京,经天津、河北、山东、河南、安徽、湖北、江西、广东直抵香港九龙。全长2538km,沿线跨越海河、黄河、淮河、长江、珠江五大水系,纵贯华北平原、鄱阳湖平原、大别山、井冈山、两广丘陵。沿线地区不仅是我国粮棉油等农副产品的重要产区,也是矿产资源、旅游资源非常丰富的地区。该线对促进沿线经济的发展,维持香港长期稳定的繁荣,都具有重要作用。

（5）纵贯西南地区的南北干线:宝成—成昆线。

该线北起宝鸡,翻越秦岭、大巴山,穿越川西平原,飞越岷江,横跨金沙江,到达昆明,全长1754km,沿途多崇山峻岭、急流险滩,有许多"地下铁路、空中车站"。成昆铁路桥、隧道总长度占线路总长度的40%,工程之艰巨为世界铁路建筑史上所罕见。该线在宝鸡与陇海线衔接,在成都与成渝线相接。沿线是我国特产丰富的多民族聚居地区,蕴藏着丰富的矿产资源和森林资源,铁路的建成促进了西南地区经济建设,加强了民族团结,也是连接西北地区的重要通道。

（6）横贯中原和西北的大动脉:陇海—兰新线。

该线东起黄海之滨的连云港,经郑州、西安、兰州进抵乌鲁木齐,途径六省区,横贯黄淮平原、豫中平原、关中平原、黄土高原,穿过河西走廊、吐鲁番盆地,翻越天山山脉到达北疆,全长3652km,是我国最长的一条铁路干线,沿途经过我国许多古都和历史文化名城,沿线有丰富的煤炭、石油等矿产和棉花、畜产品等。这条铁路的修建,对于沟通经济发达的东部地区和正在发展的西北地区的经济联系,促进西部地区经济和旅游事业发展,巩固边防有重大意义。另外,由此铁路西行经中亚地区可直抵波罗的海沿岸及大西洋沿岸,成为世界上最重要的一条"亚欧大陆桥",是我国通往中亚、中东、欧洲的捷径。这条陆桥的沟通,对发展我国外贸事业,加速沿边开放将起重要作用。

（7）京包—包兰线。

京包线自北京西行经呼和浩特至包头,全长833km,包兰线自包头西行南下经银川至兰州,全长980km。该线东起北京,越冀北山地,跨张北高原、内蒙古高原,过河套平原、宁夏平原至兰州,连接六省(市、区),沟通华北和西北。沿线煤、铁、池盐、磷矿等资源丰富,又分布着我国重要的畜牧业基地和商品粮基地。西运货物主要有钢铁、机械、木材等;东运货物以煤炭、矿石、畜产品为主。该线对促进华北和西北经济联系,分担陇海线运输压力,建设少数民族地区以及巩固边防都有着重要意义。

（8）横贯江南的东西干线:沪杭—浙赣—湘黔—贵昆线。

全线东起上海,经浙、赣、湘、黔、滇等六省市,连接长江三角洲。经江南丘陵和云贵高原,全长2677km,是横贯江南的东西大动脉。该线东段人口密集、工农业发达,西段煤、铁等资源丰富。东运的货物主要有粮食、木材、有色金属等,西运的货物主要有钢铁、机械、水泥、日用百货等。

（9）自成体系的东北铁路网主干线：哈大、滨洲—滨绥线。

东北铁路网以哈尔滨、沈阳为中心，由哈大、滨洲—滨绥线相接构成"丁"字型骨架，联接全区 70 多条干支线，独具一格，自成体系。哈大线北起哈尔滨，经长春、沈阳、鞍山到大连，全长 944km。哈大线联结东北三省主要的工业中心、政治中心和最大海港，通过重要的农业区和人口密集地带，是我国通运能力最强、客货量最大的主干线之一，成为东北地区经济发展的支柱。滨洲—滨绥线西起满洲里，经哈尔滨至绥芬河，全长 1483km。两端都与俄罗斯的铁路接轨，是一条重要的国际铁路线，沿途特产极为丰富，是我国木材、粮食、畜产品供应基地，也是石油、煤炭、木材等产地。

（10）沟通关内外的干线：京沈线、京通线。

京沈线南起北京，经天津、秦皇岛出山海关，沿辽西走廊到沈阳，全长 850km，沿途是我国重要城市以及煤炭、钢铁、机械、石油等生产基地集中的地区，是我国客货运密度最大的铁路干线之一，也是联系关内外的最主要通道。

京通线自北京郊区昌平，经内蒙古赤峰至通辽，全长 870km，是晋煤出关和东北木材外运的重要铁路，也是沟通华北和东北的第二条铁路干线，对减轻京沈线的运输压力和内蒙古东部的经济开发有很大意义。

中国铁路干线和主要支线的起止点和长度具体见表 3-1。

表 3-1　中国铁路干线和主要支线的起止点和长度（公里）

线路名称	起止点	长度（公里）	线路名称	起止点	长度（公里）
京九线	北京—深圳	2370	京广线	北京—广州	2313
京沪线	北京—上海	1460	京哈线	北京—哈尔滨	1338
京通线	北京—通辽	870	京包线	北京—包头	833
京原线	北京—太原	568	京秦线	北京—山海关	312
京承线	北京—承德	256	京蒲线	北京—孟源	883
集二线	集宁—二连浩特	333	滨洲线	哈尔滨—满洲里	935
滨绥线	哈尔滨—绥芬河	548	哈佳线	哈尔滨—佳木斯	506
旅大线	旅顺—大连	61	长图线	长春—图们	529
沈吉线	沈阳—吉林	446	沈大线	沈阳—大连	397
沈丹线	沈阳—丹东	277	兰新线	兰州—乌鲁木齐	1892
陇海线	兰州—连云港	1759	包兰线	包头—兰州	980
兰青线	兰州—西宁	216	胶济线	济南—青岛	393
石太线	石家庄—太原	231	石德线	石家庄—德州	180
淮南线	蚌埠—芜湖北	258	皖赣线	南京西—南昌	838
成昆线	成都—昆明	1100	宝成线	宝鸡—成都	669
成渝线	成都—重庆	504	襄渝线	襄樊—重庆	916
阳安线	阳平关—安康	356	焦枝线	焦作—枝城	753

线路名称	起止点	长度(公里)	线路名称	起止点	长度(公里)
枝柳线	枝城—柳州	885	贵昆线	贵阳—昆明	639
黔桂线	贵阳—柳州	607	川黔线	重庆—贵阳	463
湘黔线	株洲—贵阳	902	湘贵线	衡阳—凭祥	1013
黎湛线	黎塘—湛江	315	广九线	广州—深圳	147
浙赣线	杭州—株洲	947	杭甬线	杭州—宁波	168
向九线	南昌—九江	135	鹰厦线	鹰潭—厦门	694
来福线	来舟—福州	194	沪杭线	上海—杭州	201

(三)运输节点

铁路运输节点按照其功能,可分为以下类型:

1.中间站

中间站是为沿线城乡人民及工农业生产服务,提高铁路区段通过能力,保证行车安全而设的车站。它主要办理列车的到发、会让和越行,以及客货运业务。中间站设备规模虽然较小,但是数量很多,它遍布全国铁路沿线中、小城镇和农村,在发展地方工农业生产,沟通城乡物资交流中起着很重要的作用。中间站的设置位置,既要符合线路通过能力的要求,又要适当满足地方工农业生产发展的需要,并应考虑地形、地质等自然条件。

2.区段站

区段站的主要任务是为邻接的铁路区段供应机车。区段站的作业和设备尽管在数量和规模上都不是最大的,但是作业和设备的种类却是较齐全的。区段站位于铁路网中各牵引区段的分界点处。

区段站是级别较低的车站,货物中转量相对较低,其作用主要只是对地方服务。区段站多设在中等城市和铁路网上牵引区段(机车交路)的起点或终点,是指解体与编组区段和沿零摘挂列车的车站,它是根据机车牵引区段的长度和路网的布局和规划设置的。

在区段上设有机务段,这是区别中间站和区段站的明显标志。区段站所办理的作业,无论从数量上或种类上,都远较中间站繁多。

3.编组站

编组站是指担当大量中转车流改编作业,编组技术直达、直通和其他列车的车站。在编组站还进行更换货运机车和乘务人员,对货物列车中的车辆进行技术检修和货运检查整理工作。编组站按照其在铁路干线上和枢纽内的位置,以及所担当的作业任务,可分为路网性编组站、区域性编组站和地方性编组站。

编组站一般都是位于铁路枢纽,编组南来北往货物列车,流量特大,在国家路网中具备非常重要战略意义。

编组站一般设有专用的到达、发车和调车场,以及机车整备和车辆检修设备。通常设在有3条及以上的铁路交汇点,或有大量车流集散的工矿企业、港口、大城市所在地区。位于工业区或港口附近并专为工业区或港口服务的编组站,又称工业编组站或港湾编组站。中国现有编组站49处。

4.货运站

货运站是铁路运输的基本生产单位,是办理货物作业的场所,凡办理货运作业的车站都可称为货运站,但一般认为它是专门为办理货运作业而设置的车站。

5.货场

货场是铁路办理货运作业的基本场所,也是铁路与地方短途运输相衔接的地方,因此,在货运量较大的车站都设有货场。

知识链接

我国铁路枢纽

中华人民共和国铁道部(现为中国铁路总公司)在《中长期铁路网规划(2008年调整)》中明确标注北京、上海、广州、郑州、武汉、西安、成都、重庆为中国八大铁路枢纽发展重点。

在铁路网中,几条铁路干线相交或衔接的地点,由若干个车站、站间联络线、进站线和信号等组成的总体,称为铁路枢纽。我国铁路枢纽有500多个,一般也是全国或者省区的政治、经济、文化中心或工业基地和水陆联运中心等,具有代表性的铁路枢纽有:

1.北京铁路枢纽

北京铁路枢纽是联结八个方向的全国最大的铁路枢纽。有京广、京沪、京九、京沈、京包、京通等铁路呈辐射状通向全国,并有国际列车通往朝鲜、蒙古和俄罗斯。

2.天津铁路枢纽

天津铁路枢纽是北方最大的海陆交通中心,京沈、京沪两大铁路在此交汇,并与塘沽新港相连,是北京的外港和门户。

3.上海铁路枢纽

上海铁路枢纽是东部沿海地区最大的枢纽站。既是京沪线和沪杭线的终点,又是我国远洋航运和沿海南北航线的中心,客流量和货运量极大。

4.哈尔滨铁路枢纽

哈尔滨铁路枢纽是连接五个方向的东北北部最大的铁路交通中心,有哈大、滨洲、滨绥、滨吉等干线在此汇合。其过境运输量很大,主要是木材、粮食、煤炭和大豆等。

5.郑州铁路枢纽

郑州铁路枢纽地处我国中原地带,陇海、京广两大干线在此相交,沟通了东西南北十几个省的货物,郑州东站连接徐兰高铁、京广高铁、郑渝高铁、郑合高铁、郑济高铁、郑太高铁,2014年7月1日全国铁路大调整之后,郑州东站又开启了逢车必停的新篇章,郑州北站是亚洲最大的编组站。

6.兰州铁路枢纽

兰州铁路枢纽属环形铁路枢纽,通过环线连接陇海铁路、兰新铁路、包兰铁路、中太铁路、兰渝铁路、成兰铁路、青藏铁路、兰新客运专线、徐兰客运专线等9条铁路干线,以及兰合、兰张、兰天3条城际铁路,形成一环十二射的枢纽格局,是中国西部最大的路网性铁路枢纽,并列为全国性铁路枢纽。

7.沈阳铁路枢纽

沈阳铁路枢纽是连接五个方向的东北南部最大的铁路交通中心,有哈大、京沈、沈丹、沈吉等干线交汇,过境运输量为东北之冠。

8.广州铁路枢纽

广州铁路枢纽是我国华南的水陆交通中心,京广、广深铁路与珠江航运在此汇合。黄埔港是广州的外港,经这里的海内外旅客和进出口货物流通量很大。

任务二 铁路货物运到期限

铁路运输货物,应在规定的运到期限内运至到站。货物运到期限从承运人承运货物的次日起,按下列规定计算:

(1)物发送期间为1日。

(2)货物运输期间:每250运价公里或其未满为1日;按快运办理的整车货物每500运价公里或其未满为1日。

(3)特殊作业时间:

①需要中途加冰的货物,每加冰一次,另加1日。

②运价里程超过250公里的零担货物和1吨、5吨、6吨、10吨型集装箱货物,另加2日;超过1000公里加3日。

③一件货物重量超过2吨、体积超过3立方米或长度超过9米的零担货物及零担危险货物另加2日。

④整车分卸货物,每增加一个分卸站,另加1日。

⑤准、米轨间直通运输的整车货物,另加1日。

货物实际运到日数的计算:起算时间从承运人承运货物的次日(指定装车日期的,为指定装车日的次日)起算。终止时间,到站由承运人组织卸车的货物,到卸车完了时止;由收货人组织卸车的货物,到货车调到卸车地点或货车交接地点时止。

需注意的是,货物运到期限,起码天数为3日。

【例3-1】从甲站承运一批零担货物至乙站,运价里程为239公里,求该批货物的运到期限。

解:$T_{运到期限}=T_发+T_运+T_特$,根据题目中的数据,代入计算,$T_{运到期限}=1+1+0=2$(天)。

根据铁路部门的规定,货物运到期限的起码天数为3日,所以该批货物的运到期限为3天。

任务三 铁路货物运输流程

➤一、托运与受理

托运是指发货人委托承运人为其运送货物,办理相关手续的统称,托运人的主要任务是填写托运单。

运单是托运人与承运人之间,为运输货物而签订的一种运输合同或运输合同的组成部分。它是确定托运人、承运人、收货人之间在铁路运输中的权利、义务和责任的原始依据。货物运单即是托运人向承运人托运货物的申请书,也是承运人承运货物和核收运费、填制货票以及编制记录和备查的依据。铁路货物运单与公路运单、航空运单不同,是由运单和领货凭证两部分组成。

(一)铁路货物运单的传递过程

铁路货物运单:托运人→发站→到站→收货人。

领货凭证:托运人→发站→托运人→收货人→到站。

(二)运单种类

铁路货物运单的种类较多,常见的有以下几种:

(1)预付运单:货主办理托运手续时,缴纳运费。运单字体颜色为黑色。

(2)到付运单:货主办理托运手续时,支付部分运费,货物交付时,缴清运费。运单字体颜色为红色。

(3)快运货物运单:运单字体颜色为黑色,将"货物运单"改为"快运货物运单"字样。

(4)剧毒品专用运单:运单字体颜色为黄色,并有剧毒品标志图形。

(三)运单的填写

运单填写的基本要求是正确、完备、详实、清楚。

(1)正确:依据铁路货物运输管理部门的相关规定,按照正确的要求和格式填写铁路货物运单。

(2)完备:相关信息(如货物与货主的信息等)必须填写齐全,不得遗漏。如危险货物不但填写货物的名称,而且要填写其编号。

(3)详实:要求实事求是地填写,内容不得虚假隐瞒。如不能错报、匿报货物品名,更不能将危险品掺杂在普通货物中运输;要求填写的品名应具体,有具体名称的不填概括名称,如电脑桌、立柜不能填写为办公用品。

(4)清楚.填写字迹清晰,应使用钢笔、毛笔、圆珠笔或加盖戳记、打字机打印或印刷等方法填写,不能用红色墨水填写,文字规范,以免造成办理上的错误。

(5)更改盖章:运单内填写各栏有更改时,在更改处,属于托运人填记事项,应由托运人盖章证明;属于承运人记载事项,应由车站加盖站名戳记。

车站对托运人提出的货物运单,经审查符合运输要求,在货物运单上签上货物搬入或装车日期后,即为受理。

➢二、进货与验货

(一)进货

托运人凭车站签证后的货物运单,按指定日期将货物搬入货场指定货位即为进货。

托运人进货时,应根据货物运单核对是否符合签证上的搬入日期,品名与现货是否相等。经检查无误后,方准搬入货场。

(二)验货

进货验收是为了保证货物运输安全、完整以及划清承运人与托运人之间的责任。承运人或托运人检查疏忽,则可能会使不符合运输要求的货物进入运输过程,造成或扩大货物的损失。检查的内容主要有以下几项:

(1)货物的名称、件数是否与货物运单的记载相符。

(2)货物的状态是否良好。

(3)货物的运输包装和标记及加固材料是否符合规定。托运人托运货物,应根据货物的性质、重量、运输种类、运输距离、气候以及货车装载等条件,使用符合运输要求、便于装卸和保证货物安全的运输包装。

(4)货物的标记(货签)是否齐全、正确。

(5)货件上的旧标记是否撤换或抹消。

(6)装载整车货物所需要的货车装备物品或加固材料是否齐备。

(7)货物的件数、重量。

在铁路运输过程中,保证货物的件数和重量的完整是承运人必须履行的义务。因此,铁路明确规定了确定货物件数和重量的范围。

按整车运输的货物,原则上按件数和重量承运,但有些非成件货物或一批货物件数过多而且规格不同,在承运、装卸、交接和交付时,点件费时、费力,只能按重量承运,不再计算件数。只按重量承运,不计算件数的货物有:

①散堆装货物;

②以整车运输的规格相同(规格在 3 种以内视为规格相同)的货物件数超过 2000 件;

③规格不同一批数量超过 1600 件的成件货物;

④整车货物与集装箱货物,由托运人确定重量;零担货物除标准重量、标记重量或有过秤清单及一件重量超过车站衡器最大称量的货物外,由承运人确定重量,并核收过秤费。

➢三、装车

(一)装卸车责任的划分

1.承运人装卸的范围

货物装车或卸车的组织工作,在车站公共装卸场所以内由承运人负责。有些货物虽在车站公共装卸场所内进行装卸作业,但由于在装卸作业中需要特殊的技术、设备、工具,仍由托运人或收货人负责组织。

2.托运人、收货人装卸的范围

除车站公共装卸场所以外进行的装卸作业,装车由托运人、卸车由收货人负责。此外,前述由于货物性质特殊,在车站公共场所装卸也由托运人、收货人负责,其负责的情况有:罐车运输的货物;冻结的易腐货物;未装容器的活动物、蜜蜂、鱼苗等;一件重量超过 1 吨的放射性同位素;由人力装卸带有动力的机械和车辆。

其他货物由于性质特殊,经托运人或收货人要求,并经承运人同意,也可由托运人或收货人组织装车或卸车。例如,气体放射性物品、尖端保密物资、特别贵重的展览品、工艺品等。货物的装卸不论由谁负责,都应在保证安全的条件下,积极组织快装、快卸,昼夜不断地作业,以缩短货车停留时间,加速货物运输。

(二)装车作业

1.装车的基本要求

货物重量应均匀分布在车地板上,不得超重或偏重和集重。

装载应认真做到轻拿轻放、大不压小、重不压轻,堆码稳妥、紧密、捆绑牢固,在运输中不发生移动、滚动、倒塌或坠落等情况。

使用敞车装载怕湿货物时应堆码成屋脊形,苫盖好篷布,并将绳索捆绑牢固。

使用棚车装载货物时,装在车门口的货物,应与车门保持适当距离,以防挤住车门或湿损货物。

使用罐车及敞、平装运货物时,应各按其规定办理。

所装货物需进行加固时,按《铁路货物装载加固规则》的规定办理。

2.装车前的检查

为保证装车工作质量、装车工作顺利进行,装车前应做好以下"三检"工作:

(1)检查运单。即检查运单的填记内容是否符合运输要求,有无漏填和错填。

(2)检查待装货物。即根据运单所填记的内容核对待装货物品名、件数、包装,检查标志、标签和货物状态是否符合要求。集装箱还需检查箱体、箱号和封印。

(3)检查货车。即检查发车的技术状态和卫生状态、货车状态是否良好。主要检查车体(包括透光检查)、车门、车窗、盖、阀是否完整良好,车内是否干净,是否被毒物污染。装载食品、药品、活动物和有押运人乘坐时,还应检查车内有无恶臭异味。核查货车"定检"是否过期,有无扣修通知、货车洗刷回送标签或通行限制等。

3.监装(卸)工作

装卸作业前应向装卸工组详细说明货物的品名、性质,布置装卸作业安全事项和需要准备的消防器材及安全防护用品,装卸剧毒品应通知公安到场监护。装卸作业时要做到轻拿轻放,堆码整齐牢固,防止倒塌。要严格按规定的安全作业事项操作,严禁货物侧放、卧装(钢瓶器除外)。包装破损的货物不准装车。装完后应关闭好车门、车窗、盖、阀,整理好货车装备物品和加固材料。

装车后需要施封、苫盖篷布的货车由装车单位进行施封与苫盖篷布。卸完后应关闭好车门、车窗、盖、阀,整理好货车装备物品和加固材料。

4.装车后检查

为保证正确运送货物和行车安全,装车后还需要检查下列内容:

(1)检查车辆装载。主要检查有无超重、超限现象,装载是否稳妥,捆绑是否牢固,施封是否符合要求,表示牌插挂是否正确。对装载货物的敞车,要检查车门插销、底开门塔扣和篷布苫盖、捆绑情况。

(2)检查运单。检查运单有无漏填和错填,车种、车号和运单所载是否相符。

(3)检查货位。检查货位有无误装或漏装的情况。

➤ 四、填制货票

整车货物装车后(零担货物过秤完了,集装箱货物装箱后),货运员将签收的运单移交货运室填制货票,核收运杂费。

货票是铁路运输货物的凭证,也是一种具有财务性质的票据,可以作为承运货物的依据和交接运输的凭证。

货票一式四联。甲联为发站存查联;乙联为报告联,由发站报发局;丙联由发站给托运人报销用;丁联为运输凭证,由发站随货物递交到站,到站由收货人签章交付,作为完成运输合同的唯一依据。

五、承运货物

零担和集装箱运输的货物由发站接收完毕,整车货物装车完毕,发站在货物运单上加盖车站日期戳时起,即为承运。承运是货物运输合同成立的标志,从承运起承托双方就要分别履行运输合同的权利、义务和责任。因此,承运意味着铁路负责运输的开始,是承运人与托运人划分责任的时间界线,同时承运标志着货物正式进入运输过程。

六、货物的途中作业

(一)货运合同的变更

1.货运合同变更

(1)变更到站。货物已经装车挂运,托运人或收货人可按批向货物所在的中途站或到站提出变更到站。

(2)变更收货人。货物已经装车挂运,托运人或收货人可按批向货物所在的中途站或到站提出变更收货人。

2.货运合同变更的限制

铁路是按计划运输货物的,货运合同变更必然会给铁路运输工作的正常秩序带来一定的影响。所以,对于下列情况承运人不受理货运合同的变更:

(1)违反国家法律、行政法规;

(2)违反物资流向;

(3)违反运输限制;

(4)蜜蜂;

(5)变更到站后的货物运到期限大于允许运到期限;

(6)变更一批货物中的一部分;

(7)第二次变更到站的货物。

3.货运合同变更的处理

托运人或收货人要求变更时,应提出领货凭证和货物运输变更要求书,提不出领货凭证时,应提出其他有效证明文件,并在货物运输变更要求书内注明。提出领货凭证是为了防止托运人要求铁路办理变更,而原收货人又持领货凭证向铁路要求交付货物的矛盾。

(二)货运合同的解除

整车货物和大型集装箱在承运后挂运前,零担和其他型集装箱货物在承运后装车前,托运人可向发站提出取消托运,经承运人同意,货运合同即告解除。

解除合同,发站退还全部运费与押运人乘车费,但特种车使用费和冷藏车回费不退。此外,还应按规定支付变更手续费、保管费等费用。

七、货物的到达领取

(一)货物的暂存

对到达的货物,收货人有义务及时将货物搬出,铁路也有义务提供一定的免费保管期间,以便收货人安排搬运车辆,办理仓储手续。免费保管期间规定为:由承运人组织卸车的货物,收货人应于承运人发出催领通知的次日(不能实行催领通知或会同收货人卸车的货物为卸车的次日)起算,2天(铁路局规定1天的为1天)内将货物搬出,超过此期限未将货物搬出,其超过的时间核收货物暂存费。

货物运抵到站,收货人应及时领取。拒绝领取时,应出具书面说明,自拒领之日起,3日内到站应及时通知托运人和发站,征求处理意见。托运人自接到通知之日起,30日内提出处理意见答复到站。

从承运人发出催领通知次日起(不能实行催领通知时,从卸车完了的次日起),经过查找,满30日(搬家货物满60天)仍无人领取的货物或收货人拒领,托运人又未按规定期限提出处理意见的货物,承运人可按无法交付货物处理。

无法交付货物的范围、保管期限、上报和移交手续、价款处理,应按照国家经济委员会颁发的《关于港口、车站无法交付货物的处理办法》规定办理。

对性质不宜长期保管的货物,承运人根据具体情况,可缩短通知和处理期限。

(二)票据交付

收货人持领货凭证和规定的证件到货运室办理货物领取手续,在支付费用和在货票丁联盖章(或签字)后,留下领货凭证,在运单和货票上加盖到站交付日期戳,然后将运单交给收货人,凭此领取货物。如收货人在办理货物领取手续时领货凭证未到或丢失时,机关、企业、团体应提出本单位的证明文件;个人应提出本人居民身份证、工作证(或户口簿)或服务所在单位(或居住单位)出具的证明文件。

货物在运输途中发生的费用(如包装整修费、托运人责任的整理或换装费、货物变更手续等)和到站发生的杂费,在到站应由收货人支付。

(三)现货交付

现货交付即承运人向收货人点交货物。收货人持货运室交回的运单到货物存放地点领取货物,货运员向收货人点交货物完毕后,在运单上加盖"货物交讫"戳记,并记明交付完毕的时间,然后将运单交还给收货人,凭此将货物搬出货场。

在实行整车货物交付前保管的车站,货物交付完毕后,如收货人不能在当日将货物全批撤出车站时,对其剩余部分,按件数和重量承运的货物,可按件数点交车站负责保管,只按重量承运的货物,可向车站声明。

收货人持加盖"货物交讫"的运单将货物搬出货场,门卫对搬出的货物应认真检查品名、件数、交付日期与运单记载是否相符,经确认无误后放行。

任务四　铁路货物保价与保险

➤一、铁路货物运输保价

(一)定义

铁路货物保价运输是指运输企业与托运人共同确定的以托运人申明货物价值为基础的一种特殊运输方式,保价就是托运人向承运人声明其托运货物的实际价值。凡按保价运输的货物,托运人除缴纳运输费用外,还要按照规定缴纳一定的保价费。保价运输是针对铁路实行限额赔偿而规定的,它是铁路运输合同的组成部分,是保证托运人、收货人能得到及时合理的赔偿的一种赔偿形式。在发生承运人的责任赔偿时,铁路要按照货物保价运输办法的规定给予赔偿。

铁路货物保价适合贵重货物。

(二)铁路货物保价运输的由来

铁路运输货物的运费,基本上是按重量计算的,有些物品自身价值很高(如护照、合同等),但收取运费很低,一旦发生货损,如果按照实际损失赔偿,铁路的负担和承担的风险过大,不利于铁路运输企业的发展,在保价运输产生前,通常的作法是限额赔偿,通过限额赔偿保护铁路运输企业合法权益。但是限额赔偿不能满足托运人对货物损失的赔偿要求,为维护托运人的合法权益,从法律上给托运人一条出路,保价运输应运而生。这样一来,托运人只要支付少量的保价费,在货物发生损失时,就可以按照货物的实际损失赔偿,最高可以得到全额赔偿。这对承托双方来说都是比较合理的。

开办保价运输是铁路法规定的,是铁路运输企业处理托运人提出赔偿要求的一种形式,是保证铁路与托运人(收货人)权益对等的一种手段,是针对限额赔偿作出的规定,在铁路运输中实行限额赔偿是国际上通行的作法。

(三)办理铁路保价运输的原因

(1)铁路对保价运输的货物,在运输过程中将采取安全防范措施,特别是对重点保价货物,将实行运输企业过程监管,这将进一步保障其运输安全。

(2)铁路所承运的货物,未按保价运输承运的,铁路实行限额赔偿,但最高不超过保价额。因此在足额投保的条件下,一旦发生承运责任的损失,托运人、收货人将得到足额赔偿。

(3)保价运输费率低,手续简便,提赔方便,理赔迅速,赔偿托运人损失时,公平合理,依法办事,不管事故大小,只要认定是铁路的责任,先赔偿,然后再从内部查清责任,体现了铁路负责运输和维护承托双方的权益原则。

(四)如何办理铁路保价运输

托运人办理铁路货物保价运输时,只需在货物运单"托运人记载事项"栏内注明"保价运输"字样,并在"货物价格"栏内以元为单位,填写托运物品的实际价格。货物的实际价格除货物自身的价格外,不包括铁路承运前已发生的税款、包装费用和运输费用。

按保价运输的货物,不得只保其中一部分。保价率不同的物品一起托运时,应分项填写品名及保价金额,保价费分别计算。保价率不同的物品合并填记时,适用于其中最高的保价率。保价费与运费分项计算,一次收清,不另起保单。保价运输的货物发生损失时,按照其实际损失赔偿,最高不超过保价额,一部分损失,按损失部分所占比例乘以保价金额赔偿。

(五)对保价货物损失的处理,赔偿原则

保价货物的赔偿工作应遵守"主动、迅速正确、合理平等"的原则,属承运人责任造成的货物损失,要主动向托运人或收货人赔偿。办理赔偿的最长期限,自车站接受赔偿书的次日起到填发"保价货物赔偿通知书"时止,款额在 3000 元以下的,为 10 天,款额超过 3000 元未满 50000 元的为 20 天,5 万元以上的为 30 天。

案例 3-1

集装箱渗水造成的货损赔偿纠纷案

2017年10月,王某通过A快运公司托运一批名贵药材,使用一个普通铁路集装箱装运,并通过保险公司为药材购买了铁路货物运输保险3万元。按照集装箱的使用规定,承运前,中铁快运公司对箱体进行了检查,未发现异常。箱体的顶部有两处焊接,被焊接处肉眼观察无裂痕和透光现象,同时经托运人检查确认。该集装箱在2017年8月曾检修,仍在使用有效期。货物在规定的运到期限内运到到站交付。到站与收货人办理交接时,经检查该集装箱施封良好,箱体顶部有焊痕两处,均为旧痕,焊接处有蛆爬出。到站会同收货人、保险公司开箱检查,见货物已经发霉、长毛、生蛆并发出腐烂气味,箱底有水渗出。经清点箱内装黄芪100件,重量为2000千克。事故鉴定确认货物变质的原因是集装箱顶部的焊铁脱裂箱体不良渗水所致,货物已经霉变全部报废。到站组织收货人、保险公司召开事故分析会,达成由保险公司负责赔偿的处理意见。托运人对此处理不服,上诉至法院,请求判令承运人(A快运公司)按照货物实价赔偿货物损失10万元。

学而思

1. 托运人王某作为原告诉称:承运人(A快运)提供的集装箱箱体不良导致其托运的货物遭受损失,应负重大过失责任。试分析承运人是否存在重大责任?

2. 承运人作为被告称:托运人对承运人提供的集装箱状况没有提出异议,经过检查符合运输要求,货物的损失属于托运人的责任造成,承运人不应该承担赔偿责任。试分析承运人是否应该承担赔偿责任?

3. 如果承运人应该承担赔偿责任,是按照实际损失赔偿,还是按照限额赔偿,赔偿多少?

知识链接

《最高人民法院关于审理铁路损害赔偿案件若干问题的解释》第2条规定:铁路运输企业的重大过失是指铁路运输企业或其受雇人、代理人对承运的货物、包裹、行李明知可能造成损失而轻率地作为或不作为。

《中华人民共和国合同法》第311条规定:承运人对运输过程中货物的损毁、灭失承担损害赔偿责任,但承运人证明货物的损毁、灭失是因不可抗力,货物本身的自然性质或者合理损耗以及托运人、收货人的过错造成的,不承担损害赔偿责任。

《中华人民共和国铁路法》第17条规定:铁路运输企业应当对承运的货物、包裹、行李自接受承运时起到交付时止发生的灭失、短少、变质、污染或者损坏,承担赔偿责任:①托运人或者旅客根据志愿申请办理保价运输的,按照实际损失赔偿,但最高不超过保价金额;②未按保价运输承运的,按照实际损失赔偿,但最高不超过国务院铁路主管部门规定的赔偿限额;如果损失是由于铁路运输企业的故意或重大过失造成的,不适用赔偿限额的规定,按照实际损失赔偿。

《中华人民共和国铁路法》第18条规定:由于下列原因造成的货物、包裹、行李损失的,铁路运输企业不承担赔偿责任:不可抗力;货物或包裹、行李中的物品本身的自然属性,或者合理损耗;托运人、收货人或者旅客的过错。

《铁路货物运输规程》第 56 条规定:不保价运输的,不按件数只按重量承运的货物,每吨最高赔偿 100 元;按件数和数量承运的货物,每吨最高赔偿 2000 元;个人托运的搬家货物、行李每 10 公斤最高赔偿额为 30 元,实际损失低于上述赔偿限额的,按货物实际损失的价格赔偿。

(六)铁路运输部门关于货物保价运输的规定

为促进保价运输的发展,加强货运事故处理工作的管理,原铁道部对 1991 年发布的《铁路货物保价运输管理办法》进行了修订,现予发布,自 1999 年 7 月 1 日起实行。原铁道部《关于发布〈铁路货物保价运输办法〉和〈铁路货物保价运输管理办法〉的通知》(铁运(1991)41 号)、《关于修改铁路货物保价运输两个办法的通知》(铁运(1991)135 号)、《关于修改〈铁路货运事故处理规则〉等有关规章的通知》(铁运函(1992)399 号)同时废止。

实训三 铁路运到期限的计算

实训目标:

掌握不同情境下,计算铁路货物运到期限,理解铁路特殊作业的时间要求。

实训要求:

根据要求,计算以下铁路货物运输的运到期限。

1.一批零担货物通过铁路运输的方式从 A 站运输至 B 站,运价里程为 1300 公里,求该货物的运到期限。

2.10000 箱热带水果通过铁路运输方式从甲站运往乙站,途中加冰一次,运价里程为 600 公里,求货物的运到期限。

3.一批冷藏羊肉卷通过铁路运输方式,从呼和浩特运往太原,运价里程为 520 公里,途中分卸一次,求运到期限。

4.有一个 1 吨型铁路集装箱装满零担货物通过铁路运输,已知运价里程为 616 公里,求运到期限。

项目小结

本项目首先介绍了我国铁路运输的发展、铁路运输的特点和适用范围、铁路运输的类型;然后分析了铁路货物运输系统的组成要素;重点讲解了组织铁路货物运输的流程和铁路货物运到期限的计算;最后通过实例诠释了铁路货物运输保价和保险的区别。

思考与练习

1.铁路货物运输的类型有哪些?
2.铁路货物运输保价和保险的区别是什么?
3.组织铁路货物运输的流程有哪些?

项目四
航空运输实务

学习目标

知识目标：

了解航空货物运输的发展、特点和适用范围；

熟悉航空货物运输的类型；

掌握航线、航班、航空港、航空器、航权的相关概念和术语；

掌握航空货物运输作业的相关当事人和业务流程；

了解运费的组成；

熟悉运价的种类和使用顺序；

掌握航空运费的计算方法。

技能目标：

能够描述不同航空货运当事人在运输中的作用和相关职责；

能够根据不同货物种类计算航空运费；

会填制航空货运单的运费计算相关栏目。

案例导入

美国大陆航空公司货运服务部图强三步曲

革新风暴：目光聚焦中小型货运代理

进入新世纪之后，美国国内经济状况日益萧条，大大小小的国际争端此起彼伏，迫使美国航空界不得不面对"插翅难飞"的营运窘状。美国大陆航空公司虽历经 68 载风风雨雨发展壮大为全球第六大航空公司，但却难以躲避经营不景气的厄运。

美国大陆航空公司为了改善困境，以货运业务为中流砥柱，掀起了一场救亡图存的"革新风暴"。他们大刀阔斧减少开支，2003 年第一季度精简资深管理层人员 25%，到了 2003 年 10 月，运力、员工、直接管理成本均削减了 20%。虽说美国大陆航空公司货运服务部也裁员 20%，但其在公司中的举足轻重地位并未削弱，反而在各个层面上得到了进一步强化——专门设立的收益小组，每两周会听取一次货运业务的收益状况及今后发展方略的专题汇报；公司最高决策层不仅会时时、事事、处处倾听货运服务部的意见和建议，而且充分肯定货运业务对公司的贡献率……正是由于美国大陆航空公司上上下下对货运业务的偏爱，才使得货运服务部减员反增效，2004 年第一季度货运收入上升了 12%。

为了整合航空货运资源，美国大陆航空公司货运服务部独具慧眼，精心构筑起"中枢轮辐式"航空货运航线网络，充分借助各种机型担纲航空货运业务的辅助工具，将大大小小的货源统统运送到美国大陆航空公司的航空货运三大枢纽地——休斯敦国际机场、纽瓦克国际机场和克里夫兰国际机场，然后再利用货运专机输送到世界各地。为了协调客运和货运的运营节奏，美国大陆航空公司专门组建了一支收益管理队伍，随时随地依据客运服务部和货运服务部的运营状况，及时准确地调整航线、增减航班，以求取得客货运双向收益的最大化。当发现在飞往香港航线班机上添置 6～8 个承运快递产品的 LD3 型集装箱后，收益会大大高于出售最后 36 个座位所得的运营特例后，美国大陆航空公司货运服务部当机立断，全力支持该航线的货运业务拓展，从而孕育出航空货运的新的经济增长点。

动物情缘：开拓新的货运市场

随着腰包的逐渐鼓胀，越来越多的美国人热衷喂养各种宠物，并与宠物生成了难舍难离的感情，以至于乘坐飞机也渴望能与宠物同行。

由于一些航空公司没有像对待乘客那样关爱被运送的动物，以至于有的动物因宠物舱生存环境恶劣而中途丧生，有的动物从笼子里跑出来不是失踪就是被捕杀，有的动物送错了目的地与主人天各一方……为了平息宠物主人的愤怒情绪，美国国会于 2000 年通过了《安全空运动物法》，不仅要求各大航空公司加强员工培训、人性化善待动物、提高动物安全运送技术，而且要求美国运输部适时开办空运动物的有关投诉。

在《安全空运动物法》的强力约束下，许多美国航空公司为了避免不必要的麻烦和无定数的风险，大幅度缩减动物运输业务。就在美国各大航空公司谈"空运动物业务"色变的"黑云压城城欲催"恶劣运营环境下，美国大陆航空公司货运服务部却"任尔东西南北风"地逆势而起，大打"空运动物业务"这张险牌——他们有的放矢地制定出空运动物业务发展战略：要像对待快递包裹那样对待随机动物，要给随机动物更特殊、更细心的关爱照料，要精心营造包括机舱和宠物舱温度控制在内的随机动物适宜环境，从而最大限度保证随机动物的旅途愉悦和飞行安全；他们想法设法拓展特殊服务领域，不仅提供提前 30 天的空运动物预定服务，而且专门设立了负责业务预定、信息咨询的"动物组"；他们爱心无限地严格训练出了一批又一批技湛艺精的"动物侍卫"，这些"动物侍卫"不仅全权负责将每一个动物准确无误地送上它们所要搭乘的飞机，而且在确保随机动物安全的前提下，让它们成为出发地最后一批上飞机、目的地第一批下飞机的"四条腿特殊乘客"……

电子商务：提供多渠道电子商务解决方案

伴随着电子化商务的时代浪潮，由加拿大航空公司、奥地利航空公司、荷兰皇家航空公司、美国西北航空公司、美国联合航空公司共同发起出资组建，全球驰名的信息技术服务及解决方案提供商——美国优利集团（Unisys）全权经营的航空货运电子商务平台（Cargo Portal Services，CPS）应运而生了。这一航空货运电子商务平台，以"货运 2000 付运质量跟踪标准"为立身之本，为 117 个国家和地区的 430 个城市提供电子货运服务；这一航空货运电子商务平台，以其网络化的电子预定和货运管理服务，得到了 54 个国家和地区的 1364 家货运代理商的青睐。

作为"IT 化勇敢尝试者"的美国大陆航空公司，对电子商务情有独钟，不仅是美国第一家提供多渠道电子商务解决方案的承运商，而且在电子分销方面拥有在线预定和跟踪系统——www.cocargom.com，从而为自己的货运服务部提供了强有力的电子商务支持。不过，美中不足的是，由于这一门户网站仅仅只是美国大陆航空公司独家所有，故而难以与其他航空公司的货运业务联手互动，更不用说了解其他航空公司的货运动向了。怎么办？只有打开电子门户，寻觅公共性航空货运门户网站,才能"睁眼看世界",在获得更多货源的基础上博取更多的利润。正是抱着这一目的,美国大陆航空公司经过仔细的考察论证之后,果断加入了 CPS,以求充分利用这一航空货运电子商务平台,"揽五州风云,觅环球商机",大幅度地提升货运服务部的辐射范围和业务总量。

对于美国大陆航空公司加入 CPS 的明智之举,CPS 经营商美国优利集团的物流解决方案部门副总裁瑞斯波·萨顿(Christopher Shawdon)表示热烈欢迎——"CPS 用户一直在要求其他航空公司加入这项电子服务,以便他们能够在线开展更多的业务。我们非常高兴地看到像美国大陆航空公司这样一家大型承运商,能够积极回应航空货运代理商的呼唤,主动投身CPS。我们对美国大陆航空公司的加入,以及他们带来的创意和经验表示欢迎。"

美国大陆航空公司加入 CPS 后,其货运服务部究竟得到了多大好处?美国优利集团 2004年 9 月 29 日发布的"航空货运代理商对航空货运业年度意见"表明:在全球 50 家航空公司中,有 45% 的航空货运代理商把美国大陆航空公司作为首选合作伙伴,这预示着美国大陆航空公司货运服务部必将成为愈来愈多航空货运代理商的首要选择。

(资料来源:美国大陆航空公司货运服务部图强三步曲[EB/OL]. http://www.jctrans.com/.)

学而思

1. 美国大陆航空运输是从哪些方面改善生存现状的?具体做法有哪些?

2. 电子商务平台的建设对于航空货物运输企业的发展有哪些作用?

任务一 航空货物运输概述

航空运输(air transportation),是指使用飞机、直升机以及其他航空器运送人员、货物或邮件的一种运输方式。它具有快速、机动的特点,是现代旅客运输,尤其是远程旅客运输的重要方式,同时为国际贸易中的贵重物品、鲜活货物和精密仪器的运输所服务。

按照服务对象的不同,航空运输可以分为旅客运输和货物运输。

航空货物运输就是指承运人根据托运人的需求,在规定的时间内,利用航空器将货物运送到指定目的地,并收取相关运输费用的行为。与航空货物运输相关的一个概念就是航空物流。航空物流是指以航空运输为主要运输方式,以满足用户需求为目的,将货物从供应地向接收地进行有效的流通和储存的过程,它将货物的运输、仓储、装卸搬运、流通加工、配送、信息管理等方面进行有机结合,形成完整的供应链,为用户提供多功能、一体化的综合性物流服务。

航空货物运输按照运输范围而言,可以分为国内航空货物运输和国际航空货物运输。对于始发地、经停地和目的地中,至少有一地不在本国境内的运输就可以认为是国际航空运输。

➤一、航空货物运输的产生和发展

(一)国外航空货物运输的产生与发展

1903 年,莱特兄弟(美国)制造的以内燃机为动力的飞机试飞成功,这是人类历史上第一架有动力的、可操纵的、能够载人和货物的飞机。从此以后,世界航空业得到了飞速发展。

1911 年,美国邮政赞助了 31 个试验性航班,开始将航空货运投入商业用途。1914 年,第一次世界大战开始,美国邮政的试验性航班得到了美国议会的支持和赞助,该航班不仅在国内范围进行试验,同时还向处于战乱的欧洲输送战备货物。之后航空业得到了不断发展,美国铁路快件公司成立了航空货运公司,将铁路运输和航空货运结合起来。随着1918年美国邮政第一条定期航线——华盛顿特区到费城航线的建立,航空货运正式走向民用。

20世纪20年代早期民用客机仍然主要以木材和织物为主要材料,多采用双翼结构,所以飞机的载客量小、飞行速度低、安全性差,所承运的货物非常有限,航空货运仅限于一些航空邮件和紧急物资。1925年,福特汽车收购了一家飞机制造公司,与此同时开始建造全金属的福特三代发动机飞机,这是美国第一家成功的航班飞机,从此以后,航空运输逐渐成为美国运输网中铁路运输的补充。1939年到1945年,由于军事需求,航空器的性能取得了突破性的发展。战争结束后军用飞机逐渐转向民用航空运输业,为主要的商业地区提供了快速、经济的运输服务。

20世纪60年代,由于全货运飞机基本退役,新一代客货两用机成为主流,全货运航空进入了萎靡时期。在这个时期,关系到国家安全的航空业管制非常严格,在美国,每个航空公司的成立、每条航线的开拓、每条航线上的承运人数、航班数量甚至定价都在美国民航委员会的管制之下。而在政策上,货运航线的申请需要与客运航线进行艰难竞争,这使得一些小型的航空货运公司受到了沉重的打击。

1977年,美国开始对航空运输业实行放松管制和自由化的政策,在市场准入与退出、价格制定、航线资源分配等方面全部按市场化原则进行管理,企业经营活动不再受到限制,这为航空货物运输带来了积极的影响。

20世纪80年代,现代物流的定义从过去的"实物配送"(physical distribution)逐渐转向了"物流"(logistics)这一概念。而作为物流业的一个分支,航空货物运输受到了很大的影响。由于大部分企业采用准时制(just in time,JIT)的生产方式,翌日送达的要求越来越多,这给航空快递运输的发展带来了巨大的推动作用,在这一时期,航空快递运输大量出现。航空货运向现代物流的转变,与该时期信息技术的发展和应用密不可分。

如今航空货物运输得到了迅猛发展,从1985年以来,世界航空货运量的年均增长率达到6.3%。2010年,世界航空货运量达到9074万吨,同比增长15.3%。

(二)国内航空货物运输的发展现状

1918年,北洋政府设立航空事务处,这是中国第一个主管民航事务的正式管理机构。但是,在此期间直至中华人民共和国成立后国内航空货物运输才开始发展起来。1920年,我国的第一条航线北京—天津航线正式开通。1929年5月,沪蓉航空管理处成立,在沪蓉航线成立初期,上海至南京这段航线是不允许运载旅客和包裹的,当时主要运输的是邮件。1931年,中国和德国汉莎航空公司合作,在上海成立了欧亚航空公司。1936年,我国第一条国际航线广州到河内航线开通。在抗日战争时期,中苏航空公司开辟的重庆到莫斯科的航线,为当时的战备需要,运送了大量的物资。中华人民共和国成立以后,中国航空公司和中央航空公司宣布服从中央人民政府的领导,这是奠定中华人民共和国民航事业基础的"两航起义"。文化大革命时期,民航事业遭受了沉重打击,我国民航业停滞不前。直到改革开放以后,特别是近十几年来,随着国民经济的发展、对外贸易的扩大,以及经营观念的转变,民航事业得到了快速发展,以往以客运为主的航空运输市场正朝着客货并重的方向发展。

据统计资料显示,1980年,我国民航货邮运输量仅有8.8万吨,到1995年达到101万吨,

2004 年货邮运输量达到 277 万吨,比 1995 年翻了一倍。截至 2015 年,全行业完成货邮运输量 629.3 万吨,比 2014 年增长 5.9%,其中:国内航线完成货邮运输量 442.4 万吨,比上年增长 3.9%;国际航线完成货邮运输量 186.8 万吨,比上年增长 10.9%。自 2011 年至今,全国民航运输机场货邮吞吐量持续上涨,至 2015 年,全国民航运输机场完成货邮吞吐量 1409.40 万吨,比 2014 年增长 3.9%。近几年,货邮吞吐量增长情况如图 4-1 所示。

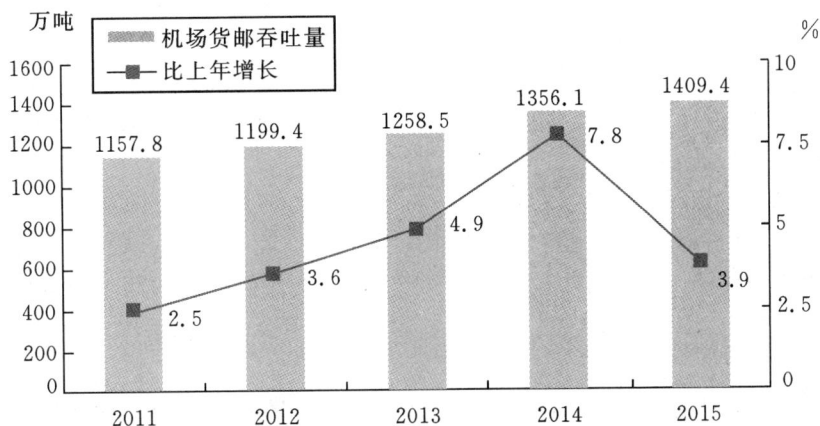

(资料来源:2015 年民航行业发展统计公报.)

图 4-1 2011—2015 年民航运输机场货邮吞吐量

1996 年 11 月,中国邮政航空公司,作为我国第一家邮政空运企业成立,这标志着我国航空货运专业化进程的开始。随着货运航线网络不断完善,货运机队规模不断扩展,我国航空企业纷纷加大了货运的投资力度,中国货运航空有限公司、扬子江货运航空公司、中国国际航空货运有限公司、翡翠国际和珠海捷晖等多家专业的货运航空公司进入市场,航空货运成为投资的热点。此外,随着政府对航空货运发展的管制的放松,货运代理业也蓬勃发展。尤其在 2005 年后发展迅速,截至目前,80% 的进出口贸易运输和中转业务、90% 的国际空运业务是通过国际货运代理完成的。

我国潜力巨大的航空运输市场同时吸引着国外的航空企业,美国、日本、欧洲的大型航空货运企业都一致看好我国货运市场。目前,已有近 90 家国外的航空公司在我国开展国际货物运输业务,而世界航空货运巨头 UPS、FedEx 等公司,更是在我国设立了转运中心,快递网络遍布我国众多城市,迅速以服务优势占据了大部分的中国国际货运市场。

在这一时期,我国陆续颁布了《民用航空运输销售代理业管理规定》《中国民用航空货物国内运输规则》《中国民用航空快递业管理规定》等与航空货运相关的法规和规章,规范和促进了航空货运的发展。

➢二、航空货物运输的特点及适用范围

(一)航空货物运输的特点

1.速度快

航空运输最大的特点与优势就是运行速度快,平均时速能达到 800~900 千米,是汽车和

火车的 5～10 倍,是水路运输的 20～30 倍。航空货物运输的这一特点使得航空运输适合于运送鲜活、易腐的货物,以及季节性较强的商品。采用航空运输,可以为这些商品的运输和销售争取时间。另外,现代社会市场行情瞬息万变,企业需要根据市场需求的变化及时做出反应,这使得货物运输的时间约束性增强,而航空运输正好符合这一特征的需求。

2.破损率低,安全性好

与其他运输方式相比,航空运输安全性较高,据统计,在世界各航空公司共执行的 1800 次航班中,出现严重事故的只有 11 起,风险率仅为三百万分之一。

中型以上的民航飞机飞行高度一般都在 7000～12000 米,在这个空间内气流较为稳定,飞机能够保持平稳飞行,颠簸很小。同时,航空公司的运输管理制度完善,地面操作流程严格,因此,航空运输的货物破损情况较少。

3.不受地理条件限制,直达性好

在有限的时间内,相对于其他运输方式,飞机的飞行空间跨度是最大的。由于飞机在空中不易受自然地理条件的限制,所以航空运输可以将地面上任何距离的两个地点联系起来。特别是对于紧急情况下,运输抢险救援物资,航空运输成为主要的运输手段。

4.建设周期短、投资少

航空运输不像地面运输一样,不需要在线路上花费大量的投资,基础设施建设较为简单,只需要修建机场和必要的导航点即可。

5.可节省包装、保险、利息等费用

航空运输由于速度快,货物周转迅速,因此可以大大减少存货费用,相应的资金回收也快,可以节省利息费用。

由于航空运输安全性好,货损小,因此也可节约相应的保险费用。

另外,与其他方式相比,航空运输包装较为简单,包装成本也较小。

6.载重小、运费高

由于一般飞机载重容积的限制,航空运输不能承运大型的、大批量的货物,只能承担小批量、小体积的货物。同时,由于飞机本身造价高,维修费用大,能耗大,因此航空运输的成本较高,相应的定价也比较高。因此,对于价值低、时间约束小的货物,为了节省运输成本,不会采用航空货物运输的方式。

7.易受天气影响

航班经常会因为大雨、大风、大雾等恶劣天气延误或取消,因此航空运输受气候的影响比较大。

(二)航空运输适合运送的货物种类

航空运输由于速度快、安全性好,主要用来运输高附加值、深加工、技术密集型以及鲜活易腐的食品。

在国际贸易中,采用航空运输的进口商品主要有计算机、成套设备的精密仪器、电子产品等其他高科技产品,采用航空运输进行出口的商品主要有服装、丝绸、纺织品、海鲜、鲜花、水果等。

一般来说,航空运输的货物有以下几个类型:

1.鲜活、易腐货物

鲜活、易腐的货物,如鲜花、水果、蔬菜、海鲜等,时间对于其价值的影响非常大。由于飞机

运输速度快,时效性高,因此适合运输这类对时间要求很高的货物。

2.精密仪器或高科技电子产品

这类产品往往附加值高,一旦损坏赔偿费用巨大,因此对货物的安全性要求较高,适合于速度快、安全性好的航空运输方式。目前,在苏州、无锡等地,80%的电子产品都通过飞机在2～3天之内被运往世界各地。

3.其他对时间性要求很高的货物

如特殊时期的紧急救援物资、由于特殊原因交货期将近的货物等。

➤三、航空货物运输的类型

航空货物运输一般包括班机运输、包机运输、集中托运和航空快递四种形式。

(一)班机运输

1.概念

班机运输(scheduled airline)指在固定的线路上,具有特定的开航时间和停靠航站的航班。这类航班往往具有特定的始发站、途径站和目的站。班机运输由于班期固定,因此有利于客户安排鲜活商品或其他时间性要求较高的商品运送。

2.分类

班机运输一般分为客货混合型飞机运输和全货型飞机运输。客货混合型飞机一方面搭载旅客,一方面运输货物,但由于货舱容积较小,一般只运输小批量的货物;全货型飞机运输只承揽货物运输,但考虑到货源方面的因素,折中全货型运输一般只由规模较大的航空公司在货运量集中的航线上开辟。

3.班机运输的特点

(1)航班定期开航,迅速准确。由于班机运输具有固定的航线、班期,以及固定的始发站、途径站和目的站,因此它可以迅速、准确地将货物送到收货人手中。

(2)发收货人能准确掌握起运和到达的时间,对于贸易合同的履行具有较高保障。

(3)客货混合型飞机舱位有限。由于班机运输大多数采用客货混合机型,因此不能满足大批量货物的运输要求,大批量货物往往只能采取分批运送的形式。

(二)包机运输

1.概念

包机运输(chartered carrier transport),指航空公司按照约定的条件和费率,将整架飞机租给一个或多个包机人(发货人或航空货运代理公司),从一个或几个航空站装运货物至指定目的地。包机运输的运费率低于班机运输,一般适合于运送大宗货物,且运送时间较长。

2.分类

(1)整架包机。

整架包机就是指航空公司或包机代理公司,按照与租机人双方事先约定的条件和费率,将整架飞机租给租机人的运输方式。

整架包机的费用并不是一定的,它受国际市场供求情况的影响而变化。它的费用由两部分组成,一部分是固定费用,按每飞行一千米固定费率来收取;另外一部分是放空费用,也就是飞机空驶的费用,放空费是按每飞行一千米费用的80%来收取的。因此,使用整架包机运输方式的时候,为了节约成本,要尽量保证往返程均有货物。

(2)部分包机。

部分包机是指由几家航空货运公司或发货人联合租用一架飞机,或者由航空公司把一架飞机的舱位拆开分别租给几家航空货运公司或发货人的货物运输方式。部分包机适合于运输1吨以上,但运量不足整机的货物,部分包机运费较低,但由于多个货主同时使用一架飞机,需要等待其他货主,因此运送时间要长。

3.特点

采用包机运输的形式可以实现大批量货物的运送,且包机运输的运费要比班机运输低。同时,包机运输可以由承租人自行设定航程的起止点和中途停靠港,因此灵活性高于班机运输。

但是,包机运输由于要收取返程费用,因此存在回程空放的风险。包机运输的时间较班机运输相比长。同时,由于各国政府为了保护本国航空公司的利益,常对从事包机业务的国外航空公司进行限制,这也增加了包机运输的营运成本。

(三)集中托运

1.概念

集中托运,是我国进出口货物的主要运输方式之一。它是指航空货运代理公司(集中托运人)将若干批单独托运的货物组成一个整批,向航空公司办理托运,采用一份航空总运单,将货物集中发运至同一目的地,由集中托运人在目的地代理收货、报关,并将货物分拨给实际收货人的运输方式。集中托运是航空货物运输中开展最为普遍的一种运输方式,也是航空货运代理的主要业务之一。

与货运代理人不同,集中托运人的地位类似于多式联运中的多式联运经营人。他承担的责任不仅仅是在始发地和目的地的交付过程中,而是承担着货物全程的运输责任。他在运输中有着双重角色,一方面对于各个发货人来说,他担负货物的运输责任,地位相当于承运人;另一方面,对于航空公司来说,他又是集中托运的一整批货物的托运人。

2.特点

(1)节省运费:由于航空运费的费率随托运数量的增加而降低,因此,当集中托运人将小批量货物组合成整批货物托运时,能够争取到更为低廉的费率,因此可以为发货人节省费用。

(2)更好的服务:通过将货物集中托运,从而享受集中托运人的专业服务,拓宽了服务网络,使货物能够到达航空公司到达点以外的地方,延伸了航空公司的服务,方便了货主。

(3)更快的资金周转:航空公司的主运单与托运人的分运单效力相同,发货人将货物交与集中托运人后,即可取得货物分运单,可持分运单到银行尽早办理结汇。

3.局限性

(1)运输货物类型的局限性:集中托运只能用来运输普通货物,等级运价的货物,如贵重物品、危险品、活动物、外交信袋以及文物等不能办理集中托运。同时,由于集中托运货物的储运时间不能确定,因此不适合对时间要求较高的货物,如易腐货物、紧急物资等。

(2)对于目的地相同或相近的货物可以办理集中托运,如某一国家或地区,其他的则不宜采用该形式。

（四）航空快递

1.概念

航空快递业务(air express service)是指由快递企业利用航空运输,向货主提供门对门的速递服务。该业务的大致流程为:由快递公司派专人从发货人处提取货物,并以最近一次的航班将货物出运,到达目的地后,由专人接机提货并办理进关手续,最后直接送达收货人手中。航空快递业务又称为"桌到桌的运输"(desk to desk service),这是一种最为快捷的航空运输方式,尤其适合于时间性要求较高的各种急需物品和紧急文件。

2.分类

航空快递业务有以下三种形式:

(1)"门到门"或"桌到桌"的服务。

发件人在有需求时只需要电话通知快递公司,快递公司接到通知后会派专人上门取件,然后将所收到的快件集中在一起,分拣、整理、制单、报关、发往世界各地,快件到达中转站或目的地机场后,由中转站或目的地快件公司的专门负责人接机以及办理清关和提货手续,并将快件及时送交到收货人的手中,之后将快件派送信息反馈至发件地的快递公司。

(2)门到机场服务。

与前一种方式相比,门到机场服务指的是快件到达目的地的机场后,不是由快递公司负责接机、出关,而是当地快递公司及时将到货信息通知给收件人,由收件人自己办理有关手续。一般当托运货物为海关有特殊规定的货品时,采用这种方式。

(3)专人派送。

这种方式是指发件地快递公司指派专人携带快件在最短的时间内,采用最便捷的交通方式,直接将快件送到收件人手里。与前两种方式相比,专人派送的形式最为可靠、最安全,但是这种方式的费用也最高。

3.特点

(1)航空快递业务主要以商务文件、资料和小件货物为主。

(2)航空快递业务中间环节少,与普通的航空货运相比,速度较快。

(3)航空快递业使用的单据特殊。航空快递业有自己独特的运输单据,即交付凭证(proof of delivery,POD),交付凭证一式四份。

(4)经营国际航空快递的大多为跨国公司,这些公司以独资或合资的形式将业务深入世界各地,建立起全球网络。航空快件的传送基本都是在跨国公司内部完成。

➤四、航空货物运输基础知识

（一）航线

1.定义

民航运输企业不仅要获得航空运输业务的经营许可,还必须按照规定的线路进行运输,它必须在规定的一系列站点范围内提供航空运输服务。航线(air route),就是指连接这些站点的,并且对外经营运输业务的航空交通线。航线不仅确定有航行的具体方向、起点、终点以及经停点,还根据空中交通管理的需要,规定航路的宽度和飞行的高度,以维护空中交通秩序,保证飞行安全。

2.分类

航线按飞行地点可以划分为国内航线、国际航线和地区航线。

（1）国内航线。

国内航线，指飞机飞行的路线起止点、经停点均在一国境内的航线。它又包括国内干线、国内支线和地方航线。干线指的是连接首都或中心城市的航线，一般密度高、流量大，比如北京到广州；支线指的是由大城市向小城市辐射的航线，比如西安到榆林；地方航线指的是在省（区）内连接中小城市间的航线。

（2）国际航线。

国际航线，指飞机飞行的线路跨越本国国境，涉及其他国家的航线。由于国际航线需经过其他国家的领空，所以必须经过双方事先磋商，获得同意后才可以开辟。

（3）地区航线。

根据我国的特殊情况，还有地区航线一说。地区航线指在特定的地区飞行的航线。比如内地到香港之间的航线，就称为地区航线。

（二）航班

航班（flight service），是指在规定的线路上，按照民航管理局规定的日期和时刻，采用指定的航空器，在指定的起讫经停点停靠的运输飞行服务。航班分为去程航班和回程航班。从航空公司基地出发的飞行称为去程航班，返回基地的飞行称为回程航班。

航班用航班号标识其具体的飞行班次。

我国民航飞行航班号一般采用两个字母的航空公司代码加4位数字组成。航空公司代码由民航总局实行统一规定。如：CA表示中国国际航空公司，CZ表示中国南方航空公司，HU表示海南航空公司，MU表示中国东方航空公司。

后面的4位数字的第一位代表航空公司的基地所在地区，第二位表示航班的终点所在地区，如：1代表华北，2代表西北，3代表华南，4代表西南，5代表华东，6代表东北，8代表厦门，9代表新疆。第三、第四位表示这次航班的序号，单数为去程航班，双数为回程航班。如MU5505，是中国东方航空公司的，由上海飞往福州的去程航班，序号为05。

（三）航空港

1.定义

航空港是空中交通网的基地，它是指位于航线上的、为保证航空运输，供飞机起飞、降落、停放、维修及组织专业飞行作业用的机场及其相关建筑物和设施的总称。航空港的主要任务是完成客货运输服务，保养与维修飞机，实现旅客、货物和邮件的正常运送以及飞机的安全起降。见图4-2。

2.分类

航空港按所处的位置可以分为干线航空港和支线航空港；按经营的业务范围可以分为国际航空港和国内航空港。

国际航空港需要经过政府核准，可以用来供国际航线的航空器起降营运，空港内配有海关、移民、检疫和卫生机构；国内航空港仅供国内航线的航空器使用，除特殊情况不对外开放。

3.构成

航空港由飞行区、客货运服务区和机务维修区三个部分组成。其中飞行区占地面积最大，

图 4-2 航空港

设有指挥台、跑道、滑行道、停机坪、无线电导航系统等。客货运服务区是旅客、货物以及邮件运输服务设施所在的区域,它包括客机坪、候机楼、停车场等,同时配有旅馆、银行、公交站、进出港道路系统等,货运量较大的航空港一般还设有专门的货运站。机务维修区一般包含维修厂、维修机库、维修机坪等设施,另外还配有供水、供电、消防、急救及铁路专用线等其他设施。

🍵 拓展阅读

郑州航空港打造国际航空物流中心

2013 年 3 月 7 日,国务院正式批复了《2013—2025 年郑州航空港经济综合实验区发展规划》,这是全国首个上升为国家战略的航空港经济发展先行区。

郑州航空港区是郑州航空经济综合实验区和郑州新区的重要组成部分。东临郑州新郑国际机场,北距郑州市区 20 公里,是围绕新郑国际机场开发建设起来的一个重要的经济发展区域。航空港区作为郑州新区总体规划的一个重要组成部分,是全省经济社会发展的核心增长点和改革发展综合试验区之一,也是河南省对外开放的重要窗口和基地。

郑州航空港区具有四通八达、十分便捷的交通优势,郑州机场高速、开封机场高速、郑州少林高速、京广澳高速、连霍高速、绕城高速、洛南高速以及 107、310 国道均在航空港区交汇,市区至机场快速路、轻轨六号线、"四港"联动大道等,将航空港区与郑州市区连为一体,可实现航空、轻轨、公路之间"零"换乘。这对现代物流行业来讲则是决定性因素。

郑州航空港地处内陆腹地,空域条件较好,一个半小时航程内覆盖中国 2/3 的主要城市和 3/5 的人口,郑州机场规划建设 4 条以上跑道,货邮吞吐量增速长期居中国大陆大型机场首位,每周全货机航班居中西部主要机场第 2 位。全省铁路营业里程 4822 公里,以郑州为中心"米"字形布局的高铁网正在加快建设,高速公路通车里程 5830 公里,所有县城均可 20 分钟内上高速公路,陆空对接、多式联运、内捷外畅的现代综合交通体系日趋完善,货物集疏的物流成本和时效成本优势明显。

(四)航空器

1.定义

航空器(aircraft),是指能在大气层内进行可控飞行的飞行器。任何航空器都必须产生大于自身重力的升力,才能升入空中。飞机就是常见的一种航空器。随着航空技术的不断发展,飞机从小型机逐渐发展成为大型宽体机,现代飞机具有载重量大、速度快、安全性好、稳定性强的特点,飞行高度可以达到万米以上。

2.分类

飞机按机身尺寸分,可以分为宽体飞机和窄体飞机。宽体飞机指的是机身宽度不小于4.72米,舱内有两条通道,下舱可装航空集装箱的飞机,如空中客车 A340、波音 767 等。窄体飞机的机身宽度仅为 3 米,舱内只有一条通道,一般只能装载尺寸较小的杂货,如波音 737、空客 A320 等。见图 4-3 至图 4-6。

图 4-3　空中客车 A340

图 4-4　波音 767

图 4-5　空中客车 A320

图 4-6　波音 737

飞机按使用用途,可以分为全货机和客货混合飞机。全货机是指机舱全都用于装载货物的飞机。全货机一般配有集装设备型的货舱,货舱底部设置滚轴和固定系统,可以放置集装板和集装箱。比如,最大的 B747-400F 货机,可以放下 39 个集装板;A300-600F 货机可以放置 21 个集装板和 23 个集装箱,能够承载 50 吨重的货物。全货机运量大,但是经营成本较高,一般只在货源充足的航线上使用。客货混合型飞机,既可以用来载客,也可以用来载货,但是由于机舱货位少,每次运输的货物量非常有限。见图 4-7、图 4-8。

图 4-7　全货机

图 4-8 客货两用机

(五)航权

航权(traffic rights)是世界航空业通过国际民航组织制定的一种带有国家性质的航空运输权利。因为航空运输只要超出国界就会涉及其他国家的主权,国际航空运输就需要在全球行业范围内有一个统一的规定,航权就属于这个规定中的一部分。它涉及了一个国家的利益,必须加以维护,在不同的两个国家交换与协商这些权利时,一般采用对等原则,通过提出一些交换条件或支付一些补偿费用来保护该国航空企业的权益。

航权,也称为空中自由权(freedoms of the air),这个词的概念起源于1944年"芝加哥会议",其法律根据是1944年的《国际航班过境协定》和《国际航空运输协定》。

目前,航权已经发展为九大航权。

第一航权:领空飞越权。即在不着陆的情况下,本国飞机可以在协议国领空上飞过,前往其他国家目的地。比如,从北京飞往旧金山的航班,中途需要飞过日本领空,这就需要与日本签订第一航权,如果没有签订航权,则只能绕道飞行,增加不必要的成本。

第二航权:技术经停权。技术经停权,是指飞机可以根据技术需要,比如添加燃料,或由于技术故障或气象原因需要备降时,可以在协议国降落和经停,但不得从事任何客货运工作,即不能上下旅客或货物。

第三航权:目的地下客权。目的地下客权指飞机可以在协议国境内卸下乘客、邮件或货物的权利(本国装载客货飞协议国)。比如,中国航空公司的飞机从北京飞往东京,需要与东京签订第三航权,才能使承运的旅客、货物或邮件在东京进港,但只能空机返回。

第四航权:目的地上客权。目的地上客权指飞机可以在协议国境内载运乘客、邮件或货物返回的权利(协议国装载客货飞本国)。比如,中国航空公司从北京飞东京的航班,如果签订第四航权,飞机就能从东京载运旅客、邮件或货物返回北京。

第五航权:中间点权或延远权,一般也称为"第三国运输权"。承运人从本国运输客货到另一国时可以将第三国作为中点站上下客货,再到达目的地国,或者承运人将自己国家始发的客货运到协议国家,上客货后,再运到第三国。该航班的出发地必须为其登记国或地区。第五航权是针对两个国家的双边协定而言的,在两国的协定中允许对方行使有关第三国运输的权利,但是如果没有第三国的同意,这个权利形同虚设。比如,新加坡—厦门—芝加哥的航班,新加坡航空获得第五航权,可以在新加坡到芝加哥的航线上在厦门经停,上下客货,再运至新加坡。第五航权的开放意味着外航不仅能够分享对两国之间的市场,同时还能够分享到本国到第三国的市场资源。

第六航权:桥梁权。本国或地区的航空公司可以用两条航线的名义,接载境外两国的乘客及货物往返,但途中必须经过本国。比如,伦敦—北京—首尔的航班,如果签订了第六航权,我国航空公司可以将来自英国的旅客运经北京后再运到首尔。

第七航权:完全第三国运输权。本国航空公司可以在境外接载乘客和货物,而不用返回本国,即本国航空公司可以在甲、乙两国间接载乘客和货物。比如德国的汉莎公司承担英国伦敦到法国巴黎的运输业务。

第八航权:境内运输权。某国或地区的航空公司在协议国或地区领域内的两个或两个以上的机场间载运客货的权利,但是必须以本国为起点或终点。比如北京到成都航班,日本航空如果获得中国赋予的第八航权,就可以将北京的乘客、货物运到成都后下机,然后再飞回东京。

第九航权:完全境内运输权。完全境内运输权指可以在协议国内的两个或两个以上的机场间进行运输业务,而无须返回本国的权利。

拓展阅读

国际航空货运组织

(1)国际民用航空组织(International Civil Aviation Organization,ICAO),简称国际民航组织,是各国政府之间组成的国际航空运输机构,成立于1947年,是联合国系统中负责处理国际民航事务的专门机构。总部设在加拿大蒙特利尔,迄今已有191个成员。其主要活动是研究国际民用航空的问题,制定民用航空的国际标准和规章,鼓励使用安全措施、统一业务规章和简化国际边界手续。

国际民航组织的宗旨和目的在于发展国际航行的原则和技术,促进国际航空运输的规划和发展。国际民航组织由大会、理事会和秘书处三级框架组成。其主要工作包括修订相关法规、制定并刷新关于航行的国际技术标准和建议措施、安全监察、制止非法干扰、实施新航行系统等。

(2)国际航空运输协会(International Air Transport Association,IATA),简称国际航协,是一个由世界各国航空公司所组成的大型国际组织,其前身是1919年在海牙成立并在第二次世界大战时解体的国际航空业务协会。1944年12月,出席芝加哥国际民航会议的一些政府代表和顾问以及空运企业的代表聚会,商定成立一个委员会为新的组织起草章程。

1945年4月16日在哈瓦那会议上修改并通过了草案章程后,国际航空运输协会成立。总部设在加拿大蒙特利尔,执行机构设在日内瓦。

国际航空运输协会从组织形式上是一个航空企业的行业联盟,属非官方性质组织,其宗旨是:

①为世界人民的利益,促进安全、准时和经济的航空运输的发展,扶持航空商业并研究与之相关的问题。

②为直接或间接从事国际航空运输服务的各航空运输企业提供协作的途径。

③为开展与国际民航组织、其他国际组织和地区航空公司协会的合作提供便利。

国际航空运输协会的主要工作内容包括运价协调、运输服务、代理人事务、技术支持以及为会员提供民用航空法律方面的咨询和诉讼服务等。

任务二　航空货物运输作业

➤一、航空货物运输作业过程中的相关当事人

要想把一批货物安全、准时地送至收货人手中,需要运输环节的每个当事人各司其职,通力合作。航空货物运输中,相关的当事人一般有托运人(货主)、航空公司、货运代理、货站/机场、商检、报关行、海关等部门。

(一)托运人(货主)

在货物运输合同中,托运人是指将货物托付给承运人,让承运人按照合同约定的时间将货物运送到指定地点,并向承运人支付相应报酬的当事人。

在航空货物运输中货主首先要提供详细的货物资料,包括货物的品名、数量、重量、目的港及目的港收货人的名称、电话、地址、出货时间以及发货人名称、电话、地址等信息。

其次要寻找合适的货运代理,并与代理公司进行运价协商。

同时,托运人需要准备齐全所有的报关资料,包括清单、合同、发票等,并填制报关委托书,将上述文件交由委托报关的货代或报关行进行处理。

(二)航空公司

航空公司是指以各种航空飞行器作为运输工具为旅客、货物和邮件提供民用航空服务的企业,航空公司是航空货物运输的实际承运人。航空公司使用的飞行器可以是自己拥有的,也可以是租来的,它们可以独立提供服务,也可与其他航空公司合伙或者组成联盟。

在货运业务中,航空公司一般只负责空中运输,即从一个机场将货物运至另一机场。大部分航空公司都经营有定期航班,比如开航至我国的法国航空、德国汉莎航空、美国联合航空等。有些航空公司不经营定期航班,只提供包机运输,比如卢森堡货运航空公司,它的欧美物流枢纽位于卢森堡的芬德尔国际机场(Findel Airport),亚太枢纽位于中国郑州新郑国际机场,卢森堡货运在欧洲是最大的定期全货运航空公司。

航空公司在货物运输环节中主要负责两项任务,即配载和装机。配载就是指航空公司通过计算飞机舱位,将已经被海关放行的货物根据尺寸、重量编排装载表,将装载表交给货站进行货物的装箱和预配。装机就是指货物经过装箱或预配后,按照装机通知单进行装机工作,并通知转运港以及目的港,以便货物顺利中转和到达。

拓展阅读
中国主要的航空公司

1. 中国国际航空公司

中国国际航空公司(Air China),是中国目前资产最多、运输量最大的航空运输企业。注册资本为15亿元人民币,资产总额359亿元人民币,总部位于中国首都北京。中国国际航空公司是中国唯一挂载国旗的航空公司。它不仅提供国际、国内的客货运输服务,而且承担国家领导人的专机任务。中国国际航空公司现经营114条航线,其中国际航线43条,国内航线71

条,每周定期航班 1000 多个班次,飞往世界 19 个国家的 29 个城市,通达国内大部分省会、主要城市和旅游热点。

2. 中国南方航空公司

中国南方航空股份有限公司(China Southern Airlines,简称南航),总部设在广州,以蓝色垂直尾翼镶红色木棉花为公司标志,是中国运输飞机最多、航线网络最发达、年客运量最大的航空公司。南航机队规模居亚洲第一,世界第五,是全球第一家同时运营空客 A380 和波音 787 的航空公司,是中国航班最多、航线网络最密集、年客运量最大的民用航空公司。

3. 中国货运航空有限公司

中国货运航空有限公司(China Cargo Airlines,简称"中货航"),成立于 1998 年 7 月 30 日,是中国民用航空局批准成立的首家专营航空货邮的专业货运航空公司。由中国东方航空股份有限公司(China Eastern Airlines)和中国远洋运输总公司共同投资成立,其中,中国东方航空占其 70% 股份,中国远洋运输总公司占 30% 股份。中货航总部设立于上海虹桥国际机场,并同时在上海浦东国际机场设有基地。中货航拥有众多货运航线,并经营着东航客机腹舱的货运业务,为全球客户提供货物运输、处理、中转等服务。2013 年 6 月 5 日,中国货运航空正式加入天合联盟货运。

(资料来源:陈红霞.国际航空货物运输实务[M].北京:国防工业出版社,2012.)

(三)货运代理

货运代理是随着航空运输业的发展以及航空公司运输业务的集中化而发展起来的新兴服务性行业,在航空货物运输中起着巨大的作用。采用航空运输进出口货物,需要办理一系列手续,比如出口货物在始发地交由航空公司承运前,要进行的接货、储存、制单、报关、交运等业务;进口货物在目的地机场要完成监管、储存、报关、送货与转运等业务。货运代理公司作为货主和航空公司之间的桥梁和纽带,既具有航空公司的代理职能,也具有为客户提供服务的职能。

1. 货运代理公司的作用

一方面,航空公司受人力、物力等的影响,每天面对众多的客户,处理各种复杂的项目和手续,效率受到了影响。而航空货运代理公司的出现,分担了航空公司的部分业务,有利于航空公司进一步开拓市场。就我国目前国际航空货物运输业务来说,大部分业务都是通过货运代理办理,很少有托运人自行前往航空公司办理业务的。

另一方面,货运代理人对运输环节和有关规章制度都非常熟悉,并且与民航、海关、商检等部门有着密切的联系。同时,航空货运代理公司在世界各地都有着广泛的代理网络,能够及时沟通和联络,掌握货物运输的全过程。而且,货运代理通过将货物集中托运的方式,可以在航空公司申请到较低的运价,代理公司和货主都可以从中获得利益。

2. 主要业务

对于出口货物,货运代理在始发站机场将货物交给航空公司之前,要负责发货人托运书的填写、协助商检、向航空公司订舱、接货、理货、制单、报关、交单交货给航空公司、向目的地公司发送预报、费用结算等业务。

对于进口货物,货运代理在目的地机场,要负责从航空公司接货、接单、制单、报关、交货等一系列业务。

3.货运代理的几种身份

(1)货运代理相对于货主来说,是承运人身份。当货运代理公司从不同的客户手中接受零散的货物,并将这些零散货物集中起来以自己的名义与航空公司签订运输合同时,相对于这些货主而言,货运代理就是承运人的身份。

货运代理的承运人身份也称之为空运缔约承运人。缔约承运人是指本身不具有运输工具,以本人的名义签订航空运输合同,该合同的对方缔约人可以是旅客或托运人,也可以是旅客的代理人或托运人的代理人。缔约承运人的职责是保证按照合同约定的时间、地点履行运输任务。缔约承运人可以亲自履行航空运输任务,也可以将全部或者部分运输任务授权他人代为履行。缔约承运人对授权他人履行的运输仍具有合同约定的责任。

(2)相对于航空公司来说,货运代理是托运人身份。当货运代理公司以本人名义与航空公司签订运输合同时,相对于航空公司,它就是托运人,航空公司则是承运人。

(3)收货人。在目的地机场,货运代理公司以自己的名义接受货物,它就是收货人。

(4)另外,货运代理公司还是托运人(货主)的代理人以及承运人的代理人(当代理公司以承运人的名义与托运人签订运输合同并向托运人签发航空货运单时,货运代理公司则是承运人的代理人)。

(四)货站/机场

货站或机场主要负责等待运输的货物和到达货物的仓储,以及地面运输工作及货物的装卸工作等。其主要工作包括根据委托书和入仓单核对货物、货物安检、过磅、打板装箱、仓储及其他特殊处理等。

(五)商检

1.内容

商检,也叫商品检验。它是国际贸易发展的产物,并且随国际贸易的发展成为买卖商品的一个重要环节以及合同中不可缺少的一项内容。商品检验是一个国家对于进出口商品实施的一种品质管制。通过这种管制,确保出口商品生产、销售和进口商品按既定条件采购的安全性。《中华人民共和国进出口商品检验法》规定,进出口商品的检验的内容主要包括商品的质量、规格、数量、重量、包装以及是否符合安全、卫生的要求。商检的依据主要是买卖合同(包括信用证)中的有关规定条款。中国出入境检验检疫局是中国最为权威、最大的检验机构,一般中国产品的出口都由这里进行检验,它主要包括接受报验、抽样、商品检验和签发证书这四个环节。

2.商检货物的种类

(1)客户要求商检的货物。客户为了保证自己所收到的货物符合合同的规定,会要求办理商检并出具商检单。

(2)我国规定的法检货物:有些出口的货物规定必须在出口前进行商检。

(3)进口国规定法检的货物:进口国对某些我国出口的货物规定必须检验。按照不同国家的要求,检验可以在中国进行,也可能需要在进口地进行。

(六)报关行

报关行(customs broker),是指经海关批准注册登记,接受进出口货物收发货人的委托,以收发货人的名义或者以自己的名义,向海关办理报关业务,提供报关服务的企业。

一般来说,客户可以自行选择报关行,也可以委托货运代理公司来进行报关。报关行的主要工作是:将客户交付的相关资料(包括报关资料、货站的"可收运书"、航空公司运单等)进行整理,并录入海关系统进行审核;审核通过后,进行正式申报。

(七)海关

海关是指依据本国(或地区)的法律、行政法规行使进出口监督管理职权的国家行政机关。中华人民共和国海关是国家的出入境监督管理机关。

货物报关是指货物在出入境时,由出入境货物的收、发货人或其代理人,按照海关有关规定格式填报进出口货物报关单,并且附上海关规定应交验的单证,请求海关办理货物出入境手续及其相关手续的全过程。

海关对出入境货物的通关监管工作包括:由报关行、货运代理或其他报关人员将所需单证准备好,向海关进行申报;海关接受申报后,对进出口货物进行实际的核对和检查,并与相关单证进行比对;海关根据货物的类别,按照国家法律的规定收取税收,并填核销单;上述工作完成后,在相关单证上加盖放行章,给予放行。

➢二、国际航空货物运输作业流程

(一)货物出口业务流程

航空货物出口业务是指航空货运代理公司从发货人手中接到货物,并将货物交给航空公司这一过程中所包括的所有环节、所需要办理的手续以及必备的单证。

其主要流程见图4-9。

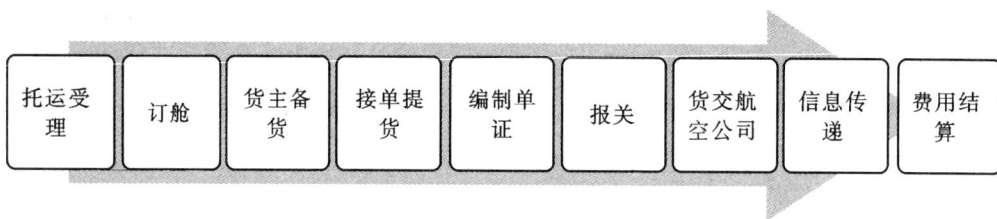

托运受理 → 订舱 → 货主备货 → 接单提货 → 编制单证 → 报关 → 货交航空公司 → 信息传递 → 费用结算

图4-9 货物出口业务流程

1.托运受理

发货人(货主)在货物出口地寻找合适的航空货运代理公司,为其代理货物托运、报关等业务。

代理公司向发货人提供一份自己所代理的航空公司的国际货物托运书(见表4-1),让发货人填写(根据《华沙公约》,托运人必须亲自填写托运书,并签字盖章)。然后,货运代理公司会指定专人对托运书进行审核。通过审核后,审核人员必须在托运书上签名并注明审核日期。

表 4-1 国际货物托运书

托运人姓名及地址 SHIPPERS'S NAME AND ADDRESS	托运人账号 SHIPPER'S ACCOUNT NUMBER	供承运人用 FOR CARRIER USE ONLY	
		航班/日期 FLIGHT/DAY	航班/日期 FLIGHT/DAY
收货人姓名及地址 CONSIGNEE,S NAME AND ADDRESS	收货人账号 CONSIGNEE'S ACCOUNT NUMBER	已预留吨位 BOODED	
代理人的名称和城市 ISSUING CARRIER'S AGENT NAME AND CITY		运费 CHARGES	
始发站 AIRPORT OF DEPARTURE		ALSO NOTIFY:	
到达站 AIRPORT OF DESTINATION			

托运人声明价值 SHIPPER'S DECLARED VALUE		保险金额 AMOUNT OF INSURANCE	所附文件 DOCUMENTS TO ACCOMPANY AIR WAYBILL
供运输用 FOR CARRIAGE	供海关用 FOR CUSTOMS		

处理情况(包括包装方式,货物标志及号码等)HANDLING INFORMATION(INCL. METHOD OF PACKING IDENTIFYING MARKS AND NUMBERS,ETC.)

件数 NO. OF PACKAGES	实际毛重 (公斤) ACTUAL GROSS WHIGHT(kg)	运价类别 RATE CLASS	收费重量 (公斤) CHARGEABLE WEIGHT(kg)	费率 RATE/ CHARGE	货物品名及数量 (包括体积或尺寸) NATURE AND QUANTITY OF GOODS (INCL. DIMENSIONS OR VOLUME)

托运人证实以上所填全部属实并愿遵守承运人的一切载运章程

THE SHIPPER CERTIFIES THAT THE PARTICULARS ON THE FACE HEREOF ARE CORRECT AND AGEES TO THE CONDITIONS OF CARRIAGE OF THE CARRIER

托运人   签字日期   经手人   日期
SIGNATURE OF SHIPPER DATE   AGENT   DATE

同时,发货人(货主)还应当向代理公司提供贸易合同的副本、出口货物明细发票、装箱单和检验、检疫以及其他通关所需要的单证。代理公司应根据发货人所提供的单证进行核对,检查填写是否规范、内容是否齐全。

2.订舱

航空货运代理公司根据发货人的要求和货物本身的特点填写订舱单,订舱单需要注明货物的名称、体积、件数、目的港以及时间等,航空公司根据实际情况安排航班和舱位,并签发舱位确认书。

一般来说,大宗货物、紧急物资、鲜活易腐货物、危险品、贵重物品等,必须提前预订舱位。

3.货主备货

航空公司安排好航班和舱位后,由代理公司通知货主备货。

4.接单提货

(1)代理人在收到货物时,应当重点检查以下内容:

①检查货物内容。应当注意检查货物是否属于或含有危险品,如果货物属于或包含危险品,应按照承运人与代理人的有关协议及《国际航协危险物品条例》中的有关规定办理。

②检查目的地。检查货物的目的地是否通航,如果目的地地区无航站时,可以建议托运人将目的地更改为与原目的地距离较近的通航地点。

③检查货物包装及体积。对于包装不牢、过于简陋及带旧标志的包装,代理人有权要求托运人重新包装。另外,应当检查货物的体积是否符合装载机型的要求。

④如果要求代理公司代理报关,则还应该检查报关手续是否齐全。

(2)检查托运书相关内容。

①检查货物名栏、尺寸栏:货物品名要填写完整、准确、具体;尺寸栏要标明具体的计量单位;危险物品还要求注明专用名称和包装级别。

②检查收货人姓名和地址栏:收货人所在的城市名称不能与其他国家或地区的城市重名,如果重名,需要写上国名,运往美国的货物还应加上州名。

③检查托运人是否在托运人签字栏内签字。

(3)对货物的重量和尺寸进行核对。

货物的重量和尺寸是国际贸易纠纷中经常出现问题的环节。因此,代理公司应当仔细核对货物重量和尺寸。

(4)计算运费。

5.编制单证

直接运输的货物,填写好航空公司的货运单即可,并将收货人提供的货物相关单据订在运单后面。如果是集中托运的货物,要制作集中托运清单和航空分运单,一同装入一个信袋,订在运单后面,最后将制作好的运单标签粘贴或拴挂在每一件货物上。航空公司的货运单如表4-2所示。

表 4-2　航空货运单

Shipper's Name and Address	NOT NEGOTIABLE Air Waybill　　中国国际航空公司 Issued by　　　　　AIR CHINA
Consignee's Name and Address	It is agreed that the goods described herein are accepted in apparent good order and condition (except as noted) for carriage SUBJECT TO THE CONDITIONS OF CONTRACT ON THE REVERSE HEREOF, ALL GOODS MAY BE CARRIDE BY ANY OTHER MEANS. INCLUDING ROAD OR ANY OTHER CARRIER UNLESS SPECIFIC CONTRARY INSTRUCTIONS ARE GIVEN HEREON BY THE SHIPPER. THE SHIPPER'S ATTENTION IS DRAWN TO THE NOTICE CONCERNING CARRIER'S LIMITATION OF LIABILITY.
Issuing Carrier's Agent Name and City	Shipper may increase such limitation of liability by declaring a higher value of carriage and paying a supplemental charge if required.

Agents IATA Code	Account NO.	

Airport of Departure (Add. of First Carrier) and Requested Routing						Accounting Information				

To	By first carrier	To	By	To	By	Currency	WT/VAL		Declared Value for Carriage	Declared Value for Customs
							PP	CC		

Airport of Destination	Flight/ Date	Amount of Insurance	NSURANCE: If carrier offers insurance and such insurance is requested in accordance with the conditions thereof indicate amount to be insured in figures in box marked "Amount of Insurance"

Handling Information

No. of Pieces	Gross Weight	kg l b	Rate Class	Chargeable Weight	Rate/Charge	Total	Nature and Quantity of Goods

prepaid	Weight Charge		Collect	Other Charges
Valuation Charge				
Tax				

Total Other Charges Due Agent		Shipper certifies that the particulars on the face hereof are correct and that insofar as any part of the consignment contains dangerous goods, such part is properly described by name and is in proper condition for carriage by air according to the applicable Dangerous Goods Regulations.
Total Other Charges Due Carrier		
		_____ Signature of Shipper or his agent
Total Prepaid	Total Collect	
Currency Conversion Rates	CC Charges in des. Currency	Executed on _____ at _____ Signature of issuing Carrier or as Agent
For Carrier's Use Only at Destination	Charges at Destination	Total Collect Charges	AIR WAYBILL NUMBER 999-80693231

6. 报关

货运代理公司要对委托书内容及相关单证进行检查。了解货物是否需要商检,并对需要商检的货物办理商检。检查完毕后,由报关人员持装箱单、发票、航空运单、报关委托书、出口结汇核销单、出口货物合同副本、出口商品检验证书等去海关办理报关手续。经海关审核后,海关人员在运单正本上加盖放行章,准予放行。

7. 货交航空公司

(1)货运代理公司根据订舱计划向航空公司办理申领集装板、集装箱的相应手续。一般,大宗货物以及集中托运的货物可以在代理公司自己的仓库、场地或货棚进行装货,也可以在航空公司指定的场地进行装货。

(2)货运代理公司进行理货,并根据航空公司的运单号,分别制作主标签和分标签,贴在货物上,以便识别。

(3)将贴好标签的货物随同盖有海关放行章的货运单一起交由航空公司。由航空公司进行检查、过磅以及测量尺寸、计算体积重量,单、货无误后,在交接单上签字,交接完成。

8. 信息传递

货物发出后,货运代理公司及时将航班号、运单号、货物品名、数量、质量、收货人资料等信息发送给目的地代理公司,准备接货。

9. 费用结算

费用结算是指航空货运代理公司、承运人和目的地代理公司三方与发货人(货主)进行结算,即向发货人收取航空运费、地面运费及各种手续费、服务费,向承运人支付航空运费并向其收取佣金,按照协议与目的地代理公司结算到付运费和利润分成。

(二)进口货物业务流程

进口货物业务是指从航空货物入境到提取(或转运)的整个过程,它包括所需要通过的各个环节,每经过一道环节都要办理一定的手续、出具相关的单证。

进口货物主要流程如图 4 - 10 所示。

图 4-10 进口货物业务流程

1.到货

航空货物入境时,与货物有关的单证、票据也随航班一起到达。运输工具和货物即处于海关的监管之下。货物卸下后,会将货物存入航空公司或机场的监管仓库,进行进口货物的舱单录入工作,即将舱单上总运单号、收货人、始发地、目的地、件数、货物品名、航班号等信息通过计算机录入海关系统用以留存、报关使用。

接着,航空公司会把相关运输单据和货物交由目的港货运代理公司,其中运输单据包括货物交接清单、总运单、随机文件等。在办理提货时,代理公司应准确核对单、货,具体包括交接清单与总运单进行核对、交接清单与实际货物进行核对。若发现有单无货或有货无单的情况,应在交接单上进行标注,以便航空公司组织查询并通知入境地海关。

如果在交接过程中,发现货物有短缺、破损等异常情况,代理公司应向航空公司索要事故记录,作为实际收货人日后交涉索赔的依据。实际交货人也可将索赔事项交由代理公司代理完成。

2.分类整理

货运代理公司对集中托运的货物和单据进行分拨整理。一般可将集中托运货物和单独托运货物分开;运费预付货物和运费到付货物分开;集中托运货物需对总运单项下的货物进行分拨,对每一分运单的货物分别处理。分类整理后,还应编上公司内部的编号,以便于用户查询和统计。

3.到货通知

航空货运公司根据收货人资料寄发到货通知,告知其货物已到港,催促其办理报关、提货手续。

4.编制单证

按照海关要求,根据运单、发票、装箱单以及证明货物合法进口的有关批文,制作"进口货物报关单"。

5.报关

如果有需要商检的货物,应向商检局申报,查验合格后出具商检证明文件。

将制作好的报关单连同正本的货物装箱单、发票、运单等递交海关,向海关提出办理进口货物报关手续。海关经过初审、审单、征税等环节后,放行货物。只有经过海关放行后的货物才能提出海关监管场所。

6.提货

报关完成后,凭借盖有海关放行章的正本运单到海关监管场所提取货物并送货给实际收货人,实际收货人也可自行提货。

7. 费用结算

货主或委托人在提货时,需结清各项费用。

三、国内航空货物运输作业流程

(一)货物出港业务流程

航空货物运输的出港业务主要包括以下流程:

1. 业务受理

首先空运调度要进行信息查询,确定是否有到港空运货物及到港中转货物。同时,按照预报出港货物委托信息做好相关记录,如目的地、件数、重量、体积、委托人等信息。

空运调度在接收相关委托空运的文件或受理委托人要求空运的电话咨询后,要按照客户所提要求做好预订舱记录。

2. 订舱

航空货运代理公司订舱时,应当按照发货人的要求选择合适的航空公司,确定最为合适的航班和出发日期,同时为托运人尽可能争取较低的运价。订舱完毕后,航空货运代理公司还应将相关订舱信息及时通知发货人,准备相关的单证和货物。

根据货物性质的不同,一般来说大宗货物、紧急物资、鲜活易腐物品、危险物品、贵重物品等必须预先订舱。

3. 单证审核

货运代理公司要对委托人填写的"航空公司国内货物托运书"进行检查和核对,主要检查托运书委托人、收货人名称、地址、电话等信息是否完整,同时检查货物信息是否填写正确,并确认计费重量。

4. 打包称重

货物到达卸货后,要对重量和体积进行测量,并确定计费重量。司磅员确定计费重量后在托运书上签字确认,并交制单员。

同时还需要对货物的包装进行检查,确认包装是否符合航空运输的要求,如果不符合,应当将货物返回给托运人,由托运人进行加固或更改。

5. 制单

航空货物运单是承运人与托运人之间签订的运输契约,也是承运人或其代理人签发的货物收据。航空运单的填写直接关系到货物能否及时、准确地送达目的地。因此,相关人员必须详细、准确地填写相关内容。运单内容主要包括目的地城市及代号,托运人、收货人名称、地址、电话,货物的相关信息,如货物件数、重量、计费重量、航班日期、货物名称、外包装情况。航空运单可以分为总运单和分运单。

6. 费用结算

根据分运单的总价,对单票空运业务的运费进行结算。

7. 航空交接

在交接货物之前再次核查货物及标签,并制作航空货物交接单,内容包括交接货物的运单号、件数、重量、目的港城市名称。贵重物品托运时,还要填制贵重物品交接单。

交接单制作完毕后,可以将货物连同交接单一起交至承运处。在交接时,要按照承运人指定的时间和地点进行交接。双方要对货物过磅点清,并在交接清单上签字。

8.查询反馈

空运出港、中转的货物与航空公司交接后，货运代理公司应及时查询货物是否已按预订航班正常出运，如遇分批出运，应询问分批出运的次数和每次出运件数及重量。出运完毕后，及时将信息反馈给委托人，向其提供航班信息、出运日期等其他货物在运信息。

（二）货物进港业务流程

1.业务受理

根据到港货物信息，通知车辆调度员安排车辆接货，同时将信息输入管理信息系统，注明货物件数、重量、体积、到港航班号和到达时间。

2.机场提货

接货操作员按到港信息，在飞机抵达两小时后，前往机场与航空公司人员进行现场货物及相关单证的交接工作，同时对货物及单证进行检查，确认无误后，在航空公司交接清单上签字。对有异常情况的货物，应及时向航空公司索取商务记录单，并对航班号、运单号、货物件数和异常货物情况进行相关记录。

3.提货通知

货物到达仓库两小时内，通知收货人携带运单传真件、身份证等文件提货。

4.货物入库

货物入库前要检查好货物的包装和数量，根据货物的种类、数量、体积、性质确定存放地点，并由专人负责。

5.放货收费

当收货人前来提货时，应当核对运单号及相关证件信息，根据货物重量收取提货费，开具发票（或交付定额发票）后，方可将货物交给收货人。

6.费用结算

业务员按运单上的计费重量与委托单位结算。对超规格、特殊包装的货物要求派送的，应当与委托方确定派送费用。

7.出车派送

对需要派送的货物，在接到派送预报后，按货物航班的到港时间、派送地址、联系人电话与联系人取得联系，征求客户的派送要求及送达时间，同时为客户提供货物情况，了解对方的卸货能力。

8.交接签收

货物送达后与收货人当场清点交接签收，收货人在派送单上签名并注明接收日期。

9.信息反馈

货物派送完毕后，应将带有收货人签名的派送单及相关单证反馈给委托人。

任务三　航空运费的计算

在国际航空运输中，费用的各项规章制度、运费水平都是由国际航协统一协调、制定的。在计算航空货物运输费用时，要考虑货物的计费重量、有关的运价和费用以及货物的声明价值。

➤ 一、航空运费基础知识

(一)运价

运价又称费率,是指承运人对所运输的每一单位重量的货物所收取的自始发地机场至目的地机场的航空运输费用。航空货物运价的公布以千克或磅为计量单位。

货物的运价一般以运输始发地的本国货币公布,有的国家以美元代替其本国货币公布运价。销售航空货运单所使用的运价应为填制货运单之日起的有效运价,即在航空货物运价有效期内使用的运价,而不考虑实际运输的日期。公布的运价是指从一个机场到另一个机场的运价,指的是基本的费率,不包括其他额外的费用,比如提货、报关、交接和仓储费用等。

(二)航空运输费用

航空运输费用是指托运人或收货人运输货物所应支付的和空运相关的全部费用,它一般包括航空运费、声明价值附加费和其他费用三个部分。

1.航空运费

航空运费是指航空公司将一票货物从始发地机场运至目的地机场所应收取的航空运输费用,这项费用根据该票货物所适用的运价和货物的计费重量通过计算获得。

航空运费指的是两地机场间航空运输发生的费用,不包括机场与市区之间或同一地区两机场之间的地面运输费用或其他费用。

2.声明价值附加费

声明价值附加费指的是托运人在交运货物时,可向承运人或代理人声明货物的价值,也就是承运人应负赔偿责任的限额。承运人或代理人根据所声明价值向托运人收取的费用,即声明价值附加费。

3.其他费用

其他费用是指由承运人、代理人或其他部门收取的与航空货物运输有关的费用,包括地面运输费、安检费、燃油附加费、仓储费、制单费等。

(三)计费重量

计费重量是指用以计算货物航空运费的重量,由于飞机所能装载货物的多少受到飞机最大起飞重量和机舱容积的限制,所以在确定计费重量时应同时考虑实际毛重和体积重量两个因素。

1.体积重量

按照国际航协规则,将货物的体积按照一定的比例折合成的重量,称为体积重量。由于货舱容积的限制,一般对于低密度轻泡货物(每千克体积超过 6000 立方厘米或 366 立方英寸或每立方米货物重量低于 166.67kg 的),其计费重量采用体积重量。

体积重量的计算方法:

①测量货物的最长、最宽和最高部分的尺寸(单位为厘米或英寸),并四舍五入进位至整数。

②将长、宽、高三者相乘,得到体积。

③将体积按照 IATA 规则折算成千克或磅,并保留两位小数:

$$体积重量(kg) = 货物体积(cm^3) \div 6000(cm^3/kg)$$

④体积重量以 0.5kg 为最小单位,不足 0.5kg 的,按 0.5kg 计算,0.5kg 以上不足 1kg 的,按 1kg 计算。

【例 4-1】 一件货物,长宽高分别为 131.5cm×124.2cm×80.6cm,计算其体积重量。

解: ①将长宽高分别四舍五入至整数位:132cm、124cm、81cm;

②计算体积:体积=132×124×81=1325808(cm^3);

③计算体积重量:体积重量=1325808÷6000=220.97(kg)。

④进位后得到体积重量为 221.0kg。

2. 实际重量

实际重量指一批货物包括包装在内的实际总重量。凡重量大而体积相对小的货物实际重量即为计费重量。实际重量的最小单位也为 0.5kg。

3. 计费重量

计费重量一般是由实际重量和体积重量相比取其高者,即在货物体积小、重量大时,按实际重量计算;在体积大、重量小时,按体积重量计算。但当货物按较高重量分界点的较低运价计算的运费较低时,则可以按较低运价收费,那么此时,按较高重量分界点的起始重量作为计费重量。

▷二、运价种类

(一)分类

1. 普通货物运价(general cargo rates)

普通货物运价指的是运输除等级运价和指定商品运价以外的货物所适用的运价。它分为 45kg 以下的货物运价和 45kg 以上各个重量等级的运价。

航空公司通常会对普通货物设置重量等级,根据不同的重量等级的货物采用不同的运输价格,货物重量越大,运价越低。

(1)基础运价(normal general cargo rates)。

由民航总局各航段统一规定货物基础运价,基础运价指的是 45kg 以下的普通货物运价,运价代号为"N"。

(2)重量分界点运价(quantity general cargo rates,GCR)。

国际航空货物运输建立 45 千克以下、45 千克以上、100 千克以上、500 千克以上、1000 千克以上等重量分界点及运价。其中 500 千克以上可以免除报关费 150 元。

2. 指定商品运价(specific commodity rate,SCR)

指定商品运价(代号为 C)适用于某一航线上明确分类的特定物品的运价,如批量大、季节性强、单位价值低的货物。许多指定物品运价还同时包括对大宗货物运价的折扣。

指定商品运价因航线而异,航空公司通过提供指定物品运价来鼓励顾客采用航空运输,以达到充分利用吨位、解决方向性运输不平衡的问题,从而提高运载率、降低运输成本。

国际航协根据货物的性质、属性等特征将货物分为十个大组,每一组又分为十个小组。并对其分组形式用四位阿拉伯数字进行编号,该编号即为指定商品货物的品名编号。品名编号可在 TACT RATES BOOK 中进行查询。十大分组及编号如下:

0001—0999:可食用的动植物产品;

1000—1999:活动物及非食用的动植物产品;

2000—2999:纺织品、纤维及其制品;

3000—3999:金属及其制品,不包括机器、汽车和电器设备;

4000—4999:机器、汽车和电器设备;

5000—5999:非金属材料及其制品;

6000—6999:化工材料及其相关产品;

7000—7999:纸张、芦苇、橡胶和木材制品;

8000—8999:科学仪器、专业仪器、精密仪器、器械及配件;

9000—9999:其他。

一般从中国始发的常用指定商品代码如下:

0007:水果,蔬菜;

0008:新鲜的水果,蔬菜;

0300:鱼(可食用的),海鲜、海产品;

1093:沙蚕;

2195:成包、成卷、成块未进一步加工或制造的纱、线、纤维、布;

2199:服装(包括鞋、袜);

2211:成包、成卷、成块未进一步加工或制造的纱、线、纤维,服装,纺织品;

7481:橡胶轮胎、橡胶管。

3. 等级运价(class rate, CR)

等级运价(代号为 S),是指在指定的地区内或地区之间实行的高于或低于普通货物运价的少数几种商品运价。这类运价以普通货物运价作为基数,附加一定的百分比。

比如航空公司对发行的报纸采用普通运价的50%作为优惠运价;对急件、生物制品、珍贵植物和植物制品、活体动物、鲜活易腐物品、贵重物品、枪械弹药、押运货物等特种货物收取基础运价的150%的运价费用。

4. 集装货物运价 (unitized consignments rate,UCR)

集装货物运价是指适用于货物装入集装器交运而不另加包装的特别运价。由于集装箱运输能够减少包装费用和搬运费用,其运价与普通货物相比较低。集装运价规定了基准重量,重量不够基准重量的,托运人仍要按照基准重量支付运费。如果托运人的货物超过这一基准重量,那么超过部分支付额外的运费,但是运价要低于大宗的普通货物运价或指定物品运价。

5. 协议运价

协议运价是航空公司鼓励客户使用该航空公司运输服务的一种优惠运价。航空公司与客户签订协议,客户保证在协议期内向航空公司交运一定数量的货物,航空公司依照协议向客户提供一定优惠的运价折扣。这种运价使得航空公司方能够保持一定的运量,同时使得客户能够获得一定的优惠折扣,特别是对在一定时期内有相对稳定货源的客户比较有利。

6. 联运运价

如果在始发站和终到站之间需要多个航空公司承运,那么采用联运运价,它一般由国家制定并颁布。

7. 预定舱位运价

如果客户优先预定舱位,则采用预定舱位运价。

8.其他运价

如一些特殊的货物在运输过程中会采用特殊的容器和特殊的运输手段,因此对于这类货物实行专门的运价,如危险品货物等。

(二)运价分类代号

在填写航空公司货运单时,需要填入运价代号,见表4-3。

表4-3 运价分类代号

运价代号	含义
M	最低运费
N	45kg 以下普通货物运价
Q	45kg 以上普通货物运价
C	指定商品运价
R	等级运价附减
S	等级运价附加

(三)运价的使用顺序

(1)如果有协议运价,则优先使用协议运价。

(2)没有双边协议运价时,使用直达运价。在相同运价种类、相同起讫点、相同承运人条件下,直达运价的使用顺序为:

①首先使用指定商品运价。但如果适用于普通货物运价的某一重量分界点的运价计算所得的运费低于按指定商品运价计算所得的运费时,应使用该普通货物运价。

②其次使用等级货物运价。但如果使用普通货物的某一重量分界点的运价计算所得的运费低于使用等级运价的运费时,可采用较低的普通货物运价。

③最后使用普通货物运价。

(3)当实际运输两点间无公布的直达运价时,使用非公布直达运价。

➤三、航空运费的计算

(一)普通货物运费的计算

1.计算步骤

(1)计算出航空货物的体积(volume)和体积重量(volume weight)。

(2)计算货物实际重量(gross weight)。计算公式为:

$$实际重量=单位重量×商品总数$$

(3)计算计费重量:计费重量为体积重量与实际重量中的较大者。计费重量的最小单位为0.5kg,不足0.5kg的,按0.5kg计算,0.5kg以上不足1kg的,按1kg计算。

(4)根据公布运价,选择适合计费重量的运价(applicable rate)。

①计费重量小于45kg时,适用运价为 GCR N 的运价(普通货物基础运价)。

②计费重量大于45kg时,适用运价为 GCR Q45、GCR Q100、GCR Q300 等不同重量等级的运价。

(5)计算航空运费(weight charge):

$$航空运费=运价率×计费重量$$

（6）计算较高重量分界点的运费,与上一步计算的运费相比较,选较低者。

（7）将上一步得到的运费再与最低运费 M 相比较,取较高者。

2. 实例

【例 4－2】某航空公司欲将一件普通货物由上海运往伦敦,这批货物的实际重量(毛重)为 24.8kg,体积为 81cm×54cm×30cm。计算该货物基本的航空运费。航空公司公布的运价如表 4－4 所示。

表 4－4　上海—伦敦普通货物运价表

运价种类	价格(元/kg)
M	230
N	37.25
Q45	26.66
Q300	24.30
Q500	19.71
Q1000	18.10

解:

(1)确定计费重量:

体积重量＝(81×54×30)÷6000＝21.87≈22(kg)

体积重量为22kg,而实际重量为24.8kg,选其大者,由于计费重量最小单位为0.5kg,因此计费重量为25kg。

(2)确定运价率:

计费重量小于45kg,从航空公司公布的运价中,找出相应的运价率为37.25元/kg。

(3)计算航空运费:

航空运费＝运价率×计费重量＝37.25×25＝931.25≈931(元)

(4)计算较高重量分界点的运费:

较高重量分界点的运费＝26.66×45＝1199.7≈1200(元)

而931元＜1200元,又由于最低运费为230元,低于931元。因此,航空运费应当选择运费率为37.25元/kg的运费931元。

(二)指定商品运费的计算

1. 使用条件

由于指定商品是一种具有优惠性质的运价,因此,当商品满足以下条件时才能够使用:

(1)运输始发地至目的地之间有公布的指定商品运价。

(2)托运人所交运的货物,其品名与有关指定商品运价的货物品名相吻合。

(3)货物的计费重量满足指定商品运价使用时的最低重量要求。

2. 计算步骤

(1)查询运价表,如运输始发地至目的地之间有公布的指定商品运价,则考虑使用指定商品运价。

(2)查找 TACT RATES BOOK 的品名表,找出与运输货物品名相对应的指定商品编号。

(3)计算计费重量。

(4)确定适用运价,并计算航空运价。

情况一:如果计费重量小于规定的指定商品运价的最低重量,则首先按普通货物的运价进行计算,得出运费①。

接着再按指定商品的运价进行计算,此时的计费重量为指定商品运价的最低重量,得出运费②。

将运费①、②进行比较,选较小者。

情况二:如果计费重量大于等于规定的指定商品运价的最低重量,则按指定商品运价进行计算,航空运费=指定商品运价率×计费重量。

(5)将上一步得出的运费与最低运费 M 相比较,取较高者。

3. 实例

【例 4-3】有两批蘑菇要从上海运往日本大阪,一批重量为 150kg,另一批重量为 50kg,根据 TACT RATES BOOK 的品名表,已知蘑菇的品名编号为 0850,上海—大阪的运价如表 4-5 所示,试计算两批货物的航空运费。(两批货物的体积重量均小于其各自的实际重量)

表 4-5　上海—大阪运价表

货物品名编号	运价种类	价格(元/kg)
	M	230
	N	38.69
	Q45	29.02
0850	Q100	15.01
0850	Q500	12.83

解:

1. 第一批蘑菇(150kg)的航空运费

(1)确定计费重量为 150kg。

(2)计费重量 150kg 大于指定商品 0850 编号的最小重量 100kg,因此运价率为相应的 15.01 元/kg。

(3)计算航空运费:

航空运费=15.01×150=2251.5≈2252(元)

2. 第二批蘑菇(50kg)的航空运费

(1)确定计费重量为 50kg。

(2)由于 50kg 小于指定商品 0850 编号的最小重量 100kg,因此首先按普通货物运价进行计算:

①由于 50kg 大于 45kg,因此选取 Q45 处的运价率,即 29.02 元/kg。

计算运费得:运费①=29.02×50=1451(元)

②若按商品 0850 编号的最小重量 100kg 的运价率进行计算,此时的计费重量为 100kg:

得到运费②=100×15.01=1501(元)

通过对比运费①小于运费②,因此,应按普通货物的运价率进行计算,运价率为 29.02 元/kg,航空运费为 1451 元。

实训四 航空货物运输实训

一、航空货物运输流程实训

1.实训目标

(1)熟悉航空货物运输各当事人在航空货运业务中的职责;

(2)掌握航空货物运输的相关流程。

2.项目描述

广州佳慧外贸公司有一批服装需要从广州空运到法国巴黎,要完成该票货物的运输,需要涉及哪些相关方,以小组为单位,分别扮演不同的角色,讲述自己的职责,简单模拟整个过程,并指出各个环节需要注意的地方以及需要用到的单据。

3.项目要求

(1)人员分组。

(2)以小组为单位,讨论该票货物运输中涉及哪些当事人,并在小组内划分职责。

(3)简单绘制该票货物的运输业务流程图。

(4)小组长指定各个组员扮演不同的当事人,模拟运输过程,理清各自职责,并指出各个环节需要注意的地方以及需要用到的单据。

(5)各小组进行汇报,其他人员提问和补充。

4.总结与评价

对完成任务的情况进行总结和评价,见表4-6。

表4-6 航空货物运输流程实训测评表

项目名称	航空货物运输流程实训				
评价标准	内容	分值	本组评分	他组评分	教师评分
	资料、道具准备情况	10			
	大致清楚各流程、能准确列出各责任方	15			
	职责讲述清楚	40			
	相关单据罗列完整、正确	20			
	工作态度	5			
	表达能力	5			
	合作精神	5			
合计		100			

二、航空货物运费计算

1.实训目标

(1)熟悉运价使用中的注意事项;

(2)了解航空运费的构成;

(3)会计算货物的航空运费;

(4)会填制航空货运单的运费计算栏。

2. 项目描述

有一批新鲜橙子要从北京运往日本大阪，这批橙子一共有6箱，每箱的毛重为47.8kg，体积为128cm×42cm×36cm。经查，新鲜橙子的商品编码为0008，航空公司公布的运价如表4-7所示。

表 4-7 北京—大阪运价表

货物品名编号	运价种类	价格(元/kg)
	M	230
	N	37.35
	Q45	28.23
0008	Q300	17.95
0300	Q500	20.20
1903	Q100	17.61

3. 实训要求

(1)计算该票货物的航空运费。

(2)列出货物品名(包括包装/尺寸或体积)、件数、实际重量(毛重)、运价种类、商品代号、计费重量(kg)、费率和航空运费。

(3)完成航空货运单的运费计算栏(见表4-8)。

表 4-8 航空货运单运费计算栏

No. of Pieces	Gross Weight	kg lb	Rate Class	Commodity Item No.	Chargeable Weight	Rate/ Charge	Total	Nature and Quantity of Goods

【备注】No. of Pieces:件数；

Gross Weight:实际重量(毛重)；

kg/lb:重量单位,可选择公斤或镑；

Rate Class:运价种类(M/N/Q/C/R/S)；

Commodity Item No.:商品代码(TACT RATES BOOK 中查询)；

Chargeable Weight:计费重量；

Rate/Charge:运价；

Total:航空运费；

Nature and Quantity of Goods:货物品名(包括包装/尺寸或体积)。

项目小结

1. 航空货物运输就是指承运人根据托运人的要求,在规定的时间内,利用航空器将货物运送到指定目的地,并收取相关运输费用的行为。

航空货物运输的特点:速度快;破损率低,安全性好;不受地理条件限制,直达性好;建设周期短、投资少;可节省包装、保险、利息等费用;载重小、运费高;易受天气影响。

航空运输适合运送的货物种类:鲜活、易腐货物;精密仪器或高科技电子产品;其他对时间性要求很高的货物。

航空货物运输的类型：一般包括班机运输、包机运输、集中托运和航空快递四种形式。

航线、航班、航空港、航空器、航权的相关基础知识。

2.航空货物运输作业过程中的相关当事人：托运人(货主)、航空公司、货运代理、货站/机场、商检、报关行、海关等部门。

货物出口业务流程：托运受理订舱；货主备货；接单提货；编制单证；报关；货交航空公司；信息传递；费用结算。

进口货物业务流程：到货；分类整理；到货通知；编制单证；报关；提货；费用结算。

3.航空货物运费的结算。

运费的组成：航空费用、声明附加费和其他费用。

计费重量的确定：计费重量一般是由实际重量和体积重量相比取其高者，即在货物体积小、重量大时，按实际重量计算；在体积大、重量小时，按体积重量计算。但当货物按较高重量分界点的较低运价计算的运费较低时，则可以按较低运价收费，那么此时，按较高重量分界点的起始重量作为计费重量。

运价的种类：普通货物运价、指定货物运价、等级运价、集装货物运价、协议运价、联运运价、预定舱位运价、其他运价。

航空运费的计算：普通货物运费的计算；指定货物运费的计算。

思考与练习

1.简述航空货物出口业务流程。

2.简述航空货物进口业务流程。

3.简述航空货物运输的特点。

4.简述航空货物运输作业过程中的相关当事人及其职责。

5.九大航权有哪些，分别代表什么？

项目五

水路运输实务

学习目标

知识目标：

了解水路货物运输的发展、特点和类型；

熟悉船舶、港口、航道的相关概念和类型；

了解班轮运输的定义、特点及作用；

掌握班轮运输的业务流程及其相关单证；

了解租船运输的特点及种类；

掌握租船的业务流程；

掌握航次租船合同的拟定方法。

技能目标：

能够描述班轮运输的业务流程及其相关单证；

能够根据货物信息拟定航次租船合同。

案例导入

中远散运的经营管理创新

1.企业背景

中远散货运输有限公司(以下简称中远散运)是隶属于中国远洋运输(集团)总公司的大型国际海上干散货运输企业。公司自有灵便型、巴拿马型和好望角型等各类大型散货船舶 70 多艘、400 多万载重吨,实际操作运力超过 900 万载重吨。公司以"创造卓越、服务全球"为经营宗旨,为海内外客户提供矿砂、煤炭、化肥、钢材、木材、农产品等货物的海上运输服务,船舶航线遍及 100 多个国家和地区的 1000 多个港口,形成了以干散货海运为主,以船员劳务和船舶服务业、IT 业、房地产开发、宾馆服务业等为辅的多元化经营格局。

面对竞争日益激烈的国际航运市场,中远散运航运主业利用自身规模和品牌优势,潜心打造市场控制力。坚决实施"从拥有船向控制船转变"的战略,不断扩大租入船规模,使自有船队和 COA 货载操作更加灵活,优化了船舶资产结构,扩大了市场占有份额,提升了公司的核心竞争力。同时,公司运用"智慧经营＋责任心＝效益"的经营理念,按照市场经济规律和自身发展的需要,积极开展卖货、转租、拼货、经纪业务,为海内外客户提供"安全、优质、快捷"的个性化服务,实现了公司由单一的船东身份向船东、租家、经纪人三位一体市场身份的转变。秉承中远集团"求是创新,图强报国"的企业精神,实践"服务客户最优,回报股东最大"的企业价值观,中远散运已经成为国际干散货市场中一个响亮的品牌。

2. 管理创新：管理高效的驱动器

中远散货运输有限公司总经理张良认为：在战略决策正确的前提下，建立一套科学有效的公司治理结构和船舶管理体系，关系到企业目标的顺利实现。在企业内部机制上，公司以实现企业管理的高效率为目的，通过各种改革和创新措施来激活企业机制。在组织结构上，强调"一盘棋"的大局观念，打破条块和部门分割的不合理局面，最终建立起了以客户需求为导向，以整体效益最大化为目标的流程化管理模式，实现了管理的扁平化和柔性化。

如人事管理创新就是一个典型。中远集团率先实行了船员"上船有薪、下船无薪"制度；随后公司总部也出台了新的薪酬方案。通过设计"一岗一薪""一薪多级"的薪酬跑道，打破了原来单一的职务取向，改变了只有晋升职务才能晋升工资的固有模式。通过新的激励机制，进一步提高了公司员工的积极性和创造性。

积极应对航运市场变化，创新船舶管理方式是中远散运船舶管理的又一特色。经过多年的实践完善，中远散运在船队推行星级管理的构想，该设想即仿照星级宾馆的管理模式，将各船舶生产单元所承担的各项工作、管理内容和工作标准全部予以量化，按照标准，定期进行考核打分，依据考核情况，给船舶核定星级，根据星级决定劳动报酬。这大大提高了船员、船舶、船队的科学管理水平，真正实现了由指标管理向全面质量管理质的飞跃。该项成果被中交企协授予"管理创新成果一等奖"。

为解决船岸信息沟通不畅、对船多头管理、管理职能交叉重叠等低效行为，中远散运又在星级制管理的基础上，推行"船舶总管制"，以加强对船舶设备和船员的集中高效管理。同时，具有中远散运管理特色的"虚拟小船队项目"也开始了实质性的运作，通过定期例会、不定期沟通等形式润滑了管理流程。实现了对航运经营、船舶技术管理、安全质量管理、船员管理等职能有效的整合，组织结构扁平化，提高了船队的管理效率和管理效果。

3. 经营创新：捕捉市场变化之魂

中远散运在实施"从拥有船到控制船"战略转变过程中，由单一的船东身份向"三位一体"的市场定位转变，即在市场上同时扮演三种角色：船东（owner）、租家（charter）和经纪人（broker）。在这三种角色中，"船东"是已被业内承认的传统身份；"租家"和"经纪人"则是中远散运大胆实践的产物，是中远散运开拓经营领域的创新。中远散运目前租入船舶70余艘，约600万载重吨。租进来的船可以自己经营，也可以转租出去，同样，拿进来的货可以自营，也可以转卖。同时，中远散运把自有运力中一部分船龄较大、营运成本较高的船舶以期租方式租出去，获得了稳定的经营收入，达到了"锁定效益、规避风险"的目的。

中远散运还通过调整船队结构，增强了对市场的应变能力。结构不合理是国企中普遍存在的老问题，作为大型航运企业，运力结构不合理是不可能通过大量造船、买船在短时间内解决的矛盾。中远散运采取的办法是，不断寻找机会适时租进市场竞争力强、转手容易的现代型船，不断寻找机会适时租出成本高、船型又不合理的自有船，结合货品运输市场需求变化进行运力置换。船队结构调整带来运力结构的调整，为捕捉战机赢得了主动。最佳时一个航次就赚到96万美元。如今中远散运已被视为国际干散货航运市场的生力军，它的一举手一投足都受到同行的高度重视。中远散运的"买进""卖出"，已经直接影响到权威性波罗的海运价（BDI）指数。

作为精明的经纪人角色，中远散运在经营中采用了类似金融领域中的"期货""对冲"手法。"对冲"本身虽然为了平抑风险，但也是要冒风险的，它可不是玩"空手道"。中远散运在租入船的同时又租出船,在拿到新运力的同时又转让运力,在寻找低租金的同时也寻求高租金,在力图控制船的同时也在力图控制货,它在买货的同时也在卖货,在退出某些市场的同时也进入某些市场。就是在这进进出出、一买一卖之间,利润之神开始垂青于中远散运,中远散运成为敢"吃螃蟹"的勇敢者和成功者。

分析:创新是企业生存与发展的永恒动力。经营创新和管理创新相辅相成,互为作用。可以说抓住了这两方面的创新,就抓住了企业创新的重点。企业必须通过不断的经营和管理创新,迅速建立起一套适应市场经济体制的现代企业管理模式,努力促使企业管理水平和生产力水平有一个跨越式的发展,从而全面提高企业的核心竞争力和可持续发展能力。

我国当前正在推进国有经济布局和结构的战略性调整,坚持"有进有退、有所为有所不为"的方针,推动国有资本更多地布局在关系国家安全和国民经济命脉的重要行业和关键领域,增强国有经济的控制力。在这种形势下,国企的创新就显得尤其重要和迫切。

学而思

1. 中远散运公司是怎样实现"从拥有船到控制船"的?
2. 中远散运公司在实现管理创新方面有什么特色?

任务一 水路运输概述

一、水路运输的含义

水路运输是指经由水路(包括海洋、河流、湖泊),使用水上运输工具在港口间所进行的运输活动。它是以人工运河或天然水域作为航道,以人工建造的港口或天然坡岸为作业场地,以船舶为载运工具进行的货物和旅客的运输。水路运输分为国际水路运输(即远洋运输)和国内水路运输。

二、水路运输的产生与发展

水路运输是目前各种运输方式中兴起最早的运输方式,我国是世界上发展水路运输较早的几个国家之一。长期以来,水路运输在我国物流运输系统中占据着重要的地位,特别是对于货物的长距离运输,水路运输起着重要的作用。

人类在古代的时候,就已经开始利用天然水道来从事交通运输,人们最早使用的运输工具有独木舟和排筏,后来慢慢出现木船,公元前 4000 年发明了帆船。15—19 世纪是帆船发展的鼎盛时期。在工业革命之后,蒸汽机的发明为水路运输增添了新的动力,蒸汽机驱动的船舶使得水路运输工具的发展产生了重要飞跃。

中国水路运输的发展起点早、贡献大,在世界水运史上有着重要的地位。根据考古史料的记载,我国的祖先早在 7000 年前就已经开始使用船只,4600 多年前就有了舟车,西周开始就曾设置掌管水利、营建之事的"司空官"。

古代人们大多沿河而居,为了满足捕鱼和渡河的需要,人们便创造出最早的水上运输工具——独木舟。奴隶社会后,人们对于交通的需求大多依靠水道,并开始使用木板造船。夏、商、周各代,诸侯的朝贡和人员的往来都依靠船舶来进行输送。据史料记载,当时的长江、黄河、淮河都已经通船。在海洋运输领域,当时人们已经可以依靠船舶与周围的日本、越南等国进行运输的往来。随着独木舟的使用,人们的活动范围扩大,从此可以跨越水域进行生产作业。但是,受到天然的河道、湖泊和海洋的限制,人们的运输范围有限,生产作业范围不能进一步打开,因此人们开始挖掘人工运河,将其接通天然河道,从而扩大航运范围。在春秋时期,人们先后开凿了连通江河、淮河两大流域的邗沟运河,以及连通黄河、淮河两大水系的鸿沟运河,形成了连通黄、淮、江三大水系的水路交通网,推动了经济文化的发展。到了秦汉时期,进一步开凿了沟通长江、珠江水系的灵渠,以及白沟、平房渠、泉州渠等一系列运河。到3世纪初,连通了滦、海、黄、淮、江、珠六大水系,是中国水运历史上的一项壮举。在海运方面,船舶已经开始采用舵来操纵方向,并出现了碣石(乐亭)、转附(山东)、琅琊(胶南)、吴(苏州)和番禺(广州)等港口,开辟了通往东南亚和印度洋沿岸的航线。到了隋唐时期,我国同海外通商的地域范围进一步扩大,扬州、华亭(松江)、杭州、温州、福州、泉州、潮州、密州(山东)、登州(山东)、楚州(掖县)、平州(卢龙)等地的港口都发展到了一定的规模。在内河水运方面,建成了以洛阳为中心,向东北延伸至涿郡,东南延伸至余杭,总长达到2700多公里的南北大运河。时至宋元明清,随着济州河、会通河和通惠河的开发,举世闻名的京杭大运河建成通航。海上交通,随着我国指南针的发明和海图的出现,为我国远洋国际航行打下了基础,明代郑和率领庞大船队,七下西洋,遍访了30多个国家和地区,最远到达非洲东海岸的索马里和肯尼亚地区。郑和下西洋,大大促进了国家之间政治、经济、文化和技术的交流,是世界航海史上具有伟大意义的创举。另外,在宋、元时期,我国广州、泉州、明州等港口发展成了国际著名港口,泉州港曾经成为世界上最大和最著名的海港,中国的对外贸易也因此蓬勃发展。但是,随着明代的海禁和清代的"迁界"政策,中国的对外贸易和远洋运输受到了沉重打击。

总的来说,中国的水路运输在相当长的历史时期,对经济、社会、文化的发展和对外贸易的交流有着重要的意义。

水路运输是兴起最早的一种运输方式,一直沿用至今,在总的社会货物运输周转量中占有较大的比例。在世界上,一些国家的水路货物运输的周转量占各种运输方式总的货运周转量的10%~20%,个别国家甚至超过50%。

随着其他运输方式的逐渐兴起,水路运输虽然受到其他运输方式的冲击和影响,但正因为水上运输具有运载量大、成本低的特点,所以直到今天,大宗物资的运输依旧主要依靠水路。如我国海上的"北煤南运""南粮北调"工程,以及长江流域各省市的物资调运都采用水路运输的形式。

我国是一个东、南面临海的国家,有3.2万公里长的海岸线。从南到北滨邻北部湾、南海、台湾海峡、东海、黄海、渤海。陆地上江河纵横、湖泊众多。截至2015年末,全国内河航道通航里程12.70万公里,等级航道6.63万公里,占总里程52.2%,内河水路一级航道1341公里,二级航道3443公里,三级航道6760公里,各水系内河航道通航里程分别为:长江水系64852公里,珠江水系16450公里,黄河水系3488公里,黑龙江水系8211公里,京杭运河1438公里,闽江水系1973公里,淮河水系17507公里。年末全国港口拥有生产用码头泊位31259个,全国港口拥有万吨级及以上泊位2221个(见表5-1)。年末全国拥有水上运输船舶16.59万艘,净载重量27244.29万吨(见图5-1)。在全国水路货运中,内河运输完成货运量34.59亿吨、货物周转量13312.41亿吨公里;沿海运输完成货运量19.30亿吨、货物周转量24223.94亿吨公里;远洋运输完成货运量7.47亿吨、货物周转量54236.09亿吨公里。

表 5 - 1 2015 年全国港口万吨级以下泊位

单位:个

泊位吨级	全国港口	比上年末增加	沿海港口	比上年末增加	内河港口	比上年末增加
合计	2221	111	1807	103	414	8
1 万～3 万吨级（不含 3 万）	793	38	619	33	174	5
3 万～5 万吨级（不含 5 万）	369	4	266	5	103	—1
5 万～10 万吨级（不含 10 万）	728	44	600	42	128	2
10 万吨级及以上	331	25	322	23	9	2

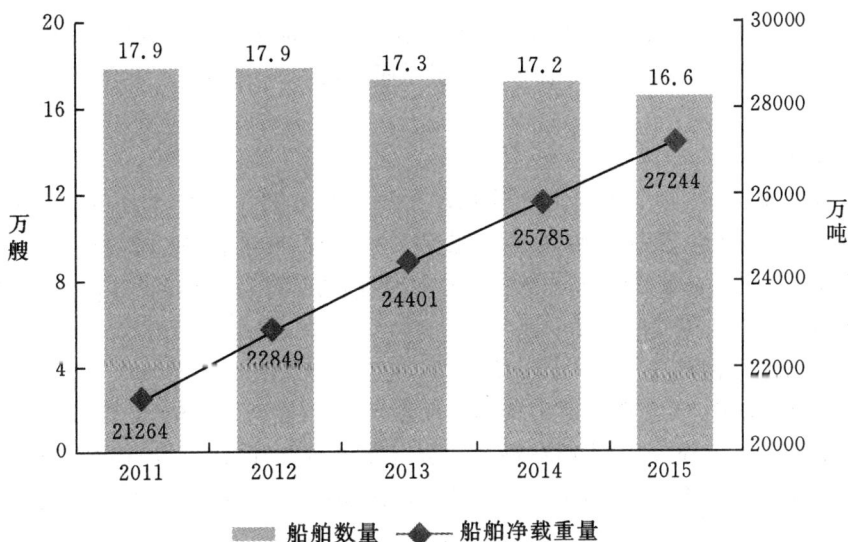

图 5 - 1 2011—2015 年全国水上运输船舶拥有量

　随着经济的发展,水路运输方式也在不断地产生变革。

　首先,表现在运输方式的合作上。现代物流运输强调的是系统观念,即在充分拓展港口功能的前提下,建立以港口为物流中心,由铁路、公路、水运、航空和管道等多种运输方式优化组合的联运系统。由于各运输环节之间密切的配合、衔接紧凑,货物所到之处中转迅速及时,大大减少了货物的停留时间,从根本上保证货物安全、迅速、准确地运抵目的地,同时降低了物流成本,节省了物流费用。

　其次,航运经营观念产生新的变革。航运市场面临激烈的竞争环境,航运公司的经营观念不再只一味追求运输成本的节省,而是投入更多精力在提高服务质量方面,以追求质量与成本的均衡。

　第三,船舶向着专业化发展。在经济贸易全球化的今天,运输全球化成为必然趋势,长距离的海上运输促进了船舶的大型化和专业化。从船型来看,油轮和散货船等专业化船舶占有较大比例,集装箱租船近年来发展迅速。

第四,泊位深水化,码头专用化,装卸机械自动化。船舶的专业化和大型化发展,对港口水域和泊位水平提出了更高的要求,促使了专用码头泊位的产生,加上专用装卸机械的自动化水平大幅度提高,大大地提高了港口的通过能力。

最后,港口企业经营管理的改革。"强强联手"和"优势互补"成为港口经营管理的原则。在港口方面,实行"政企分开"和"港口经营民营化"。随着我国港口对外开放以来,吸收了大量的外资,中外合资的经营模式得到了较快发展,以"政企分开"建立港口现代企业制度已经成为我国港口体制改革的核心任务。另外,港口的组合经营、港航的联合经营、港方和货方的合作经营已经成为港口新的经营机制。

三、水路货物运输的特点

(一)水路货物运输的优点

1.通过能力大

与其他运输方式相比,通过能力大是水路运输的突出优点。水路运输采用天然航道进行运输,航道四通八达,其通航能力几乎不受限制。而且,江、河、湖、海互相贯通,可以实现长距离的运输。

2.运输量大

船舶的舱位大、装载能力强,适合于体积较大的货物运输。目前,世界上最大的油船载重量达55万吨,集装箱船达到7万吨,每次可装载5000个标准集装箱(TEU)。在内河运输中,美国最大的顶推船队运载能力达到5万~6万吨,我国的顶推船队运载能力也达到3万吨,相当于铁路列车运载能力的6~10倍。

3.运输成本低、能耗小

在我国水路运输中,低速柴油机占柴油发动机比率约为88%,低速柴油发动机热效率高,能够节约大量能耗。另外,因为水路运输是沿水道浮动运行,因此可以有效节约燃料,降低物流运输成本。在各种运输方式中,水路运输的单位运输成本最小,其中海运的运输成本更加低廉,为铁路运输的1/25到1/20,不足公路运输的1/100。

4.占地小、建设投资少

与其他方式相比,水运占地较小,除部分航道整治和港口建设之外,几乎不需要占用耕地,这样一来,节省了大部分基础设施投资的费用,同时节省了土地资源。海上运输航道的开发几乎不需要支付费用。水路运输的主要投资用于修建港口、码头、导航设施和购置运输设备。

5.劳动生产率高

水路运输装载量大,配备船员少,劳动生产率高。其中沿海运输的劳动生产率能够达到铁路运输的5~6倍。

(二)水路货物运输的缺点

1.运输速度慢

水路运输的船舶体积较大,遇到的阻力也大,因此船舶的航速比较低,货物在途时间长,不适合时间性要求很高的货物。由于低速行驶阻力小,因此能够节约燃料,一旦提高速度,燃料的使用就会迅速增高。

2.受自然条件影响大

水路运输受季节和天气的影响较大,如在冰封期、枯水期就难以保证船舶的正常通航,暴风和大雾天气也会对水运造成影响。

3.可达性差

水路的运输和装卸作业受水域码头、港口和船期等条件的限制,如果托运人或收货人不在航道上,就要依靠汽车或铁路运输进行转运。另外,船舶到达港口,受到水深的限制或者装卸设备的技术水平限制,也会影响到正常的船舶入港和作业。

四、水路货物运输的类型

水路货物运输按照不同的分类标准,可以分为不同的类型。

(一)按照航行的区域分类

水路运输按照不同的航行区域可以分为内河货物运输和海洋货物运输。

内河货物运输,是利用船舶和其他水运工具,通过河流和湖泊或人工运河、水库,运送货物的一种运输方式。内河货物运输是水上运输的一个重要组成部分,同时也是连接内陆腹地和沿海地区的纽带。它具有运量大、投资少、成本低、耗能小的特点,对于一个国家的国民经济和工业布局起着重要的作用。内河运输适宜运送大宗货物,比如矿砂、粮食、化肥、煤炭等,同时由于内河运输航运平稳,因此可以用来运送石油等危险物品。内河运输由于内河吃水浅、河道窄、弯度大、水位涨落幅度大等特点,适用的船舶其结构和要求与海上运输有所不同。内河运输使用的船舶主要有:内河货船、拖船或推船、驳船、河/海型船。内河货物运输一般有三种形式,即拖带运输、顶推运输和机动驳运输。在内河运输中,最早采用的是拖带运输,顶推运输是19世纪中期首先在美国出现的一种运输形式,第二次世界大战后在各国都得到了发展。实践证明,顶推运输是一种较为先进的运输方式,它与拖带运输相比具有阻力小、船速高、操作性能好、可改善驳船船员工作生活条件和便于加强技术管理的优势。

海洋货物运输是以船舶为主要运输工具,通过海上航道运送货物的一种运输方式。海洋运输具有运量大、灵活性好、运输成本低以及对货物适应性强的特点。由于铁路、公路运输无法满足国际贸易跨越海洋的要求,而航空运输又受到货运量的限制,因此海洋运输在国际贸易中占有绝对的主导地位。另外,海洋货物运输是国家节省外汇支付,增加外汇收入的重要渠道之一。目前,世界各国都十分重视建立自己的远洋船队,注重发展海上货物运输。这样一来,不但节省了自身的外汇支付,同时将运力投入到国际航运市场,开展第三国运输,从而为国家创造外汇收入。同时,发展海上运输还有利于改善国家的产业结构和国际贸易出口商品的结构。海上运输依靠的是航海活动,航海活动的基础之一就是造船业。海上运输推动了造船业的发展,而造船业又是一项综合性产业,它的发展又可带动钢铁行业、船舶设备行业、电子仪器仪表行业的发展,促进整个国家产业结构的改善。近几年,我国由原来的船舶进口国逐渐向船舶出口大国迈进,我国的远洋运输船队已经进入了世界十强之列。

(二)按照企业经营方式分类

按照企业经营方式,可以将水路货物运输分为:自营、租船运输、委托经营、联合营运、自运等方式。

自营,就是指物流运输企业自己购买或建造船舶,自行经营业务的方式。租船运输,则是指运输企业自己不购置船舶,以租船的方式从事货物运输或依靠转租船舶获得利润的一种经营方式。委托经营就是小型船公司通过支付代理费,将船舶委托给大型船公司或代理人代为经营的一种方式。联合营运是多个运输企业组成海运联盟进行联合运输经营,但各企业之间仍保持有独立性。自运是指大规模的物流运输企业为了运送自身货物而自行购置船舶或租船进行自行营运的一种经营方式。

(三)按照货物的包装形式分类

根据货物的包装形式,可以将水路货物运输分为散装货物运输、成件货物运输和集装箱货物运输。

散装货物运输指的是原来用桶装、袋装、瓶装的固体或液体货物,取消其包装,通过适当的工具和设备进行的运输。散装货物运输包括散装液体货物运输和散装固体货物运输。散装货物运输一般按重量进行交接,当托运人对确定重量有困难时,可以要求承运人提供船舶吃水尺计量数作为申报的重量。

成件货物运输是指对成件包装的货物进行的运输,它以货物的件数进行交接。成件货物在进行运输时,托运人应当保证货物的包装符合国家规定的包装标准,没有包装标准的,应当确定货物包装能够保证运输的安全和货物质量。同时,托运人应当在货物的外包装或者表面制作明确的识别标志(同一托运人和收货人的整船、整舱装运的直达运输货物除外)。

集装箱货物运输,是指将货物装入符合国际标准、国家标准或行业标准的集装箱,再将集装箱装上船舶进行运输的方式。集装箱运输多用于零星或杂件货物运输。

(四)按照营运方式进行分类

水路货物运输按照营运方式,可以分为班轮运输和租船运输。

班轮运输是指在特定的航线上若干个固定挂靠的港口之间,定期为非特定的众多货主提供货物运输的服务,并按事先公布的费率或协议费率收取运费的一种船舶经营方式。班轮运输是定期定航线的运输,它的航线和航行日期都是由承运人事先制定的,不受其他相关当事人的影响。

租船运输,又称不定期船运输,是指租船人向船东租赁整船或者部分仓位来进行货物运输的一种方式。租船运输适用于大宗货物运输,它与班轮运输的不同之处就在于,它没有事先制定的航线、航期,有关航线和港口、运输货物的种类以及航行的时间等,都根据货主的要求,由船舶所有人确认。租船人与出租人之间的权利义务以双方签订的租船合同确定。

➤ 五、水路货物运输基础知识

(一)船舶

船舶是能航行或停泊于水域进行运输或作业的交通工具,按不同的使用要求而具有不同的技术性能、装备和结构型式。根据船舶的用途,在物流中广泛使用的水上运输工具是运输船舶中的货船。货船是专门用于货物运输的船舶,按装载货物的不同可以分为集装箱船、杂货船、散货船、液货船、滚装船、载驳船等。

1.集装箱船

集装箱船是载运统一规格的标准集装箱进行运输的专用船舶。采用集装箱进行运输,可以将货物直接在发货人的仓库装货,运到收货人的仓库卸货,中途更换车、船时,无须开启集装箱进行换装,因此集装箱能够大大地提高装卸效率。对于集装箱船来说,由于其装卸效率高、经济效益好,因此得到了迅速发展。

集装箱船可分为全集装箱船及半集装箱船。全集装箱船是指将全部货舱及上中板都用来装载集装箱。半集装箱船指的是只有部分货舱用来装载集装箱,其余货舱用来装载杂货。半集装箱船由于集装箱与杂货混装,有时既需停靠集装箱码头,又需要停靠杂货码头,因此它与全集装箱船相比,运输效率较低,增加了港口使用费用。目前,只有部分特殊航线采用半集装箱船。

集装箱船由于装卸效率高,船舶停港时间短,为了加快船舶周转,要求其具有较高的航速。另外,由于要在甲板上装载集装箱,因此对船的稳定性有较高的要求。

知识链接

世界上最大的船——马士基号

艾玛·马士基号(Emma Maersk)是一艘由丹麦海运巨擘快桅集团(A. P. Moller-Maersk Group)所拥有的大型集装箱船(见图 5-2)。该型船被马士基称为"3E"级,其中"3E"指:economy of scale(规模经济);energy efficiency(能源效率);environmentally improved(环境改善)。马士基号总长达到 400 米,从船首走到船尾相当于绕标准田径场跑道一圈,船宽近 59 米,意味着该船可以在甲板上堆放 23 排集装箱。吃水深度仅为 14.5 米,可以使其适应更多的港口。该船巨大的船腹外加甲板上的空间,一共能放下 18000 个 20 英尺标准集装箱。该船的动力系统设计,放弃了此前超大型集装箱船固守的单机单桨设计,而是采用了双机双桨的设计,使用了两台 MAN B&W S 系列超长冲程柴油机,并设置废热回收系统,大大提高了能源效率。针对当前航运市场不景气的现状,该船在设计中强调降低运营成本,除了巨大的船体本身就是降低成本外,该船还将运营航速由业内此前普遍的 25 节降低到 23 节。这大大减少了二氧化碳的排放以及燃油消耗。马士基号主要在欧亚航线进行运营,能够在上海、宁波、厦门、盐田(深圳)、香港、阿尔赫西拉斯、鹿特丹、费利克斯托、不莱梅哈芬等港口进行停靠、作业。

图 5-2 马士基号

2.杂货船

杂货船是指定期行驶于货运繁忙的固定航线港口,以装运零批件货或不能集装箱化的杂货为主要业务的货船(见图 5-3)。为了满足在没有配备装卸设施的小型港口的装卸需求,这种船舶大多数都自带装卸设备。杂货船应用广泛,在世界商船队中吨位总数排名第一。在内陆水域中航行的杂货船吨位有数百吨、上千吨不等,而在远洋运输中的杂货船可达 2 万吨以上。为了理货方便,杂货船一般设有 2～3 层甲板,万吨杂货船一般有 4～6 个货舱,每个货舱的甲板上都有货舱口,货舱口两旁设置有能起重 5～20 吨的吊货杆。杂货船对航行速度要求不高,但是要求具有良好的经济性和安全性。杂货船通常跟据货源具体情况及货运需要航行于各个港口,设有固定的船期和航线。

图 5-3 杂货船

3.散货船

散货船是指专门用于载运粉末状、颗粒状、块状等非包装类大宗货物的船舶,这类货物一般有粮食、盐、矿砂、化肥、煤炭及散装水泥等(见图 5-4)。目前这类船舶在各船舶的总吨位数中排名第二位。因为散货船的货种单一,不需要包装成捆、成包、成箱的装载运输,不怕挤压,便于装卸,所以一般的散货船都只有单层甲板,舱口宽阔,舱内平直,船体肥胖,航速较低。散货船通常采用单程运输,线路固定,品种单一。

图 5-4 散货船

4.液货船

液货船是指专门运载液态货物的船舶,如油船、液体化学品船、液化气船等(见图 5-5)。

油船可以分为原油船和成品油船,油船的载重量越大,运输成本越低。由于石油货源充足,装卸速度快,所以油船的吨位一般都很大。近海油船的总载重量在 3 万吨左右;近洋油船的总载重量达到 6 万吨左右;远洋大油轮的总载重量则能够达到 20 万吨;超级油轮的总载重量在 30 万吨以上,目前最大的油轮已经达到 56 万吨。由于石油易挥发、易燃烧、易爆炸,属于危险货物,因此油船在建造和运营环节都必须充分重视防火、防爆和防污染,各国政府及世界海事组织也专门为此制定了一系列的安全规章,以保障油船的安全行驶和预防海洋污染。

液体化学品船是专门运输各种有毒的、易燃的、易挥发或有腐蚀性化学物质的液体货物的船舶。结构上除双层底之外,货舱区均为双层壳,并且配有透气系统和温度控制系统,根据需要还有惰性气体保护系统。

液化气船是专门运送液化气的液货船,这种船舶设置有特殊的高压液舱,先把天然气或石油气液化,再用高压泵打入液舱内进行运输。液化气船通常分为液化石油气船、液化天然气船和液化化学气船。

图 5-5 液货船

5.滚装船

滚装船,又称"开上开下"船,它将载运车辆连货带车一起装船,到港后再一起开出船外(见图 5-6)。采用这种运输方式的优点是避免了车船转运的麻烦,提高了装卸搬运的效率。

图 5-6 滚装船

6.载驳船

载驳船,又称子母船,一般用于河海联运(见图5-7)。它的作业过程是先将驳船(即子船)装上货物,再将驳船装上载驳船(即母船),运至目的港后,将驳船卸下水域,由内河推船分送至目的港装卸货物,等待下一次运输。载驳船的优点是不需要码头和堆场,装卸效率高,停泊时间短,缺点是造价高。

图5-7 载驳船

(二)港口

港口是指具有水陆联运设备和条件,供船舶安全进出、停泊、装卸货物、上下旅客、补充给养的运输枢纽。它是工农业产品和外贸进出口物资的集散地,是水陆交通的集结点和枢纽。由于港口是联系内陆腹地和海洋运输的一个天然界面,因此,港口可以视为国际物流的一个特殊结点。

1.港口的组成

港口主要由港口水域和港口陆域两部分组成。港口水域指的是码头附近的水域,它需要有足够深度与广度,能够供船舶停靠和驶离时使用。港口水域一般包括港池、航道与锚地。港口陆域指港口供货物装卸、堆存、转运和旅客集散的陆地面积,它包括码头、泊位、仓库、堆场、铁路、道路和装卸设备等。

2.港口的分类

(1)港口按地理位置可以分为海港、河口港和内河港。

海港,一般位于海岸、海湾或泻湖内,也有离开海岸建在深水海面上的。位于敞开的海面岸边或天然掩护不足的海湾内的港口,通常须修建相当规模的防波堤,如大连港、青岛港、意大利的热那亚港等。供巨型的油轮和矿石船停泊的单点或多点系泊码头和岛式码头属于无掩护的外海海港,如利比亚的卜拉加港、黎巴嫩的西顿港等。泻湖被天然沙嘴完全或部分隔开,开挖运河或拓宽、浚深航道后,可在泻湖岸边建港,如广西北海港。也有完全靠天然掩护的大型海港,如东京港、香港港、澳大利亚的悉尼港等。

世界上许多大型的港口都属于河口港,如鹿特丹港、伦敦港、纽约港和上海港等。河口港指的是一般位于河流入海口或受潮汐影响的河口段内,可以同时为海船和河船服务的港口。河口港一般有大型城市作为依托,水陆交通便利,内河水道深入内地,承担了大量的货物流量。河口港的特点是,码头设施沿河岸布置,离海不远而又不需建防波堤。

内河港,一般位于天然河流或人工运河上,包括湖泊港和水库港。湖泊港和水库港水面宽阔,有时风浪较大,因此往往需要修建防波堤。

(2)港口按水运地位和重要性可以分为国际性港口、国家性港口和地区性港口。

国际性港口是为世界各地的船舶提供服务的港口,如上海港、大连港、鹿特丹港和伦敦港。国家性港口主要是为国内船舶服务的港口。地区性港主要为国内某一地区的船舶提供服务的港口。

拓展阅读

几个重要港口

1.鹿特丹港

20世纪60年代以来荷兰的鹿特丹一度是世界第一大港,年吞吐量在3亿吨以上。该港位于莱茵河和马斯河入海的三角洲,濒临世界海运最繁忙的多佛尔海峡,是荷兰和欧盟的货物集散地和西欧水陆交通的要塞,具有"欧洲门户"之称。

该港是国际上水陆交通的重要枢纽,现在约有300多条远洋航线连接世界各地,每年约有3.5万艘次远洋货轮在这里挂靠,是世界上最大的商品集散中心。该港区占地面积1万多公顷,其中陆域7852公顷,水域148公顷。供远洋轮用的码头岸线长达38千米,共有951个泊位,港区内有冷库15万平方米,货棚89万平方米,皮张专用货棚2万平方米,干散货堆场容量1300万吨,粮库容量34万吨,油库容量2600万立方米。

2.纽约港

纽约是美国第一大城市,位于纽约州东南部哈得逊河口东岸,濒临大西洋,面积830平方千米,人口1100万。纽约是美国及世界重要国际贸易港口与经济金融中心。

18世纪20年代伊利运河的开凿以及铁路的兴建,沟通了纽约与美国中西部的联系,促使其迅速发展,成为世界最大港口之一。纽约港包括哈得逊河下游48千米长的水线,长岛海峡沿岸30多千米的海岸线,以及斯塔腾岛西边32千米的水面。这里海岸曲折,港宽水深,潮差仅1.2~1.5米。由于有墨西哥湾暖流的影响,港口全年不冻,是大西洋沿岸的一个天然良港。纽约港共有深水泊位400余个,其中杂货、油轮泊位各近百个。有集装箱泊位37个,是世界上最大的集装箱码头。港中各种设施齐备,有起重500吨的大型浮吊及各式吊车。有各种仓库170多个,面积70多万平方米。另有冷藏库10万立方米,各种港口作业船300多艘。港内有干船坞67座。

3.神户港

神户港北有六甲山横贯东西,为其天然屏障,阻挡来自西北的强风,港湾平静,利于船舶航泊。神户是日本的第一大港。该港一年内浓雾时间只有十天左右,锚地深度约40英尺泥底。有36个浮筒可以系带29条远洋船。

港口共分六个区域,第一、二区域和其他区域之间被五个防波堤隔开。该港的面积为5668万平方米,现有231个泊位。有货棚29栋,面积28万平方米,场地面积近30万平方米。驳船959艘,港口作业船46艘,集装箱装卸塔桥21台。

(资料来源:张海霞.运输管理实务[M].济南:山东大学出版社,2015.)

(三)航道

航道是指在内河、湖泊、港湾等水域内供船舶安全航行的通道。航道由可通航水域、助航设施和水域条件组成。

1.航道的要求

一般来说,航道要求有足够的深度、足够的宽度和适宜的转弯半径、合理的流速以及适合的通航高度。

(1)足够的深度。

为了保证船舶的正常航行,航道应当具有能保证基本通行的深度。航线上在枯水期所应有的保证船舶通航的最小深度称为最小通航水深,全航线通航水深与某些关键区域及船型有关,这些关键区域包括了某些暗礁和浅滩。航道的深度并不是越深越好,过于深的航道会增加维护费用。

(2)足够的宽度。

航道宽度一般应当保证双向船队能够相向航行,所以数值上要在等于双向船队宽度之和加一定的富余宽度,其中富余宽度受河流宽度、水流速度、岸形等因素影响。对于某些比较繁忙的航道,宽度还应当保证三艘船并列航行。

(3)适宜的转弯半径。

航道转弯半径是指航道中心线上的最小曲率半径。航道上应当具备适宜的转弯半径,一般来说,转弯半径不得小于最大航行船舶长度的4～5倍。若河流转弯半径过小,将给航行造成不便,应当加以整治。

(4)合理的流速。

较大的流速会对船舶航行造成极大的影响,对于不同的船型都有不同的最大允许流速,超过规定的流速必须停航。在流速过大的情况下,上驶船舶会造成动力不足的情况,若增大功率航行,会不经济;下驶船舶在水流流速较大的情况下,船舶会不易控制,造成危险。

(5)适合的通航高度。

航道应当具备保证船只正常通行的高度。各种跨江河航道的建筑物降低了航道的净空高度,限制了通航船舶的吨位和高度。最低净空高度的确定是根据航道水位最高的时期,保证空驶船舶能够安全通过的高度。

2.航道的类型

(1)海上航道。

海上航道是天然水道,通过能力几乎不受限制。但是,随着船舶吨位的增加,有些海峡或较为狭窄的水道会对通航船舶产生影响。比如,位于新加坡、马来西亚和印度尼西亚之间的马六甲海峡,为了确保航行安全,规定通行的油船吨位不得超过22万吨,龙骨下水深必须保持在3.35米以内。世界上比较著名的航道除了马六甲海峡之外,还有苏伊士运河、巴拿马运河、直布罗陀海峡、土耳其海峡、丹麦海峡、白令海峡、麦哲伦海峡、西北航道等。

(2)内河航道。

内河航道指在内陆水域中用于船舶航行的通道。内陆水域包括了江、河、湖、水库、人工运河和渠道等。根据内河航道的性质,可以将其分为天然航道和人工航道。人工航道包括了渠化河流航道和人工开挖的运河、渠道。

①内河天然航道。

天然航道是利用天然水域提供的航道尺度行驶相应尺度的船舶。我国的内河天然航道有长江、珠江和松花江水系。其中长江水运干线是我国唯一一条贯穿东、中、西部的大通道。

②人工航道。

人工航道又称运河,是由人工开凿用于船舶通行的航道。人工航道往往开凿在几个水系或海洋的交界处,使船舶能够缩短行驶里程,降低运输费用,扩大船舶的通航范围,形成一定规模的水运网络。比较著名的运河有苏伊士运河、巴拿马运河,中国最著名的运河有京杭大运河。

任务二　远洋运输作业

一、班轮运输

(一)班轮运输的定义

班轮运输又称"定期船运输",是指按照规定的船期表在一定的航线上,按事先确定的挂港顺序、有规则地从事港口间货物运输业务,并按事先公布的费率收取运费的运输业务。

知识链接

船期表

船期表一般包含以下内容:航线、船名、航次编号、始发港、中途港和终点港,以及到达和驶离各港口的时间,其他相关的注意事项等。

制定并公布班轮船期表可以方便船公司及时招揽航线途经港口的货载,满足货主的需要;有利于船舶、港口和货物的及时衔接;有利于提高船公司航线经营的计划质量。

(二)班轮运输的特点

(1)具有固定的航线、固定的停靠港口、固定的航期和固定的运价。这是班轮运输区别于其他运输方式的最基本的特点。

(2)货物由承运人负责装卸作业、配载作业和理舱作业,并负责由此产生的全部费用,承运人和托运人双方不计速遣费和滞期费。

(3)承运人和货主之间的权利、义务、责任、豁免通常以承运人签发的提单背面的条款为依据,并受国际公约的制约。一般情况下,在货物装船之前承运人和货主之间通常不签订运输合同,而是在装船后由承运人签发提单,以提单背面的条款作为约束依据。

(4)班轮承运的货物品种、数量都比较灵活,既可以承运大宗货物,也可以承运零星货物,并且货运质量有一定的保证。

(三)班轮运输的作用

(1)有利于一般杂货以及不足整船的小额贸易货物的运输。班轮只要有航班和舱位,不论数量多少,也不论直达或者转运,一般班轮公司都愿意接受承运。

(2)班轮运输具有固定的航线、固定的停靠港口、固定的航期和固定的运价,为买卖双方洽谈运输条件提供了方便,买卖双方可以根据班轮的船期表约定交货期、装运期及装运港口,并根据费率事先核算运费和附加费用,为贸易双方提供便利,能够有利于国际贸易的发展。

(3)班轮运输的货运质量有保证。班轮公司一般派出的船舶性能较好,设备齐全,船员技术水平普遍较高。另外,在班轮停靠的港口,一般都有班轮公司专用的码头、仓库和装卸设备,这为货物的装卸和储存提供了保障。

(4)班轮运输一般手续简单,能够方便货主。货主只用把货交给承运人,由承运人负责装卸和理舱。

(四)班轮运输的业务流程

1.揽货

揽货是班轮运输公司为使自己经营的班轮运输船舶能够在载重和舱容上得到充分利用,力争做到"满舱满载",以获得最好的经营效益,而从货主那里招揽货源的行为。

揽货的结果直接影响到了班轮运输公司的经济效益。揽货的一般流程为:首先班轮公司要根据自身情况制定船期表,内容包括航线、船名、航次编号、始发港、中途港和终点港,以及到达和驶离各港口的时间,其他相关的注意事项等。接着,将船期表分送给已经建立起业务关系的原有客户,并在有关的航运期刊上刊登,使客户了解公司经营的班轮运输航线及船期情况,以便联系安排货运,得到货源。

2.订舱

订舱是指托运人或其代理人向承运人,即班轮运输公司或其营业所或代理机构等申请货物运输,承运人对这种申请给予承诺的行为。

在班轮运输中,货物装船之前承运人与托运人并不需要签订书面的运输合同,而是以口头的形式或订舱函电进行预约,只要船公司对这种预约给予承诺,并在舱位登记簿上进行登记,那么就表明承托双方已建立起有关的货物运输关系。

由于杂货班轮会在多个港口停靠作业,因此承运人在承揽货物或订舱时应当注意船舶舱位的分配,同时承运人应当考虑承揽货物的性质、特性、包装、重量和尺寸等因素,不同种类的货物对装卸、运输和仓储条件有着不同的要求。比如,大件货物可能会受到船舶及装卸港口起重机械技术标准的限制。另外,由于班轮船舶停靠的装货港、过境港、卸货港往往处于不同的国家,其相关的法律和规章、管理办法也不一样,因此班轮公司在承揽和订舱时也要注意停靠各港口的法律、法规。

3.装船

在班轮运输中,一般为了提高装船效率,减少船舶在港停留时间,通常采用集中装船的形式。集中装船就是指由船公司在各装货港指定装船代理人,在码头指定地点(通常为码头仓库)接收承运货物,与托运人办理交接手续后,将货物按一定的卸货次序进行适当的分类后集中进行装船。如果托运货物为危险品、冷冻货物、贵重物品或重大件货等特殊货物,那么一般由托运人将托运的货物送至码头承运船舶的旁边进行交接,然后将货物装到船上。

4.换取提单

托运人可以凭经过签署的站场收据向船公司或其代理换取提单。

5.卸货

卸货指的是将船舶所承运的货物在卸货港从船上卸下,将货物交给收货人或其代理,并办理交接手续。

船舶提前将到港电报发给船公司在卸货港的代理人,代理人根据电报编制有关单证、联系安排泊位并准备办理船舶进口手续,并约定安排装卸公司,同时,将船舶的预定到港时间通知收货人,以便收货人及时做好接收货物的准备。在班轮运输中,为了节省船舶的停靠时间,加快货物装卸效率,通常都采用集中卸货的办法,即由事先约定好的装卸公司作为卸货代理人负责整个卸货事宜以及货物交付工作。

对于卸货过程中发生的溢卸(将本应在其他港口卸下的货物卸在本港)和短卸(本应在本港卸下的货物遗漏未卸)现象,统称为误卸。按照提单背面的条款规定,通常因误卸发生的补送、退运的费用由船公司负担,但对因此造成的延迟交付或货物的损坏,船公司不予赔偿。如果因为标志不清、不全或错误等因货主过失造成的误卸现象,船公司不负任何责任,所有因此产生的费用由货主自身负担。

6. 交付货物

交付货物是指实际业务中船公司凭提单将货物交付给收货人的行为。具体过程是收货人将提单交给船公司在卸货港的代理人,经代理人审核无误后,签发提货单交给收货人,然后收货人再凭提货单前往码头仓库提取货物并与卸货代理人办理交接手续。

交付货物的方式有仓库交付货物、船边交付货物、货主选择卸货港交付货物、变更卸货港交付货物、凭保证书交付货物等。

(1)货主选择卸货港交付货物是指货物在装船时货主尚未确定卸货港,待船舶开航后再由货主选定合适的卸货港,并在这个港口卸货和交付货物。在这种情况下,提单上的"卸货港"一栏必须注明两个或两个以上的卸货港名称,如"神户/横滨"或"伦敦/鹿特丹/汉堡",最后货物的实际卸货港只能在提单上所注明的港口中选择。

(2)变更卸货港交付货物是指不在事先约定的卸货港卸货,而是在其他港口卸货和交付货物。如果收货人认为,将货物改在提单上所载明的卸货港以外的其他港口卸货对自己更有利时,可以向船公司提出申请。船公司在接到变更卸货港的申请后,必须根据船舶的积载情况考虑在装卸上能否实现这种变更,比如是否会发生严重的翻舱(是指对已装在舱内的货物,由于某种原因,进行翻装、重装或移动位置的作业)和倒载(是指已经装上船的货物,需要改变装载位置所进行的作业)现象,或者如果变更卸货港,那么新的卸货港所规定的停泊时间是否充足、是否会延误船期等各个因素,之后才能决定是否同意收货人的这种变更请求。同时,因变更卸货港而发生的翻舱费、倒载费、装卸费,以及因变更卸货港的运费差额和有关手续费等,均由收货人自己负担。

(3)凭保证书交付货物是指在收货人无法交出提单的情况下,按照一般的航运惯例,由收货人开具保证书(即保函),以保证书交换提货单,然后持提货单提取货物。在凭保证书交付货物的情况下,收货人保证在收到提单后立即向船公司交回全套正本提单,承担应由收货人支付的运费及其他费用,并承担对因未提交提单而提取货物所产生的一切损失,并表明对于保证内容由银行与收货人一起负连带责任。

(五)班轮运输的主要单证

1. 托运单(booking note, B/N)

托运单是指托运人根据贸易合同和信用证条款内容填制的,向承运人或其代理人办理货物托运的单据。托运单一经承运人确认,便作为承托双方订舱的凭证。见表5-2。

表 5-2　水路托运单

船名航次		起运港			到达港			到达日期	
托运人	全称			收货人	全称			承运人（章）	收货人（章）
	地址、电话				地址、电话				
	银行、账号				银行、账号				

发货符号	货号	件数	包装	价值	托运人确定		计费重量		等级	费率	金额	应收费用		
					重量（t）	体积（长、宽、高）（m³）	重量（t）	体积（m³）				项目	费率	金额
												运费		
												装船费		
合计														

运到期限（或约定）	托运人（公章）　　　年　月　日	总计
		核算员
特约事项	承运日期：　起运港承运人（章）　　年　月　日	复核员

2.装货单（shipping order，S/O）

装货单是船公司或代理人在接受了托运人提出的装运申请后，签发给托运人或其代理人的单据，并依此单据命令船长将承运的货物装船。装货单是承运人确认承运货物的证明，是货主凭此向海关办理出口申报手续的主要单据之一。

3.收货单（mates receipt，M/R）

收货单是船舶收到货物的收据及货物已经装船的凭证。

4.装货清单（loading list，L/L）

装货清单是根据装货单汇总编制的，它将留底的装货单按照待装货物的目的港和货物性质归类，按照靠港顺序排列编制。装货清单是船舶大副编制配载计划的主要依据，也是理货人员的理货依据，同时也方便承运人掌握承运货物的情况。

5.码头收据（dock receipt，D/R）

码头收据又称场站收据或港站收据，一般由发货人或其代理人根据指定格式填制，并跟随货物一起送至码头，由码头接收货物的人在收据上签字后交还给发货人，证明托运的货物已收到。同时，接收货物的人在签字时，应当仔细检查单据内容与运来的货物实是否一致。如果不一致，则必须进行修改。如果发现运来货物有受损情况，则要在相应的备注栏内进行备注。码头收据的签署，不仅表明承运人已收到货物，而且也明确表示承运人对收到的货物已经开始负有责任。

6.提单（bill of loading，B/L）

《中华人民共和国海商法》第七十一条规定："提单，是指用以证明海上货物运输合同和货物已经由承运人接收或者装船，以及承运人保证据以交付货物的单证。"在实际业务中，提单所涉及的主要有承运人、托运人、收货人以及提单持有人等。

提单的性质表现在以下三个方面：

（1）首先，提单是承运人出具的接收货物的收据。

提单的正面注明了货物的品名、标志、件数、重量或体积等信息，如果货物运到卸货港后，发现与所描述的状况不同，承运人就要承担赔偿责任。但以下情况除外：在装船时，货物受损或缺失情况已存在，且托运人已知或者收货人就是托运人。

（2）其次，提单是海上运输合同的证明。

班轮运输的提单可以作为海上运输合同的证明，但是它不能等同于合同。提单的签署只是承运人单方面的行为，在此之前承运人并没有就提单的内容与托运人商议，换句话说，提单的条款并不是双方商议的结果，所以提单只能说是运输合同成立的证明。当提单与运输合同或者承托双方原来的协议内容有差异时，应以运输合同或者原来的协议为准。

（3）第三，提单是承运人据以交付货物的单证。

以 CIF 买卖双方为例：在现金交易下，卖方（即托运方）在装货港将货物交由承运人后，必须等到货到目的港买方（即收货人）提取货物并认可后才能收到货款；但是在信用证买卖中，卖方（托运人）取得提单后就可以到银行办理结汇，取得货款，这就是所谓的"交单即交货"。

另外，提单持有人可以不经承运人的同意，将提单经过背书转让给第三者。第三者，通过拿着转让来的提单，得到货物的占有权、提货权和控制权。当货物到达目的港时，承运人有义务将货物交给有权提取货物的人，由于提货权已随提单同时转让，因此，正本提单的合法持有者就享有货物的请求权。这就是所谓的"认单不认人"。

海运提单见表 5-3。

表 5-3 海运提单

Shipper	B/L NO.
	PIL
	PACIFIC INTERNATION LINES (PTE) LTD
Consignee	(Incorporated in Singapore)
	COMBINED TRANSPORT BILL OF LADING
	Received in apparent good order and condition except as otherwise noted the total number of container or other packages or units enumerated below for transportation from the place of receipt to the place of delivery subject to the terms hereof. One of the signed Bills of Lading must be surrendered duly endorsed in exchange for the Goods or delivery order. On presentation of this document (duly) Endorsed to the Carrier by or on behalf of the Holder, the rights and liabilities arising in accordance with the terms hereof shall (without prejudice to any rule of common law or statute rendering them binding on the Merchant) become binding in all respects between the Carrier and the Holder as though the contract evidenced hereby had been made between them.
Notify Party	SEE TERMS ON ORIGINAL B/L

Vessel and Voyage Number	Port of Loading	Port of Discharge
Place of Receipt	Place of Delivery	Number of Original Bs/L

PARTICULARS AS DECLARED BY SHIPPER-CARRIER NOT RESPONSIBLE				
Container Nos/Seal Nos. Marks and/Numbers	No. of Container / Packages / Description of Goods		Gross Weight (kilos)	Measurement (cu-metres)

FREIGHT & CHARGES **Freight repaid**	Number of Containers/Packages (in words)
	Shipped on Board Date:
	Place and Date of Issue:
	In Witness Whereof this number of Original Bills of Lading stated Above all of the tenor and date one of which being accomplished the others to stand void. The master for PACIFIC INTERNATIONAL LINES (PTE) LTD as Carrier

7. 提货单（delivery order，D/O）

提货单是收货人凭正本提单或副本提单（随同保证书）向承运人或其代理人换取的，可向港口装卸部门提取货物的凭证。需注意的是，提货单不得转让。

二、租船运输

租船运输又称"不定期船运输"，是指租船人向船东租赁船舶用于货物运输的一种方式。租船运输没有固定的船期表，所有有关船舶所行驶的航线、停靠的港口、承运货物的种类、航期等，以及租船人与出租人之间的权利义务都按照船租双方签订的租船合同，最后由船舶所有人确认决定。租船运输一般较班轮运输费用低廉，且可选择直达航线，因此，大宗货物一般选用租船运输。

（一）租船运输的特点

（1）租船运输没有固定的航线、固定的停靠港口和固定的船期。它根据租船人的要求，由船东根据实际情况确认而定。

（2）租船运输的营运组织取决于租船合同。船主与承租人双方（或其各自的代理）首先须签订租船合同后才能安排船舶的营运，合同中规定了船舶所行驶的航线、停靠的港口、承运货物的种类、航期等，以及承租双方相关的权利和义务。租船合同有着标准的格式，根据租船形式的不同，格式也不一样。

（3）租船运输没有固定的运价，运价受世界的政治经济形势、船租市场供求关系的变化以及通航区域的季节性气候条件等因素的制约。

（4）船舶运营过程中的各项开支和费用，取决于不同的租船方式，由船主和承租人分担，并提前约定在租船合同中。

（5）租船运输一般是整船出租，大多用来运送货值较低、成交量大的大宗货物，比如矿石、

运输

管理

实务

煤炭、木材、谷物、砂糖、化肥等。

(二)租船运输的种类

1. 航次租船

航次租船又叫定程租船,它是以航程为基础的一种租船形式,指的是由船舶的所有人向承租人提供特定的船舶,在特定的港口之间,从事一个或几个特定的航次的货物运输任务。在这种方式下,船舶所有人必须按租船合同规定的航程完成货物运输任务,并负责船舶在该航行中的一切费用开支,租船人按约定支付运费。

(1)航次租船的特点。

①在整个过程中,船舶的经营管理及其发生的各项费用都由船舶所有人负责,包括燃料费、物料费、修理费、港口费、淡水费等。

②船舶所有人负责船员的配备,并支付工资和伙食费用。

③规定一定的航线、航次、停靠港口,以及一定的货物种类、名称和数量。

④船舶所有人除了对船舶的航行和经营管理负责外,还应对货物运输负责。

⑤航次运输的租金,也叫运费,按所运货物数量以及双方事先商定的运价来进行计算。

⑥在租船合同中需要订明货物的装卸费由船舶所有人或承租人负担,同时要规定好装卸速度和装卸时间如何起算,并规定滞期费和速遣费的标准及计算办法。

知识链接

滞期费和速遣费

滞期费指的是在航次租船合同中,当船舶装货或卸货超过规定的时间时,由承租人向船舶所有人所支付的约定款项。

速遣费指的是承租人实际使用的装卸时间少于合同约定的装卸时间,因而节省了船舶为装卸作业而停留在港口或泊位的时间,使得船舶产生速遣。船东因船舶产生速遣而需要按合同中约定的速遣费率向承租人支付的费用就叫做速遣费。在航次租船实务中,速遣费率通常为滞期费率的一半。

约定滞期费和速遣费是为了鼓励承租人提高效率,缩短船舶在港停留的时间。

(2)航次租船的种类。

①单程租船。

单程租船也叫单航次租船,指的是船舶所有人负责将承租人指定的货物由装运港运到卸货港,到达卸货港后即完成了一个航次,此时租船合同终止。大部分的航次租船采用的都是这种方式。

②来回航次租船。

来回航次租船指的是船舶在完成一个航次任务后,接着再在同一个卸货港或附近港口装运一次回程货载,运回出发港或附近港口的运输形式。这种方式大多适于承租人刚好有返程货物的情况下使用。

③连续航次租船。

连续航次租船指的是在同一去向的航线上连续完成多个单航次运输。它的特点是要完成多个连续的航次,中间不能中断,而且船舶必须是去程运货,返程空放。除非经过承租人同意,否则船舶所有人不能利用空船揽载其他货物。这种方式一般用于较近的航程运输,而且由于

130

返程不能载货,往往船主会提高运价。

④包运合同租船。

包运合同租船是船舶所有人在约定的期限内,派若干条船,将指定的货物按照同样的租船条件,由甲地包运到乙地,其航程次数不作具体规定。

2.定期租船

定期租船,是指在约定的时期内,船舶所有人将船舶出租给承租人,供其使用的租船运输形式。这种租船方式不是以完成航次数为依据,而是以约定使用的一段时间为限,在这段时间内承租人可以将船用作班轮运输,也可用作航次租船运输。

定期租船有如下特点:

(1)船长以及船员都由船舶所有人配备,并负担他们的工资和伙食费。但是船长和船员都必须听从承租人的安排,否则承租人有权对其进行撤换。

(2)船舶的营运调度由承租人负责,并负担因此发生的各项费用,包括船舶的燃料费、港口费、货物装卸费、运河通行费等。但是,一些长期费用,如船舶的折旧费、维修保养费、船用物料费、润滑油费、船舶保险费等由船舶所有人负担。

(3)租金按船舶的载货量、租期长短以及事先在运输合同中约定的租金率进行计算,租金率的确定是以船舶的装卸能力为基础,并结合市场行情等因素进行洽谈的。

(4)定期租船不规定船舶的航线和停靠的港口,只规定船舶的航行区域或范围。

(5)定期租船除有特殊规定外,可装运一切合法的货物。

(6)与航次租船不同,定期租船不规定装卸速度和装卸时间,也不计算滞期费和速遣费。

3.光船租船

光船租船与定期租船类似,只不过船舶所有人不再负责配备船员,而是将船舶交给承租方使用,由承租方分配船员和负责船舶的运营。光船租船也叫船壳租船,它相当于一种财产租赁。

光船租船的特点如下:

(1)船东对出租的船舶只拥有所有权,承租人享有控制权和占有权。在租期内,船东只收取租金,对运输过程中产生的责任和费用不负责。

(2)船舶所有人只提供一艘空船,全部船员都由承租人配备并指挥,承租人负责其工资和伙食费。

(3)承租人负责船舶的经营管理,以及由此发生的一切费用,包括固定费用和变动费用(投资费用除外)。

(4)承租人以船东的名义承担船舶对第三者的赔偿责任。

由于光船租船的形式是将船舶直接交给承租人支配,船东往往对这种形式有所顾虑。另外,由于雇用和管理员工的工作比较复杂,承租人也很少采用这种方式。因此,光船租船形式在租船运输中很少见。

4.包运租船

包运租船是指船舶所有人提供给租船人一定的吨位,按照运输合同的规定,在确定的港口之间,以事先约定好的时期、航次周期和较均等的每航次货运量,完成约定好的全部货运量的租船方式。

(1)包运租船的特点。

①包运租船中对于船舶的船名和国籍不进行指定,仅规定船舶的船级、船龄和船舶的相关

技术规范,船舶所有人必须保证能够提供完成合同约定的每航次货运量的运力。

②租期的长短由总的货运量和每航次周期所用的时间来决定。

③包运租船形式下,所承运的货物一般为运量大的干货、散货或液体散装货,承租方往往是大型的综合性工矿企业、贸易机构、生产加工集团或石油公司。

④船舶航行时所产生的延误损失由船舶所有人负责,对于船舶在港内装卸货物期间所产生的延误,则由合同中约定的"延滞条款"来决定,在一般情况下,是由承租人承担船舶在港的延误损失。

⑤运费按船舶实际装运货物的数量和事先约定的费率计算。

(2)包运租船的优势。

①对于船舶的所有人来说,由于包运租船签订的货运量大且持续时间较长,能够保证船舶有充足的货源,进而保障了稳定的运费收益。又由于船舶运力的安排完全由船舶所有人控制,因此,船舶所有人如果控制得当的话,在保证按合同规定完成货运任务的前提下,可以利用空余时间承揽其他的货物,以获得额外收益。

②对于承租人而言,采用包运租船的形式不但能在较长的时间内满足货物运输的需要,而且可以避免由于租船市场供需行情的变动对运费产生的影响。

(三)租船的业务流程

租船的业务流程主要包括询盘、发盘、还盘、受盘和签订租船合同五个环节。

1.询盘(inquiry)

在经济学中,询盘是采用咨询的方式,由准备购买或出售某种商品的一方向潜在的供货商或买主探寻该商品的成交条件,来判断交易的可能性的一种业务行为。

在租船业务中,询盘也叫做询价,指的是由承租人(或船舶所有人)以期望的条件通过租船经纪人在租船市场上要求租用船舶(或承揽运输业务)的行为。承租人询盘的目的是为了寻找合适的船舶来运输货物;船舶所有人询盘的目的是为了承揽合适的运输业务。

这种询价活动主要通过电报或者电传等书面形式提出,承租人询盘的内容主要包括:承租人的名称及地址、承运货物的种类、名称、数量、包装形式、装卸港口、装卸费用条件、装运日期、租船方式和期限、船舶类型、载重吨、船龄、船级、交船和还船地点、航行范围、希望采用的租船合同范本等。船舶所有人询盘的内容主要包括:出租船舶的类型、船名、船籍、吨位、航行范围、船舶在各种包装状态下的积载容积、受载日期、船舶供租方式、供租期限、适载货物等。

2.发盘(offer)

发盘又称报价,是船舶所有人或承租人对询盘的一种回应。以船舶所有人发盘为例,指的就是船舶所有人得到承租人的询盘后,经过成本估算或者比较其他询价条件后,通过租船经纪人向承租人提出自己所能提供的船舶基本信息和条件。

发盘的主要内容除了对询盘的内容作出答复和提出条件外,还包括关于租金费率、选用的租船合同范本及对相应条款的补充和修订等。

发盘可以分为绝对发盘(实盘)和条件发盘(虚盘)。

绝对发盘是指交易条件不可改变,主要条款明确、肯定,且具有法律效力的行为。发盘方和接受发盘的一方都不能撤销或更改发盘中的任何条件。绝对发盘时,发盘人会规定对方接受并答复的期限,即时限。在该时限内,发盘人不得再向其他方作出相同内容的发盘,而接受发盘的一方必须要在时限内给予明确答复,否则无效。

条件发盘是指发盘方的发盘内容附带有"保留条件",保留条件可以供双方进行磋商和修改。条件发盘不规定答复时限,双方在对发盘中的各项条件达成协议之前,不具有法律约束力。发盘方可以向多个不同的接受方同时发出内容相同的发盘。按照国际航运的惯例,发盘方应当遵循"先复先交易"的原则,与第一答复方进行洽谈。

3.还盘

还盘是指接受发盘的一方向发盘方提出申请,对发盘中的一条件进行修改,或提出自己的新条件的过程。还盘意味着询价人对报价的拒绝和新的询价的开始,它是一个双方谈判和讨价还价的过程。

还盘的目的在于要求对方更改对自己不利的,或合同执行上可行性低的条件。在还盘过程中没有涉及的发盘条件,都被认为是可以接受的条件。

4.受盘

受盘是承租人与船舶所有人在经过了多次还盘后,对合同的主要条款意见达成一致,也就是最后一次还盘中,双方就条款内容均无异议,这标志着租船业务的成交。根据国际惯例,租船业务成交后,双方应当签署一份"订租确认书",双方就约定的条款内容予以确认,对于一些细节问题还可以进一步商讨。

5.签订租船合同

"订租确认书"只是一种简式的意向合同,并不是正式的租船合同。交易意向达成后,还要签订正式合同。正式的租船合同要按照租船合同范本规范编制,明确租船双方的权利和义务,经双方当事人签署后即刻生效。合同书一旦签署就具有法律效力,其中一方要提出更改或者撤销时,应当由违约方承担损失。租船合同正式签订以后,船舶的所有人就可以按照合同的要求安排船舶投入运营。

任务三　租船合同的拟定

➤一、租船合同

(一)租船合同的定义

租船合同又称租船契约,是船舶的所有人与承租人签署并达成的协议,合同约定承租人以一定的条件向船舶所有人租用指定的船舶或指定的舱位用以货物的运输,并以条款的形式约定双方的权利和义务、责任与豁免等,用以明确双方的经济与法律关系。合同的订立本着自愿和公平的原则。

(二)租船合同范本

租船合同的签订直接关系到双方的利益,因此租船合同的签订是一项细致和严密的工作,如果没有统一的格式条款,合同的拟定需要非常长的时间,这一方面会耽误双方的时间,另一方面如果合同条款的拟定遗漏了某些款项,则很可能造成一方利益的损失。为了简化签订租船合同的手续,维护双方的利益,国际上的一些航运协会、大型的船舶公司、货主垄断组织,根据各自的特点,结合货物种类、航线等,预先编制了供承租人和船舶所有人使用的租船合同范本,其中列出了合同的主要条款作为双方洽谈合同时的参考。

大多数的租船合同范本是由船舶所有人或代表船舶所有人利益的航运协会单方面进行拟定的,那么在条款的拟定方面势必会与承租人的利益有一些冲突。因此,在拟定租船合同时,并不能照搬合同内容,而是要根据范本内容进行一定的删减、修改和补充。为了便于进行合同条款的商讨,每一份租船合同范本都逐一对其条款进行了编号,且在每一行文字前都给出了行次编号。

租船合同范本的种类很多。不同的航线、不同的地区、不同的货物,都有着不同的合同范本。比如"斯堪的纳维亚航次租船合同"(Scandinavian Voyage Charter:SCANCON)、"古巴食糖租船合同"(Cuba Sugar C/P)、"毛里求斯食糖租船合同"(Mauritius Sugar C/P)、"澳大利亚粮谷航次租船合同"(Australian Grain C/P)、"东海岸煤炭租船合同"(East Coast Coal C/P)、"大河区粮谷租船合同"(River Plate C/P 1914)、"缅甸大米租船合同"(Burma Rice C/P)、"太平洋海岸糖谷租船合同"(Pacific Coast C/P)、"南非煤炭租船合同"(South African Coal Charter)等。

1.租船合同范本的类型

这些范本合同根据是否得到公认和是否得到广泛采用而分为标准租船合同、非标准租船合同和厂商租船合同。标准租船合同是指由英国航运公会、波罗的海国际航运公会、纽约土产交易所和日本海运集会所等公共机构所制定或认可,并被公认和广泛采用的合同范本。非标准租船合同通常是指虽然它没有得到公认,不是标准租船合同,但是经常被采用的合同范本。厂商租船合同则是指一些大宗货主为租赁船舶而制定的特殊合同范本。

2.标准租船合同范本

目前国际上采用的标准合同范本主要有:

(1)金康格式(GENCON)。

金康合同也称作"统一杂货租船合同",该合同是在20世纪20年代,由于国际贸易的迅速发展、货物种类大量增加,为了适应这种变化由当时的"波罗的海白海航运公会"(即现在的波罗的海国际航运公会)制定的,于1922年公布,并在1976年及1994年进行了两次修订。

金康合同是一种部分航线、货种,适用范围较广的标准航次租船合同范本。

其主要内容包括:当事人名称、船名、船籍、载货吨、货物名称、数量、容积、装货港和目的港、受载日期、解约日、运费、装卸时间、滞期费、速遣费及其他有关事项;还包括提单、出租人责任与免责、承租人责任、船舶绕航、冰冻、留置权、合同解除、罢工、战争、共同海损、仲裁、佣金等相关条款。

(2)纽约土产格式(NYPE)。

纽约土产合同是一种定期租船合同范本,它是由纽约土产交易所制定的,并且得到了美国政府的批准,受到了波罗的海国际航运公会以及船舶经纪人和代理人联合会的推荐。该合同范本制定于1913年,现在常用的是1946年的格式,1993年进行了进一步的修订。

它的主要内容包括:船舶所有人与承租人的名称及地址、船名、船籍、船舶吨位、载重与满载水尺、机器马力、船速、燃油消耗与储量、航区、用途、租期、交船及转租的地点及条件、租金及其支付、不准装载的货物以及运输特殊货物的措施等。

(3)波尔的姆(BALTIME)。

统一定期租船合同,由波罗的海国际航运公会(Baltime and International Maritime Conference,BIMCO)于1909年制定。该格式在很多条款上对船舶所有人比较有利。

二、航次租船合同

1.航次租船合同的定义

航次租船合同是指船舶所有人向承租人提供船舶或船舶的部分舱位,装运约定的货物,从装货港运至卸货港,由承租人支付运费的货物运输合同。

2.航次租船合同的特征

(1)航次租船合同是货物运输合同。

订立合同的双方虽然以租船合同的形式订立,但其目的在于货物的运输,即承租人租用船舶的目的是为了进行货物运输。出租人与承租人之间的关系属于运输服务的需求方和运输服务的供给方。

(2)航次租船合同是当事人双方的合同,对第三方无效。

航次租船合同仅约定的是承租人与船舶所有人的权利与义务,对第三方不产生权利和义务。比如在运输活动中,收货人是承租人的,双方的权利义务可以根据航次租船合同来进行约束,但是如果收货人不是承租人,那么收货人就不能向船舶所有人主张合同权利,当然也不承担合同约定的义务。

3.航次运输合同的范本——以金康格式合同为例

在运输实践中,为了简化合同的订立,降低成本,便于统一管理和实施,大都使用范本合同。为了使合同简明易了,在航运习惯中都将合同制作成表格和条文两部分形式。

金康格式的合同范本如下(见表5-4):

表5-4 航次租船合同(金康格式)

此格式由英国航运总会文件委员会和东京航运交易所文件委员会采纳。

Shipbroker 船舶经纪人	CODE NAME :GENCON 代号:金康 2. Place and Date 地点和日期
3. Owner/Place of Business(cl. 1) 船舶所有人营业所在地(第1条)	4. Charterers/Place of Bussiness(cl. 1) 承租人/营业所在地(第1条)
5. Vessel's Name(cl. 1) 船名(第1条)	6. GRT/NRT(cl. 1) 总登记吨/净登记吨(第1条)
7. Deadweight Cargo Carrying Capacity in tons (abt)(cl. 1) 货物载重量吨数(大约)(第1条) 9. Expected Ready to Load(cl. 1) 预计作好装货准备的日期(大约)(第1条)	8. Oeesent Position(cl. 1) 现在动态(第1条)
10. Loading Port or Place(cl. 1) 装货港口或地点(第1条)	11. Discharging Port or Place(cl. 1) 卸货港口或地点(第1条)
12. Carge (also state quantity and margin in owners' option if agreed; if full and complete cargo not agreed state "part cargo") (cl. 1) 货物(同时载明数量和约定的船舶所有人可选择的范围,如未约定满舱满载货物,载明"部分货物")(第1条)	

运输 管理 实务
YunShuGuanLiShiWu

13. Cargo(also state if payable on delivered or in taken quantity)(cl. 1) 运费率（同时载明是按货物交付数量还是装船数量支付）（第 1 条）	14. Freight Payment （state currency and method of payment ,also beneficiary and bank account)(cl. 4) 运费的支付（载明货币名称与支付方式,以及受益人和银行账号）（第 1 条）
15. Loading and Discharge Costs(state alternative(a)or (b)of (cl. 5),also indicate if vessel is gearless) 装卸费用［载明选择第 5 条中(a)或(b);同时指明船舶是否无装卸设备］	16. Laytime （if separate laytime for load and disch is agreed fill in （a）and（b）, if total laytime for load and disch, fill in （c）only)(cl. 6) 装卸时间［如约定装货各自的时间,填入(a)和(b);如按装货和卸货的合计时间,填入(c)]（第 6 条）
17. Shippers(cl. 6) 滞期费率（装货和卸货）（第 7 条）	Laytime for Loading(a)装货时间 Laytime for Discharging(b)卸货时间 Total Laytime for Loading and Discharge(c)装货和卸货的合计时间
18. Demurrage Rate (loading and discharging) (cl. 7) 经纪人佣金及向何人支付（第 4 条）	19. Cancelling Date(cl. 10) 解约日（第 10 条）
20. Brokerage Commission and to Whom Payable(cl. 14) 经纪人佣金及向何人支付（第 14 条）	
21. Additional clauses covering special provisions, if agreed. 有关约定特别规定的附加条款	
It is mutually agreed that this contract shall be preformed subject to the conditions contained in this charter which shall include Part Ⅰ as well as Part Ⅱ. In the event of a conflict of conditions, the provisions of a conflict of conditions ,the provisions of part Ⅰ shall prevail over those of part Ⅱ to the extent of such conflict. 兹相互同意应按本租船合同第一部分和第二部分中所订条件,履行本合同。当条件发生抵触时,第一部分中的规定优先于第二部分,但以所抵触的范围为限。	
Signature (Owners) 签字（船舶所有人）	Signature(Charterers) 签字（承租人）

第二部分

1.兹由第 3 栏所列的下述船舶的所有人与第 4 栏所指的承租人,双方协议如下

蒸汽机船或内燃机船舶名见第 5 栏,总/净登记吨见第 6 栏,货物载重量大约吨见第 7 栏,现在动态见第 8 栏,根据本租船合同作好装货准备的大约时间见第 9 栏。

上述船舶应驶往第 10 栏所列的装货港口或地点,或船舶能安全抵达并始终浮泊的附近地点,装载第 12 栏所列的货物,满舱满载(如协议装运甲板货,则由承租人承担风险。)(承租人应提供所有垫舱用席子和/或木料及所需隔板。如经要求,船舶所有人准许使用船上任何垫舱用木料)。承租人约束自己装运该货。船舶经此装载后,应驶往第 11 栏所列的、在签发提单时指定的卸货港口或地点,或船舶能安全抵达并始终浮泊的附近地点,并在以第 13 栏规定的费率,按第 13 栏所载明的货物交付数量或装船数量支付运费后,交付货物。

2.船舶所有人责任条款

船舶所有人对货物的灭失,损坏或延迟交付的责任限于造成灭失、损坏或延迟的原因是由于货物积载不当或疏忽(积载由托运人/承租人或其卸货工人或雇佣人员完成者除外),或者是由于船舶所有人或其经理人本身未尽适当谨慎使船舶各方面适航,并保证适当配备船员、装备船舶和配备供应品,或由于船舶所有人或其经理人本身的行为或不履行职责。

船舶所有人对由于其他任何原因造成的货物灭失、损坏或延迟,即使是由于船长或船员或其他船舶所有

人雇佣的船上或岸上的人员的疏忽或不履行职责(如无本条规定,船舶所有人应对他们的行为负责)或是由于船舶在装货或开航当时或其他任何时候不适航所造成,亦概不负责。由于其他货物的接触或泄漏、气味或挥发,或由于其他货物的易燃或易爆性质或包装不充分而造成的损坏,即使事实上是由于积载不当或疏忽所致,亦不应视为由此而造成。

3.绕航条款

船舶有权为任何目的以任何顺序挂靠任何港口,有无引航员在船均可航行,在任何情况下拖带和/或救助他船,亦可为拯救人命和/或财产而绕航。

4.运费支付

运费应在交货之时,按第14栏规定的方式,以支付之日或数日的平均兑换率,无折扣地以现金支付。如经船长或船舶所有人要求,收货人有义务在接受货物时支付运费。

如经要求,承租人应现金垫付船舶在装货港的经常费用,而按最高兑换率折合并附加2%抵偿保险费和其他费用。

5.装卸费用

(a)班轮条款。

货物应运至船边,使船舶能用自己的吊钩起吊货物。承租人应安排岸上和驳船上装船作业所需人员并负担其费用。船舶仅在船上起吊货物。

如用岸上起重机进行装船,应将货物送至舱内,船舶所有人仅付平舱费用。

任何每件和/或每仓货物超过2吨重者,由承租人负责装载、积载和卸载,并承担一切风险和费用。

收货人应在船边不超过船舶吊钩所及范围之处收取货物,并承担一切风险和费用。

(b)船舶所有人不负责装卸费以及积载和平舱费用。

货物由承租人或其代理人负责送至舱内、积载和/或平舱,并从舱内提取和卸货,船舶所有人不承担任何风险、责任和费用。

如经承租人要求并得到许可,船舶所有人应提供起货机、动力,并由船员充当起货机司机;否则,承租人应安排岸上的起货机司机和/或起重机(如有的话)。(如船上无装卸设备并在第15栏中作此记载,则本款不适用。)

协议选择(a)或(b),并填入第15栏。

6.装卸时间

(a)装货和卸货分别计算时间。

如天气许可,货物应在第16栏规定的连续小时数内装完,星期日和节假日除外,除非已经使用,但只计算实际使用的时间。

(b)装货和卸货混合计算时间。

如天气许可,货物应在第16栏规定的总的连续小时数内装卸完毕,星期日和节假日除外,除非已经使用,但只计算实际使用的时间。

(c)装卸时间的起算。

如就绪准备通知书在中午之前递交,装卸时间从下午1时起算;如通知书在下午办公时间递交,装卸时间从下一个工作日上午6时起算。在装货港,通知书应递交给第17栏中规定的托运人。

装卸时间起算前已实际使用的时间计为装卸时间。

等待泊位所损失的时间计为装卸时间。

协议选择(a)或(b),并填入第16栏。

7.滞期费

允许货物在装卸两港共有十个连续日的滞期,按第17栏中规定的每日费率计算滞期费,不足一日者按比例计算,按日支付。

8.留置权条款

船舶所有人得因未收取的运费、空舱费、滞期费和滞留损失而对货物有留置权。承租人应对装货港发生的空舱费和滞期费(包括滞留损失)负责。承租人还应对卸货港发生的运费和滞期费(包括滞留损失)负责,但仅以船舶所有人通过对货物行使留置权而未能得到的款额为限。

9.提单

船长按所收到的运费率签发提单,并不妨碍本租船合同。如提单运费总额低于租船运费总额时,其差额应在签发提单时,以现金交付船长。

10.解约条款

如船舶未能在第19栏规定的日期的当日或之前做好装货装备(不论靠泊与否),承租人有权解除本合同。如经要求,这一选择至少在船舶预计抵达装货港之前48小时内作出。如船舶因海损事故或其他原因而延误,应尽快通知承租人。除已约定解约日外,如船舶延误超过规定的预计装货日期后十天,承租人有权解除本合同。

11.共同海损

共同海损按1974年约克—安特卫普规则进行理算。即使共同海损费用是由于船舶所有人的雇佣人员的疏忽或不履行职责所致,货主仍应支付其中货物的分摊额(参见第2条)。

12.赔偿

对于未履行本租船合同的经证实的损失,其赔偿不得超过预计的运费数额。

13.代理

在任何情况下,在装货港和卸货港由船舶所有人指定自己的经纪人或代理人。

14.经纪人费用

经纪人的佣金按已收取的运费,以第20栏所规定的费率,支付给第20栏所指的当事人。

合同不履行时,由船舶所有人向经纪人至少支付按估算的运费和空舱费确定的佣金的1/3,作为经纪人所花费用和工作的补偿。在多航次情况下,补偿的数额由双方协议。

15.普通罢工条款

承租人和船舶所有人对由于罢工或停工而阻碍或延误履行本合同规定的义务所引起的后果,概不负责。

当船舶从上一港口准备启航时,或在驶往装货港的途中,或在抵港后,如因罢工或停工而影响全部或部分货物装船,船长或船舶所有人可以要求承租人声明同意按没有发生罢工或停工的情况计算装卸时间。如果承租人未在24小时之内以书面(必要时以电报)作出声明,船舶所有人有解除合同的选择权。如果部分货物已经装船,则船舶所有人必须运送该货物(运费仅按装船的数量支付),但有权按自己的利益在途中揽运其他货物。

当船舶抵达卸货港或港外之时或之后,如由于罢工或停工而影响货物的卸载,并且在48小时之内未能解决时,收货人可选择使船舶等待至罢工或停工结束,并在规定的装卸时间届满后,支付半数滞期费,或者指令船舶驶往一没有因罢工或停工而延误的危险的安全港口卸货。这种指令应在船长或船舶所有人将影响所有人卸货的罢工或停工的情况通知承租人后48小时内发出。在这种港口交付货物时,本租船合同和提单中的所有条款都将适用,并且,船舶应和在原目的港卸货一样,收取相同的运费,但当到替代港口的距离超过100海里时,在替代港所交付的货物的运费应比例增加。

16.战争风险

(1)在本条中,"战争风险"包括任何封锁,或任何政府、交战国或组织宣布为封锁的任何行动、破坏活动、海盗行为,以及任何实际的或预料的战争、敌对行为、军事行动,内战、内乱或革命。

(2)如在船舶开始装货前的任何时候,发现履行合同将使船舶或船长和船员或货物在船次任何阶段遭受战争风险,则船舶所有人有权以信件或电报告知承租人解除本租船合同。

(3)如在航次的任何阶段或任何港口发现船舶、船长和船员或货物将遭受战争风险,则不能要求船长装货或继续装货或继续航行或签发提单。在部分或全部货物已装船的情况下,船长行使本条赋予的权利时,可选择将货物卸于装货港,或者载货航行。在后者情况下,船舶有权为其所有人的利益运送其他货物,并因而驶往和在任何其他港口装或卸该其他货物,不论此港口近于或远于原港口,也不论是与习惯航线反向或偏离或超出习惯航线。如船长根据选择载运部分货物航行,则在任何情况下,运费应按交付的货物数量支付。

(4)如船长在根据第3条规定选择载运部分或全部货物当时,或在船舶驶离装货港或最后一个装货港(如有多个装货港)之后,发现继续履行合同将使船舶、船长和船员或货物遭受战争风险,则应在承租人指定的卸货港附近的安全港卸下货物,或者,如已开始卸货,应完成卸货。如在船舶所有人向承租人发出电报要求指定替代港后48小时内未收到承租人指示,则船舶所有人有权将货物卸于其可能自由决定的任何安全港口。这种卸载应视为运输合同的适当履行。如货物在此种其他港口卸下,船舶所有人有权按货物卸于提单中载明的港口或船舶将被指令驶往的港口一样收取运费。

(5)(a)船舶可自由服从处于内战、敌对行为或军事行动的任何政府、交战方或任何组织,或代表或声称代表任何政府或交战方或任何此种组织的或经其授权的任何个人或团体所发出的有关装载、离港、到港、航线、挂港、停航、目的港、地区、水域、卸载、交货或任何其他方面的任何指令或建议(包括不应驶往目的港或延迟驶往或驶往他港的指令或建议),或者,任何委员会或个人依据本船的战争险条款有权发出的任何此种指令或建议。如由于或因服从任何此种指令或建议而为或不为一定行为,均不得视为违约。

(b)如由于或因服从任何此种指令或建议,船舶未驶往提单中载明的港口或根据提单船舶可能会被指示驶往的港口,则船舶可驶往所指定或建议的任何港口,或船舶所有人自行决定的任何安全港口,并在该处卸下货物。这种卸载应视为运输合同的适当履行,并且,船舶所有人有权按货物卸于提单中载明的或根据提单船舶本可能被指示驶往的港口一样,收取运费。

(6)因在装货港卸货,或者,在驶往或卸货于本合同第10条和第5条(b)款规定的任何港口,而引起的所有额外费用(包括保险费),均应由承租人和/或货主支付。船舶所有人得因根据上述条款可收取的款额而对货物有留置权。

17.普通冰冻条款

(1)装货港。

①当船舶准备从上一港口开航时,或在航程中的任何时候,或在船舶抵达时,因冰冻而不能进入装货港,或者,在船舶抵港后发生冰冻,船长可以因担心船舶被冻结而决定不装运货物离港,本租船合同因此失效。

②如在装货过程中,船长因担心船舶被冻结而认为离港更有利时,他可以载运已装船的货物离港,并可为船舶所有人的利益将船舶驶往任何其他港口揽载货物运至包括卸货港中内的任何其他港口。根据本租船合同已装船的任何部分货物,在不因此增加收货人额外费用的条件下,由船舶所有人转运至目的港并承担费用,但运费仍应支付,此运费按交付的货物数量计付(若为整笔运费,则按比例计付),所有其他条件按租船合同。

③如装货港不止一个,并且其中一个或数个因冰冻而关闭,船长或船舶所有人可选择在不冻港装载部分货物,并按①款规定,为其自身利益而在其他地点揽载货物,或者,当承租人不同意在不冻港装满货物时宣布本租船合同失效。

④本冰冻条款不适用于春季。

(2)卸货港。

①如船舶因冰冻(春季除外)而不能抵达卸货港,收货人可选择使船舶待候至恢复通航,并交付滞期费,或指示船舶驶往一安全并能立即驶入并安全卸货而没有因冰冻而滞留风险的港口。这种指示应在船长或船舶所有人向承租人发出船舶不能抵达目的港的通知后46小时内作出。

②如在卸货期间,船长担心船舶被冻结而认为离港更为有利时,他可能决定载运船上货物离港,并驶往能驶入并能安全卸货的最近的港口。

③在此种港口交货时,提单上的所有条件均应适用船舶应按其在原目的港卸货一样,收取相同运费,但如到替代港口的距离超过100海里,则在替代港口交付货物的运费应按比例增加。

实训五　水路货物运输

一、水路货物运输流程实训

1. 实训目标

(1)熟悉班轮运输业务的相关单据;

(2)掌握班轮运输的相关业务流程。

2. 项目描述

天津 A 公司(天津市河东区昆仑路)与日本 E 公司成交一批玉米,天津 A 公司委托 B 货代公司天津分公司 C(天津市滨海新区新港四号路)代为办理该货物出口的全套业务(包括国内运输段的代理业务),发货人地处北京,货物存于北京大兴区 D 仓库。合同的主要条款如下:

买方:日本 E 公司 Japan E corporation;

卖方:天津 A 公司 Tianjin A corporation;

地址:天津市河东区昆仑路;

电话、传真:022 - 81234567;

商品名称:玉米;

数量:6000 袋,60kg/袋;

支付方式:L/C;

价格条款:每吨 USD600 CIF Tokyo;

包装:塑料编织袋装;

装运时间:2017 年 8 月 20 日;

装运港:天津港;

目的港:东京港;

保险条款:加保一切险,加一成投保。

3. 实训要求

(1)人员分组;

(2)根据所学班轮运输知识描述该票货物的出口业务流程;

(3)每组人员分角色进行模拟,并指出每个流程所用到的相关单据。

二、租船合同的拟定

1. 实训目标

(1)了解航次租船合同的特点;

(2)掌握金康格式(GENCON)租船合同的内容;

(3)能够根据货物的信息填制航次租船合同。

2. 项目描述

现有一批散装大米需要从中国上海港运至韩国仁川港,双方经过协商,达成以下条款:

(1)船舶信息:

船舶名称:ATLAS EXPLORER;

巴拿马国籍,1955 年日本造,散杂货船;

船身总长度 185.74 米/宽度 30.4 米,载重 45642 公吨/吃水 11.62 米,总登记吨 26074/净登记吨 14880,散装舱容/包装舱容 57208/55564 立方米;

甲板:1 号甲板舱口尺寸为 20.20 米×15.30 米,2 至 5 号甲板舱口尺寸为 20.80 米×15.30 米;

4 组 25 吨甲板起重机,从船侧机臂长度 8.8 米。

(2)货物:5000mt(公吨)散装大米,5%增减由船东选择,积载因素 1.8。

(3)装港:中国上海 1 个安全港口 1 个安全泊位。

(4)卸港:韩国仁川 1 个安全港口 1 个安全泊位。

(5)受载期:2017 年 5 月 8 日至 20。

(6)装卸效率:按港口习惯速度尽快装卸。

(7)滞留损失:如果船舶在双边港口因货物和/或单证未备妥而遭受船期损失,承租人应每日支付 USD2500,不足一天按比例计算。

滞留损失费在装港发生的话,连同运费一起支付,若在卸港发生,则在卸货开始前支付。

(8)运费:USD9/mt(公吨),FIOST(船舶所有人不管装,不管卸,不管理舱,不管平舱),一装一卸。

(9)所有的运费应在装完货并签发提单后两个银行工作日内,支付到船舶所有人指定账号。所有运费在装完货后即视为已赚取,不得扣减,无须返还,无论船舶和/或货物灭失与否。

(10)两边港口由船舶所有人指定代理。

(11)捆扎/加固/垫舱/扫舱/舱口检验费(如果发生)应由承租人承担。

(12)驳船费/过驳费(如果发生)由承租人承担。

(13)船边理货/岸边理货分别由船舶所有人/承租人承担。

(14)关于货物/运费的税费分别由承租人/船舶所有人承担。

(15)如有争议,在中国香港仲裁。

(17)代理人佣金为 3.75%。

(18)其余细节条款参照金康合同范本。

3.实训要求

根据以上条款,拟定航次租船合同。

项目小结

1.水路运输的含义;水路运输的产生与发展。

水路货物运输的优点:通过能力大;运输量大;运输成本低、能耗小;占地小、建设投资少;劳动生产率高。

水路货物运输的缺点:运输速度慢;受自然条件影响大;可达性差。

水路货物运输的类型:按照不同的航行区域可以分为:内河货物运输和海洋货物运输;按照企业经营方式可以分为:自营、租船运输、委托经营、联合营运、自运等;按照货物的包装形式可以分为:散装货物运输、成件货物运输和集装箱货物运输;按照营运方式可以分为:班轮运输和租船运输。

船舶、港口、航道的定义、要求及其类型。

2.班轮运输的定义、特点及作用。

班轮运输的业务流程：揽货；订舱；装船；换取提单；卸货；交付货物。

班轮运输的相关单证：托运单、装货单、收货单、装货清单、码头收据、提单、提货单。

3.租船运输的特点及种类（航次租船、定期租船、光船租船、包运租船）。

租船的业务流程：询盘、发盘、还盘、受盘和签订租船合同。

4.租船合同范本及类型；航次租船合同：金康格式（GENCON）合同范本。

思考与练习

1.简述水路货物运输的优点。

2.简述班轮运输的特点。

3.简述租船运输的特点。

4.简述租船运输的种类。

项目六

管道运输实务

学习目标

知识目标：

了解管道的概念；

掌握管道运输的概念和特点；

了解管道运输未来趋势。

技能目标：

能识别管道运输参与方，并明确各个参与方的作用；

能够运用管道运输的原理解决实际运输问题。

案例导入

中缅油气管道工程云南省内项目开工建设

2010年9月10日上午,备受关注的中国石油中缅油气管道工程（中国境内段）暨云南1000万吨/年炼油项目建设奠基仪式在云南省安宁市举行,标志着中缅油气管道工程暨云南1000万吨炼油项目开工建设。该项目由中国石油天然气集团公司负责建设,由中缅原油管道、中缅天然气管道、炼化基地3部分组成。油气管道起于缅甸西海岸马德岛的皎漂市,经缅甸从云南瑞丽市入境至昆明,其中,输油管道经贵州到达重庆,输气管道经贵州到达广西。国内段原油管道干线长1631千米、天然气管道干线长1727千米;与此同时,在云南省安宁市建设炼化基地项目,这是中缅原油管道配套的下游项目。原油管道和天然气管道在缅甸境内段分别长771千和793千米。

中缅油气管道工程（中国境内段）途径3个省1个直辖市、23个地级市、73个县市,穿越大中型河流56处、山体隧道76处。沿线地形地貌、地质条件复杂,地质灾害严重,是目前我国管道建设史上难度最大的工程之一。

中缅油气管道工程是建设国家能源通道的重要举措,也是推动国家西部大开发战略实施的重点工程。项目的建设将在我国西南地区开辟新的油气资源陆路进口通道,有利于促进我国能源进口的多元化,增强国家能源供应保障能力;有利于促进西南地区基础设施建设,优化西南能源结构,促进和带动西南经济社会发展,造福各族人民。

学而思

究竟什么是管道运输？管道主要用来运输哪些货物？管道运输有哪些特点？管道运输的工艺流程是怎样的？管道运输未来的发展趋势又是怎样的？

任务一 管道运输概述

▶一、管道运输的发展

现代管道运输始于 19 世纪中叶，1865 年美国宾夕法尼亚州建成第一条原油输送管道，然而它的进一步发展则是从 20 世纪开始的。随着二战后石油工业的发展，管道的建设进入了一个新的阶段，各产油国竞相开始兴建大量石油及油气管道。自 20 世纪 60 年代开始，输油管道的发展趋于采用大管径、长距离，并逐渐建成成品油输送的管网系统。同时，开始了用管道输送煤浆的尝试。全球的管道运输承担着很大比例的能源物资运输，包括原油、成品油、天然气、油田伴生气、煤浆等。其完成的运量常常高于人们的想象（如在美国接近于汽车运输的运量）。见图 6-1。

管道运输也被进一步研究用于解决散状物料、成件货物、集装物料的运输，以及发展容器式管道输送系统。

图 6-1 管道运输

管道运输是国际货物运输方式之一，是随着石油生产的发展而产生的一种特殊运输方式。其具有运量大、不受气候和地面其他因素限制、可连续作业以及成本低等优点。随着石油、天然气生产和消费速度的增长，管道运输发展步伐不断加快。

管道在中国是既古老又年轻的运输方式。早在公元前 3 世纪，中国就创造了利用竹子连接成管道输送卤水的运输方式，可说是世界管道运输的开端。到 19 世纪末，四川自流井输送天然气和卤水的竹子管道长达 200 多公里。但现代化管道运输则自 20 世纪 50 年代以来方得到发展。1958 年冬，中国修建了第 1 条现代输油干线管道：新疆克拉玛依到乌苏独山子的原油管道，全长 147 公里。20 世纪 60 年代以来，随着大油田的相继开发，在东北、华北、华东地区先后修建了 20 多条输油管道，总长度达 5998 多公里，其中原油管道 5438 公里，成品油管道 560 多公里。主要有：大庆—铁岭—大连港，大庆—铁岭—秦皇岛—北京，任丘—北京，任丘—沧州—临邑，濮阳—临邑，东营—青岛市黄岛，东营—临邑—齐河—仪征等，基本上使东北、华北、华东地区形成了原油管道网。此外，新疆克拉玛依—乌鲁木齐、广东茂名—湛江等地也建有输原油管道。1976 年还建成了自青海格尔木到西藏拉萨的 1100 公里成品油管道。1990 年初花土沟—格尔木输油管道亦已启泵输油。

1963 年建成中国第 1 条输气管道，即巴渝输气管道，1966 年又建成威远—成都输气管道。

1979 年建成从川东垫江县龙溪河—重庆—泸州—威远—成都—德阳干线及支线输气管道。20 世纪 80 年代以来,华东、华北地区的输气管道也有所发展,将各大油田产的天然气输向北京、天津、开封等城市。

中国油、气管道仍在加紧建设。至 1990 年年底,管道输送量已达 642 亿吨。管道运煤正在积极研究试验中。1991 年初在辽东湾海域铺设长距离海底输气管道(锦州—兴城连山湾)。此外,1991 年 3 月又建成了位于秦皇岛市境的中国第 1 条最长液氨地下管道。

管道运输业是中国新兴运输行业,是继铁路、公路、水运、航空运输之后的第五大运输业,它在国民经济和社会发展中起着十分重要的作用。2006 年末,全国输油(气)管道里程为 48226 公里,其中输油管 24136 公里,输气管 24090 公里。2006 年年底,管道输油(气)能力为 66948 万吨/年,其中输油能力 57530 万吨/年,输气能力 9418 千万立方米/年。

➤ 二、管道运输的特点和适用范围

在五大运输方式中,管道运输有着独特的优势。在建设上,与铁路、公路、航空相比,其投资要省得多。就石油的管道运输与铁路运输相比,交通运输协会的有关专家曾算过一笔账:沿成品油主要流向建设一条长 7000 公里的管道,它所产生的社会综合经济效益,仅降低运输成本、节省动力消耗、减少运输中的损耗 3 项,每年就可以节约资金数 10 亿元左右;而且对于具有易燃特性的石油运输来说,管道运输更有着安全、密闭等特点。

1. 管道运输的优点

管道运输的优点可概括为:

(1)运量大。

一条输油管线可以源源不断地完成输送任务。根据其管径的大小不同,其每年的运输量可达数百万吨到几千万吨,甚至超过亿吨。

(2)占地少。

运输管道通常埋于地下,其占用的土地很少;运输系统的建设实践证明,运输管道埋藏于地下的部分占管道总长度的 95% 以上,因而对于土地的永久性占用很少,分别仅为公路的 3%,铁路的 10% 左右,在交通运输规划系统中,优先考虑管道运输方案,对于节约土地资源意义重大。

(3)管道运输建设周期短、费用低。

国内外交通运输系统建设的大量实践证明,管道运输系统的建设周期与相同运量的铁路建设周期相比,一般来说要短 1/3 以上。中国建设大庆至秦皇岛全长 1152 公里的输油管道,仅用了 23 个月的时间,而若要建设一条同样运输量的铁路,至少需要 3 年时间;新疆至上海市的全长 4200 公里天然气运输管道,预期建设周期不会超过 2 年,但是如果新建同样运量的铁路专线,建设周期在 3 年以上,特别是地质地貌条件和气候条件相对较差,大规模修建铁路难度将更大,周期将更长,统计资料表明,管道建设费用比铁路低 60% 左右。

(4)管道运输安全可靠、连续性强。

由于石油天然气易燃、易爆、易挥发、易泄露,采用管道运输方式,既安全,又可以大大减少挥发损耗,同时由于泄露导致的对空气、水和土壤污染也可大大减少,也就是说,管道运输能较好地满足运输工程的绿色化要求。此外,由于管道基本埋藏于地下,其运输过程恶劣多变的气候条件影响小,可以确保运输系统长期稳定地运行。

（5）管道运输耗能少、成本低、效益好。

发达国家采用管道运输石油，每吨千米的能耗不足铁路的 1/7，在大量运输时的运输成本与水运接近，因此在无水条件下，采用管道运输是一种最为节能的运输方式。管道运输是一种连续工程，运输系统不存在空载行程，因而系统的运输效率高，理论分析和实践经验已证明，管道口径越大，运输距离越远，运输量越大，运输成本就越低。以运输石油为例，管道运输、水路运输、铁路运输的运输成本之比为 1∶1∶1.7。

2. 管道运输的缺点

管道运输的缺点可概括为：

（1）灵活性差。

管道运输不如其他运输方式（如汽车运输）灵活，除承运的货物比较单一外，它也不容随便扩展管线。不能实现"门到门"的运输服务，对一般用户来说，管道运输常常要与铁路运输或汽车运输、水路运输配合才能完成全程输送。

（2）专用性强。

运输对象受到限制，承运的货物比较单一，只适合运输诸如石油、天然气、化学品、碎煤浆等气体和液体货物。

（3）专营性强。

管道运输属于专用运输，其成产与运销混为一体，不提供给其他发货人使用；固定投资大；为了进行连续输送，还需要在各中间站建立储存库和加压站，以促进管道运输的畅通。

三、管道运输的基础知识

管道运输是用管道作为运输工具的一种长距离输送液体和气体物资的运输方式，是一种专门由生产地向市场输送石油、煤和化学产品的运输方式，是统一运输网中干线运输的特殊组成部分。管道运输石油产品比水运费用高，但仍然比铁路运输便宜。大部分管道都是被其所有者用来运输自有产品。

管道运输目前已成为陆地上油、气的主要运输方式。根据《国民经济行业分类（GB/T 4754—2017）》，管道运输业四级统计代码是 5710 和 5720。

就液体与气体而言，凡是在化学上稳定的物质都可以用管道运送。故此，废水（sewage）、泥浆（slurry）、水甚至啤酒都可以用管道传送。

（一）管道运输的分类

1. 输油管道运输

长距离输油管道是连接油田、炼厂、油库或其他用油单位的长距离输送原油或成品油的管道。

原油管道的起点大多是油田，终点则可能是炼油厂，或转运原油的港口、铁路枢纽。成品油管道的起点常是炼油厂或成品油库，沿途常有较多的支线分油或集油。其终点和分油点则是转运油库或分配油库，在该处用铁路油槽车或汽车油罐车将各种型号的成品油送给城镇的加油站或用户，或用支线将油品直接送给大型用油企业。

成品油管道输送的货物除了石油炼制产品外，还包括油、气田生产的液态烃和凝析汽油等。

由于所输的油品品种繁多，成品油管道常采用顺序输送的方法，在同一管道里分批连续地顺序输送多种油品，甚至可将质地最轻的液化石油气和重质燃料油，以及它们中间油品用同一条管道输送。

输油管道也可按输油品的轻重不同,分为轻油管道和重油管道。由于轻重油品的粘度和凝固点相差较多,常需采用不同的输送方法。

2. 天然气管道运输

我国是世界上最早使用管道输送天然气的国家之一。1600 年左右,竹管输气已有很大发展。但第一条现代意义的输气管道却是 1963 年在四川建成的管径 426mm、长度 55km 的巴渝管线。从全世界来看,18 世纪以前主要是用木竹管道输送,1880 年首次出现蒸汽机驱动的压气机,19 世纪 90 年代钢管出现后,管道运输进入工业性发展阶段。到 20 世纪 80 年代,全世界的输气管道近 90 万 km。美国、西欧、加拿大及俄罗斯均建成了规模较大的输气管网甚至跨国输气管道。

3. 固体料浆管道运输

用管道输送各种固体物质的基本措施是将待输送固体物质破碎为粉粒状,再与适量的液体配置成可泵送的浆液,通过长输管道输送这些浆液到目的地后,再将固体与液体分离送给用户。目前浆液管道主要用于输送煤、铁矿石、磷矿石、铜矿石、铝钒土和石灰石等矿物,配制浆液的主要是水,还有少数采用燃料油或甲醇等液体作载体。

尽管有许多人认为管道输送固体物质是经济、可靠的方法之一,固体料浆管道的输送技术也确实有了较大的发展,但在料浆管道的优化设计与计算方法等方面还缺乏经过实践验证的、普遍适用的工艺技术。固体料浆管道的输送技术还在继续探索和发展之中。

管道运输分类具体见表 6-1。

表 6-1　管道运输分类

按物输送的物品分类		按用途分类	
类型	说明	类型	说明
输油管理	1.原油管道:主要是自油田将原油输给炼油厂或输给转运原油的港口或铁路车站,或两者兼而有之。特点是:输量大、运距长、收油点和交油点少	集输管道	指从油(气)田井口装置经集油(气)站到起点压力站的管道,主要用于收集从地层中开采出来的未经处理的原油(天然气)
	2.原品油管道:输送汽油、煤油、柴油、航空煤油和燃料油,以及从油气中分离出来的液化石油气等。特点是:批量多、交油点多		
输气管道	是输送天然气和油田伴生气的管道,包括集气管道、输气干线和供配气管道	输油(气)管道	按与油源处理站或气源压气站相互连通的管道,输送经过处理符合管道输送质量标准的油品或天然气的管道,是整个输气系统的主体部分
固体料浆管道	主要用于输送煤、铁矿石、磷矿石、铜矿石、铝矾土和石灰石等矿物,配置浆液主要用水,还有少数采用燃料油或甲醇等液体作载体	配油(气)管道	对于油品管道来说,它是指在炼油厂、油库和用户之间的管道。对于输气管道来说,是指从城市调压计量站到用户支线的管道

（二）管道运输业产业链

管道运输业产业链主要包括上游生产、中游输送及下游分销三个环节。上游生产主要包括开采、净化，某些情况下，也进一步进行压缩或液化加工；中游输送是将天然气、原油、成品油等由加工厂或净化厂送往下游分销商经营的指定输送点（一般为长距离输送）；下游分销指向终端用户提供天然气、成品油等。管道运输业产业链见图6-2。

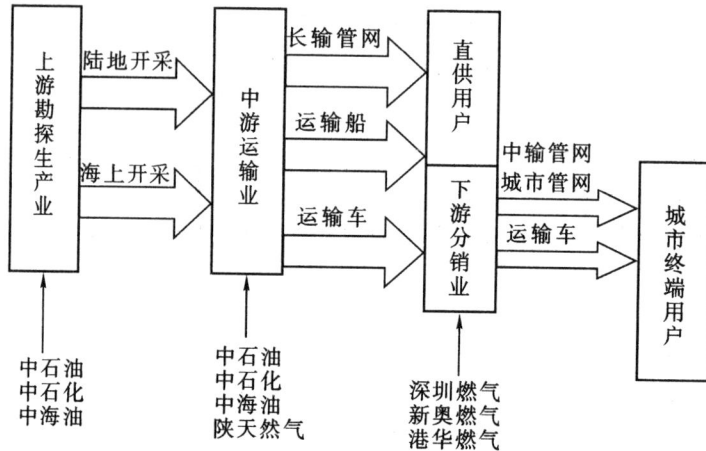

图6-2 管道运输业产业链示意图

（三）管道运输业政策环境

中国管道运输领域主要由国家发改委及各地发改委进行管理，其他政府部门包括环保、土地、安全保护等部门实行专项管理。

国家发改委负责制定中期或长期能源发展计划，制定、实施行业政策和法规，并审批相应限额的管道建设工程。根据拟建设输气管道的年输气能力、建设区域，以及投资企业性质等进行区分，分别由国家发改委或各级发改委予以核准（备案或批复）；各级发改委在核准（备案或批复）之前，将考虑相关环保部门、国土资源部门以及城市规划等部门的意见。

目前涉及管道运输业的主要政策法规如表6-2所示。

表6-2 管道运输业主要政策法规

主要政策法规	颁布单位	实施时间
中华人民共和国石油天然气管道保护法	全国人民代表大会常务委员会	2010年10月1日
危险化学品安全管理条例	国务院	2011年12月1日
"十二五"期间城镇污水处理设施配套管网建设项目资金管理办法	财政部、住房城乡建设部	2011年5月23日

目前涉及管道运输业的行业发展规划主要为《"十三五"综合交通运输体系规划》《天然气发展"十三五"规划》相关规划的主要内容如表6-3所示。

表6-3 涉及管道运输业的主要发展规划

行业规划	主要内容
《"十三五"综合交通运输体系规划》	强化油气管网互联互通。巩固和完善西北、东北、西南和海上四大油气进口通道。新建和改扩建一批原油管道,对接西北、东北、西南原油进口管道和海上原油码头。结合油源供应、炼化基地布局,完善成品油管网,逐步提高成品油管输比例。大力推动天然气主干管网、区域管网和互联互通管网建设,加快石油、成品油储备项目和天然气调峰设施建设
《天然气发展"十三五"规划》	1. 完善四大进口通道 2. 提高干线管输能力 3. 加强区域管网和互联互通管道建设

知识链接

管道运输价格的构成

我国天然气管道运输价格实行严格的政府定价,按照补偿成本获得合理利润的原则核定,实际操作中,管道运输天然气采用老线老价、新线新价的定价方法。目前,我国采用较为普遍的定价方法是两部制定价。

两部制定价,由管道预约容量费用和使用费两部分组成。根据固定成本和变动成本在容量费和使用费中的配置比例,两部制又分为完全两部制和修正两部制两种。在完全两部制中,管道运输固定成本通过容量费回收,变动成本通过使用费回收。在修正两部制中,服务总成本按一定的比例分别在容量费和使用费中分摊,或将固定成本中的某些项目,如权益资本收益和所得税计入变动成本,再分别计算容量费和使用费。

管道运输运价的两部制收费,固定成本、变动成本分别是固定费用和使用费用收取的依据。管道建设的高投入决定了管道的折旧费用远远高于管道的运营费用,在管道运输价格构成中,固定成本处于主导地位。管道运输的固定成本包括折旧费、生产员工工资及福利费、修理费、管理费用、财务费用、合理的投资回报、所得税等。变动费用包括变动的操作与维护支出、销售费用、动力费用、工艺损耗费用等。

任务二　管道运输发展的趋势及应用

管道运输的发展趋势是:管道的口径不断增大,运输能力大幅度提高;管道的运距迅速增加;运输物资由石油、天然气、化工产品等流体逐渐扩展到煤炭、矿石等非流体。

➤一、中国管道运输的发展趋势

按照国家的发展规划,未来几年内,我国将要建成纵贯南北、横跨东西的石油天然气管网,这为长输管道的建设提供了发展机遇和空间。中国管道运输的发展趋势如表6-4所示。

表 6-4 中国管道运输的发展趋势

发展趋势	相关解释	举例说明
建设大口径、高压力的大型管道	当其他条件基本相同时,随着管径增大,输油成本将降低	我国原油管道现有最大管径 720mm,国外目前输油管道最大管径为 1220mm。我国目前建设的西气东输工程的天然气管道直径达到 1016mm,而国外最大的天然气管道直径达到 1400mm 以上
采用高强度、韧性及可焊性良好的管材	随着输油管道向大口径、高压力方向发展,对管材的要求也日益提高	油气管道多采用按 API 标准划分等级的 X56、X60、X65 号钢。20 世纪 70 年代以来推出的 X70 号钢,其规定屈服限度最小值为 482MPa,具有较好的强度、韧性、可焊性,可在低温条件下使用。这种管材制造的钢管已在西气东输管道工程中采用
高度自动化	运行设备的自动化可以降低运行成本,提高经济效益	采用计算机监控与数据采集(SCADA)系统对管道全线进行统一的调度、协调和管理,已能够做到站场无人值守、全线集中控制

➤二、国外管道运输的发展趋势

在城市,配送是保证城市正常运转的重要组成部分,主要通过各类车辆实现。但是,在目前的信息化时代,这些传统的交通运输方式在工业发达的地区和一些大城市早已超过了其所能承受的最大极限,从而也给仍然依赖于传统的交通运输方式的城市物流配送体系带来很大影响。据 ADAC(全德汽车俱乐部)的资料,由交通问题导致目前德国每年的经济损失约为 1000 亿欧元。在中国,城市的交通拥堵、环境污染以及电子商务的物流瓶颈等也都是困扰大城市的首要问题。以地面车辆为主要方式的城市配送是造成城市交通拥挤和大气污染的主要根源。而且在网上购物和电子商务日益普及的今天,原始的上门配送方式无论从速度上还是形式上,都显得有些不合时宜。

发展城市地下物流以及管道运输是一个新的思路,把管道运输从今天只能配送液体、气体等物质向配送固体物质(包括日用品的运输供应和城市垃圾的外运等)延伸,把地面上以车辆配送为主要形式的物流转向地下和管道中,是一个具有划时代意义的研究与发展领域。

采用管道运输和分送固、液、气体的构想已经有几百年的历史了,现有的城市自来水、暖气、煤气、石油和天然气输送管道、排污管道可以看作管道物流的原始形式。但这些管道输送的都是连续介质,而这里所介绍的则是固体货物的输送管道,这类管道运输形式可分为气力输送管道、浆体输送管道、囊体运输管道。

(一)气力输送管道

气力管道输送是利用气体为传输介质,通过气体的高速流动来携带颗粒状或粉末状的物质。可输送的物质种类通常有煤炭和其他矿物、水泥、谷物、粉煤灰以及其他固体废物等。近年来,管道气力输送开拓了一个新的应用领域——管道废物输送,在欧洲和日本的许多大型建筑系统,都装备了这种自动化的垃圾处理管道,位于美国奥兰多的迪士尼世界乐园也采用了这种气力管道系统,用于搜集所产生的垃圾。

气力输送管道多见于港口、车站、码头和大型工厂等,用于装卸大批量的货物。美国土木工程师学会(ASCE)在报告中预测:在 21 世纪,废物的管道气力输送系统将成为许多建筑物(包括家庭、医院、公寓和办公场所等)常规管道系统的一部分,可取代卡车,将垃圾通过管道直接输送到处理厂。这种新型的垃圾输送方法有望成为一个快速增长的产业。

(二)浆体输送管道

浆体输送是将颗粒状的固体物质与液体输送介质混合,采用泵送的方法运输,并在目的地将其分离出来。输送介质通常采用清水。

浆体管道一般可分为两种类型,即粗颗粒浆体管道和细颗粒浆体管道,前者借助于液体的紊流使得较粗的固体颗粒在浆体中成悬浮状态并通过管道进行输送,而后者输送的较细颗粒一般为粉末状,有时可均匀悬浮于浆体中。和气力输送类似,粗颗粒浆体管道的能耗和对管道的磨损都较大,通常只适用于特殊材料(如卵石或混凝土)的短距离输送;而细颗粒浆体管道则相反,由于能耗低、磨损小,在运输距离超过 100km 时,其经济性也比较好。如美国的 Black Mesa 煤浆输送管道总长 438km,管道直径为 456mm,每年从亚利桑那州的一个煤矿运输 460 万吨的煤到内华达州的一个发电厂,该管道系统从 1970 年一直成功地运行到现在。

美国土木工程师学会预测,这种方法将来可应用于从自来水厂或污水处理厂向污泥处理厂或污泥填埋场输送污泥,这方面的应用虽然目前还没有,但将来可能会变得非常普遍。

(三)囊体运输管道

囊体运输管道又可分为气力囊体运输管道(PCP)和水力囊体运输管道(HCP)两类。

气力囊体运输管道利用空气作为驱动介质,囊状体作为货物的运载工具。由于空气远比水轻,囊体不可能悬浮在管道中,为了在大直径管道中运输较重的货物,必须采用带轮的运输囊体。气力囊体运输管道系统中的囊体运行速度(10m/s)远高于 HCP 系统(2m/s),所以,气力囊体运输管道系统更适合于需要快速输送的货物(如邮件或包裹、新鲜的蔬菜、水果等);而水力囊体运输管道系统在运输成本上则比气力囊体运输管道系统更有竞争力,适合于输送如固体废物等不需要即时运输的大批量货物。

目前美国在囊体管道方面的研究主要集中在利用电磁马达来驱动运输囊体。密苏里哥伦比亚大学囊体管道研究中心(CPRC)和明尼苏达大学的研究者正在研究线感电机(11M)作为囊体驱动装置;佛罗里达正在研究利用线性同步电机来驱动囊体。

学而思

中国管道运输的发展趋势和国外相同吗?

实训六　管道货物运输与环境

实训目标:

通过分析案例,充分认识管道运输与环境的联系。

实训要求:

以 6 人为小组,讨论管道运输对环境的重要性,认识管道运输与环境的联系。

资料准备:

管道运输与环境

大连中石油国际储运有限公司(以下简称国际储运公司)是中国石油大连中石油国际事业公司(80％股份)与大连港股份公司(20％股份)的合资企业,成立于 2005 年 9 月,注册资金 1 亿元人民币。国际储运公司原油罐区的日常运营、检修和维修工作由中国石油天然气股份有限公司大连石化分公司负责。国际储运公司原油罐区内建有 20 个储罐,库存能力 185 万立方米;周边还有其他单位大量原油罐区、成品油罐区和液体化工产品罐区,储存原油、成品油、苯、甲苯等危险化学品。

2010 年 7 月 16 日 18 时许,该公司位于大连保税区的原油罐区输油管道发生爆炸,造成 103 号罐和周边泵房及港区主要输油管道严重损坏并引起火灾,部分原油流入附近海域。此次事故未造成人员伤亡,但大火持续燃烧 15 个小时,事故现场设备管道损毁严重,周边海域受到污染,社会影响重大,教训极为深刻。

一般,管道运输事故对环境的污染突出表现为大气污染:含有许多有害成分,如一氧化碳、未完全燃烧的碳氢化合物、氮氢化合物、铅氧化和浮游性尘埃等,它们是大气污染的主要来源。另外,还有水污染,它直接影响到河流、海洋的水质,会对人们的生产生活、动物的活动等产生负面的影响。

目前有专家认为物流污染也应计入物流成本当中,作为物流主要功能的运输所造成的污染,也同样应该计入运输成本中。那就是说,应把运输对环境污染所引起的环境治理费用,计算到运输成本中去。比如大气、水体所受到的污染,这种污染通常会造成灾难性的后果,而为了治理这些污染带来的环境影响,通常要耗费大量的资源,造成巨大的社会成本。

管道运输对环境带来的污染会对人们的生活环境和身体健康带来负面影响,而且这种污染将会随着物流业的蓬勃发展有加强的趋势。因此,我国在发展物流之初一定要注重环境保护,这样才不会再度出现"先污染,再治理"的恶性循环,才不会造成巨大的社会成本浪费。

项目小结

1.管道运输是国际货物运输方式之一,是随着石油生产的发展而产生的一种特殊运输方式。其具有运量大、不受气候和地面其他因素限制、可连续作业以及成本低等优点。随着石油、天然气生产和消费速度的增长,管道运输发展步伐不断加快。

2.管道运输是用管道作为运输工具的一种长距离输送液体和气体物资的运输方式,是一种专门由生产地向市场输送石油、煤和化学产品的运输方式,是统一运输网中干线运输的特殊组成部分。管道运输石油产品比水运费用高,但仍然比铁路运输便宜。大部分管道都是被其所有者用来运输自有产品。

管道运输目前已成为陆地上油、气的主要运输方式。根据《国民经济行业分类(GB/T 4754—2017)》,管道运输业四级统计代码是 5710 和 5720。

3.管道运输的方式:输油管道运输、天然气管道运输、固体料浆管道运输。

4.管道运输的发展趋势是:管道的口径不断增大,运输能力大幅度提高;管道的运距迅速增加;运输物资由石油、天然气、化工产品等流体逐渐扩展到煤炭、矿石等非流体。

思考与练习

1.简述管道运输的概念和特点。

2.管道运输的方式有哪些?

3.简述管道运输的发展趋势。

项目七
集装箱运输实务

学习目标

知识目标：

了解集装箱运输的概念和功能；

理解集装箱运输的特征和功能；

掌握集装箱运输作业的流程；

掌握集装箱运费的计算方法。

技能目标：

能熟练掌握集装箱作业流程并应用。

案例导入

集装箱装载服装货损谁之过？

2004 年 2 月，中国服装进出口公司委托远东贸易运输公司（简称 E 公司）办理 600 只纸箱的男士服装出口手续。E 公司将货装上 MSC（地中海航运有限公司）所属的"红海"轮，并签发了远东贸易运输公司的联运提单，提单上标明货物数量 600 只纸箱，分装 6 只 40 英尺集装箱。2004 年 2 月 27 日，该轮抵达目的港日本神户，同日，集装箱驳卸到岸。2004 年 3 月 4 日，日方收货人，Fast Co,. Ltd 在港口开箱，由日本诚信公司出具的"拆箱报告"称，箱号为 MSCU3784217 的集装箱中，有 15 只纸箱严重湿损，30 只纸箱轻微湿损。2004 年 3 月 6 日，6 只集装箱由卡车运至东京某仓库，同日由新日本商检协会检验。该协会于同月 11 日出具商检报告称：51 只纸箱有不同程度的湿损，将湿损衣物的残值冲抵后，实际货损约为 32000 美元，湿损系集装箱里档左侧顶部破损所致。在东京进行货损检验时，商检协会曾邀 MSC 派人共同勘察，但 MSC 以"出港后检验无意义"为由拒绝。

Fast Co,. Ltd 依据商检报告从货物保险公司得到赔偿，随后保险公司取得代位求偿权，先后通过其在香港、北京的代理人与 E 公司联系，而 E 公司未提出赔偿处理意见。2004 年 9 月 25 日，保险公司将 E 公司和实际承运人 MSC 为被告，向上海海事法院提起诉讼。保险公司诉称：作为全程承运人的 E 公司，尽管 MSC 因过错造成其承运的集装箱内服装湿损，并发生在承运人的责任期间。但根据 E 公司签发的清洁提单，请求判令两被告赔偿损失 32000 美元及利息，并承担律师费、诉讼费等。

E 公司称：服装是由实际承运人 MSC 承运，货损的原因是集装箱有裂痕，雨水进入箱内造成服装损坏。根据 E 公司与 MSC 的集装箱运输协议规定："MSC 应提供清洁、干燥、无味、完好无损的集装箱……如铅封脱落或箱体破损，集装箱内货物发生损坏，则由 E 承担一切责任。"因此,E 应对货损承担全部责任。MSC 辩称:在正常情况下,E 所属船舶,由 E 船代公司签发提单,E 公司在没拿到场站收据及在未经授权条件下签发提单,应由 E 公司承担其后果和责任。

两被告在诉讼中均提出:"红海"轮抵神户港卸货,前后共 7 天,日方商检是在东京进行,即使集装箱有裂痕漏水,也不可能在短时间内造成箱内有良好包装的衣服损坏到如此程度。故要求原告进一步举证采取减少货损的合理措施。如果赔付,要求根据 MSC 提单条款,享受提单责任限制。

上海海事法院认为:根据两被告签订的集装箱运输协议"若造成对货方的损害,先对外赔偿,后再内部分担责任",两被告对纸箱服装的湿损有责任牵连。但 Fast Co,. Ltd 与 MSC 在开箱交货时交割不清,聘请的商检又在港口外进行,故原先对货损索赔及所损害的确切数额的请求举证不力。

上海海事法院在查明事实、分清责任的基础上主持调解。2004 年 10 月 28 日,三方达成协议:

①被告 E 公司和 MSC 根据损害事实及提单条款规定,赔付原告 32000 美元(其中 3000 美元为原告诉讼费补偿);②赔偿由契约承运人 E 公司先行给付,再与实际承运人 MSC 自行协商解决;③本案受理费 3000 美元由原告保险公司负担。

学而思

本案中,造成集装箱产生裂痕的过错方是谁?

任务一 集装箱运输概述

▶一、集装箱运输的起源与发展

集装箱外形的构思最早起源于卡车的车斗。很早以前,在运输过程中有时会发生卡车运输的货物,需通过渡轮或一段火车运输的过渡。为减少货物装上、卸下的工作量,偶尔会有人将整个卡车车厢吊上渡船或火车,到达目的地后再将整个卡车车厢吊到卡车底盘上。这就给了人们一种"集装箱运输方式"的启示。

集装箱运输虽然是一种现代化的运输方式,但其发展却经历了漫长的过程。集装箱运输的发展可分为以下几个阶段。

(一)初始阶段

集装箱运输发展的初始阶段为 19 世纪初至 1966 年。集装箱运输起源于英国,早在 1801年,英国的詹姆斯·安德森博士已提出将货物装入集装箱进行运输的构想。1845 年英国铁路曾使用载货车厢互相交换的方式,视车厢为集装箱,使集装箱运输的构想得到初步应用。19世纪中叶,在英国的兰开夏已出现运输棉纱、棉布的一种带活动框架的载货工具,这是集装箱的雏形。正式使用集装箱来运输货物是在 20 世纪初期。1900 年,在英国铁路上首次试行了集装箱运输,后来相继传到美国(1917 年)、德国(1920 年)、法国(1928 年)及其他欧美国家。1966 年以前,虽然集装箱运输取得了一定的发展,但在该阶段集装箱运输仅限于欧美一些先进国家,主要从事铁路、公路运输和国内沿海运输;船型以改装的半集装箱船为主,其典型船舶的装载量不过 500TEU(20ft 集装箱换算单位,简称"换算箱")左右,速度也较慢;箱型主要采用断面为 8ft×8ft,长度分别为 24ft、27ft、35ft 的非标准集装箱,部分使用了长度为 20ft 和 40ft 的标准集装箱;箱的材质开始以钢质为主,到后期铝质箱开始出现;船舶装卸以船用装卸桥为主,只有极少数专用码头上有岸边装卸桥;码头装卸工艺主要采用海陆联运公司开创的底盘车方式,跨运车刚刚出现;集装箱运输的经营方式是仅提供港到港的服务。

(二)发展阶段

自 1966 年至 1983 年,集装箱运输的优越性越来越被人们承认,以海上运输为主导的国际集装箱运输发展迅速,世界交通运输进入集装箱化时代的关键时期。1970 年约有 23 万 TEU,1983 年达到 208 万 TEU。集装箱船舶的行踪已遍布全球范围。随着海上集装箱运输的发展,各港纷纷建设专用集装箱泊位,世界集装箱专用泊位到 1983 年已增至 983 个。世界主要港口的集装箱吞吐量在 20 世纪 70 年代的年增长率达到 15%。专用泊位的前沿均装备了装卸桥,并在鹿特丹港的集装箱码头上出现了第二代集装箱装卸桥,每小时可装卸 50TEU。码头堆场上轮胎式龙门起重机、跨运车等机械得到了普遍应用,底盘车工艺则逐渐趋于没落。在此时期,传统的件杂货运输管理方法得到了全面改革,与先进运输方式相适应的管理体系逐步形成,电子计算机也得到了更广泛的应用,尤其是 1980 年 5 月在日内瓦召开了有 84 个贸发会议成员国参加的国际多式联运会议,通过了《联合国国际货物多式联运公约》。该公约对国际货物多式联运的定义、多式联运单证的内容、多式联运经营人的赔偿责任等问题均有所规定。公约虽未生效,但其主要内容已为许多国家所援引和应用。虽然在 20 世纪 70 年代中期,由于石油危机的影响,集装箱运输发展速度减慢,但是许多新工艺、新机械、新箱型、新船型以及现代化管理,都是在这一阶段涌现出来的,世界集装箱向多式联运方向发展也孕育于此阶段之中,故可称之为集装箱运输的发展阶段。

(三)成熟阶段

1984 年以后,世界航运市场摆脱了石油危机所带来的影响,开始走出低谷,集装箱运输又重新走上稳定发展的道路。有资料显示,发达国家件杂货运输的集装箱化程度已超过 80%。据统计,到 1998 年,世界上约有各类集装箱船舶 6800 多艘,总载箱量达 579 万 TEU。集装箱运输已遍及世界上所有的海运国家,集装箱运输进入成熟阶段。世界海运货物的集装箱化已成为不可阻挡的发展趋势。集装箱运输进入成熟阶段的特征主要表现在以下两个方面:①硬件与软件的成套技术趋于完善。干线全集装箱船向全自动化、大型化发展,出现了 2500~4000TEU 的第三代和第四代集装箱船。一些大航运公司纷纷使用大型船舶组织环球航线。为了适应大型船停泊和装卸作业的需要,港口大型、高速、自动化装卸桥也得到了进一步发展。为了使集装箱从港口向内陆延伸,一些先进国家对内陆集疏运的公路、铁路和中转场站以及车辆、船舶进行了大量的配套建设。在运输管理方面,随着国际法规的日益完善和国际管理的逐步形成,实现了管理方法的科学化,管理手段的现代化。一些先进国家已从原仅限于港区管理发展为与口岸相关各部门联网的综合信息管理,一些大公司已能通过通信卫星在全世界范围内对集装箱实行跟踪管理。先进国家的集装箱运输成套技术为发展多式联运打下了良好的基础。②开始进入多式联运和"门到门"运输阶段。实现多种运输方式的联合运输是现代交通运输的发展方向,集装箱运输在这方面具有独特优势。先进国家由于建立和完善了集装箱的综合运输系统,使集装箱运输突破了传统运输方式的"港到港"概念,综合利用各种运输方式的优点,为货主提供"门到门"的优质运输服务,从而使集装箱运输的优势得到充分发挥。"门到门"运输是一项复杂的国际性综合运输系统工程,先进国家为了发展集装箱运输,将此作为专门学科,培养了大批集装箱运输高级管理人员、业务人员及操作人员,使集装箱运输在理论和实务方面都得到逐步完善。

➤ 二、集装箱运输的概念

集装箱(container)是我国大陆的称谓,在中国香港称为"货箱",在中国台湾称做"货柜"。关于它的定义,在各国的国家标准、各种国际公约和文件中,都有具体规定,其内容不尽一致。不同的定义在处理业务问题时,可能有不同的解释,这里不一一叙述。下面仅列举国际标准化组织(ISO)与有关国际公约中集装箱的定义。

(一)国际标准化组织关于集装箱的定义

1968 年,国际标准化组织(ISO)第 104 技术委员会起草的国际标准《集装箱术语》(ISO/R830—1968)中,对集装箱已下了定义。该标准后来又作了多次修改。国际标准《集装箱名词术语》(ISO—830—1981)中,对集装箱定义如下:"集装箱是一种运输设备:①具有足够的强度,可长期反复使用;②适于一种或多种运输方式的运送,途中转运时箱内货物不需换装;③具有快速装卸和搬运的装置,特别便于从一种运输方式转移到另一种运输方式;④便于货物装满和卸空;⑤具有 $1m^3$ 及 $1m^3$ 以上的容积。集装箱这一术语,不包括车辆和一般包装。"

目前,许多国家制订标准,如日本工业标准《国际大型集装箱术语说明》(JISZ 1613—72)、法国国家标准《集装箱的术语》(NFH90—001—70)和我国国家标准《集装箱名词术语》(GB 1992—85)都引用了这一定义。

(二)集装箱海关公约关于集装箱的定义

1972 年制订的《集装箱海关公约》(CCC)中,对集装箱作了如下定义:"集装箱一词是指一种运输装备(货箱、可移动货罐或其他类似结构物):①全部或部分封闭而构成装载货物的空间;②具有耐久性,因而其坚固程度能适合于重复使用;③经专门设计,便于以一种或多种运输方式运输货物,无须中途换装;④其设计便于操作,特别是在改变运输方式时便于操作;⑤其设计便于装满和卸空;⑥内部容积在 $1m^3$ 或 $1m^3$ 以上。集装箱一词不包括车辆、车辆附件和备件或包装。"

该定义与国际标准化组织的定义有如下几点不同:具体指出了集装箱是货箱、可移动货罐及其他类似结构物;增加了一条"全部或部分封闭而构成装载货物的空间"作为主要条件之一;把国际标准化组织定义中"集装箱这一术语含义不包括车辆和一般包装"一句改为"集装箱应包括有关型号集装箱所适用的附件和设备,而不包括车辆、车辆附件和备件或包装"。

(三)国际集装箱安全公约关于集装箱的定义

国际集装箱安全公约(CSC)第 2 条,对集装箱作了如下定义:"集装箱是指一种运输装备:①具有耐久性,因而其坚固程度足能适合重复使用;②经专门设计,便于以一种或多种运输方式运输货物而无须中途换装;③为了坚固和(或)便于装卸,设有角件;④四个外底角所围闭的面积应为下列两者之一:至少为 $14m^2$(150 ft²),如顶部装有角件,则至少为 $7 m^2$(75 ft²)。集装箱一词不包括车辆及包装,但集装箱在底盘车上运送时,则底盘车包括在内。"

该定义与国际标准化组织的定义有如下不同:把国际标准化组织定义中的"具有快速装卸

和搬运的装置,特别便于从一种运输方式转移到另一种运输方式"一句,改为"为了紧固和(或)便于装卸,设有角件",从而明确了该"装置"是指角件;省略了国际标准化组织定义中"便于货物装满和卸空"一句;把"具有 1 m³ 及 1 m³ 以上的容积"改为"四个外底角所围闭的面积至少为 14 m²;如顶部装有角件,则至少为 7 m²"。这就把原来规定的集装箱应具有一定的内容积,改为具有一定尺寸的底面积了,无形中就打破了集装箱是一种"容器"的概念,从而奠定了后来把平台集装箱也包括在集装箱中的基础。这一变化可以说是一个重大的突破。

综上,"集装箱运输"是指货物装在集装箱内进行运送的运输方式。它冲破了过去交通运输中的一切陈旧的规章制度和管理体制,形成了一套独立的规章制度和管理体制,是最先进的现代化运输方式。它具有"安全、迅速、简便、价廉"的特点,有利于减少运输环节,可以通过综合利用铁路、公路、水路和航空等各种运输方式,进行多式联运,实现"门到门"运输。所以集装箱运输一出现,就深受各方面的欢迎,显示出其强大的生命力和广阔的发展前景。见图 7 - 1。

图 7 - 1　集装箱运输

➢三、集装箱运输的特点与优越性

(一)高效率

由于货物的标准化和装卸机械、运输工具的专业化和大型化,使集装箱运输成为一种高效率的运输方式。具体表现在:①装卸效率高,运输工具利用率高。由于装卸效率提高,各种运输工具在港站停留时间大大缩短,使运输工具每个航次中航行时间与航次总时间的比值明显增大,大大提高了运输工具的使用率。②资金周转率高。由于货物装卸效率提高,货物在港站停留的时间减少,加上集装箱货物在运输过程(特别是长距离运输)中普遍采用大批量高速的运输组织方式和简化的行政手续,使货物的运达速度比传统的零担运输明显缩短。这样可以缩短买方货物占用资金的周期。而对于卖方来说,由于集装箱货物交接地点已从港口、车站交接转变为内陆地区以至"门到门"交接,卖方可以在交货后即可取得运输单据,使结汇时间提前。因此对买卖双方来讲,由于货物运输而占用的流动资金周转率都有较明显的提高。③节省包装运杂等的费用。由于集装箱本身是一种具有较高强度的容器,在运输途中可以起到保护货物的作用,货物使用集装箱运输时,可以简化运输包装,节省包装费用。在集装箱运输过程中各港口、车站对装卸费、中转费大都采用优惠价格,加之可以减少运输途中由于换装而引起的理货和办理海关手续次数,因而采用集装箱运输可以减少运杂费用。④提高库场使用率。由于集装箱的强度远远大于货物运输包装的强度,集装箱货物在库场中堆码时,最多可达四层,因而可以大大减少货物堆码占用的面积,提高库场利用率。

(二)高质量

集装箱运输具有高质量的特点,具体表现在:①集装箱运输是以箱为运输单元的,其装卸、换装、运输暂存过程中都是以箱为单位整体进行的,加之在运输过程中,货物都是装在箱内且箱子又有较高强度和较好的封闭性,货物装载又有较高要求,因此使用集装箱运输货物,可以减少全程运输过程中,由于各种原因引起的货损、货差、被盗、丢失的可能性。②货物运达速度快。③为了保证集装箱运输的高效率,货物全程运输所涉及的各环节(托运、装卸、通关等)都简化了手续,大大方便和简化了货主办理单据和各种财务及行政手续。

(三)高密集

集装箱运输中的集装箱,各类运输工具的现代化,各种港站设施、机械设备及整个集疏运系统都需要投入大量的资金。随着运输工具的现代化、大型化、装卸机械的大型化、专业化和管理的现代化,集装箱运输需要的人力资源将会进一步减少,但对人员素质要求更高。

(四)标准化

集装箱运输要求标准化,具体表现在:箱型的标准化及货物装在箱内运输带来的货物重量和外形尺度的标准化;各种运输方式中运输工具的专业化和标准化;各类港、站设施的专业化和结构、布局及设计要求的标准化;各类装卸、搬运机械设备的标准化;运输管理组织、运输装卸技术工艺标准化;运输法规、运输单据的统一化、标准化等。

➤四、集装箱运输的基础知识

(一)集装箱的规格

国际上通常使用的干货柜(DRYCONTAINER)有:

外尺寸为 20 英尺×8 英尺×8 英尺,简称 20 尺货柜;40 英尺×8 英尺×8 英尺,简称 40 尺货柜;40 英尺×8 英尺×9 英尺,简称 40 尺高柜。

20 尺柜:内容积为 5.69 米×2.13 米×2.18 米,配货毛重一般为 17.5 吨,体积为 24～26 立方米;

40 尺柜:内容积为 11.8 米×2.13 米×2.18 米,配货毛重一般为 22 吨,体积为 54 立方米;

40 尺高柜:内容积为 11.8 米×2.13 米×2.72 米,配货毛重一般为 22 吨,体积为 68 立方米;

45 尺高柜:内容积为 13.58 米×2.34 米×2.71 米,配货毛重一般为 29 吨,体积为 86 立方米;

20 尺开顶柜:内容积为 5.89 米×2.32 米×2.31 米,配货毛重 20 吨,体积 31.5 立方米;

40 尺开顶柜:内容积为 12.01 米×2.33 米×2.15 米,配货毛重 30.4 吨,体积 65 立方米;

20 尺平底货柜:内容积 5.85 米×2.23 米×2.15 米,配货毛重 23 吨,体积 28 立方米;

40 尺平底货柜:内容积 12.05 米×2.12 米×1.96 米,配货毛重 36 吨,体积 50 立方米。

各种集装箱尺寸及装载重量见表 7-1。

表 7-1 集装箱的规格及装载量

		干货集装箱								散货集装箱			冷藏集装箱			
		20 英尺			40 英尺					20 英尺			20 英尺			40 英尺
		钢质	钢质高柜	铝质	钢质	钢质高柜	玻璃钢质	铝质	铝质高柜	钢质	钢质高柜	玻璃钢质	铝质	铝质高柜	玻璃钢质	铝质
外尺寸	长(mm)	6058	6058	6058	12192	12192	12192	12192	12192	6058	6058	6058	6058	6058	6058	12192
	宽(mm)	2438	2438	2438	2438	2438	2438	2438	2438	2438	2438	2438	2438	2438	2438	2438
	高(mm)	2438	2591	2591	2591	2896	2591	2591	2896	2438	2591	2438	2438	2591	2591	2591
内尺寸	长(mm)	5917	5902	5925	12050	12034	11977	12045	12060	5887	5824	5892	5477	5360	5085	11398
	宽(mm)	2336	2338	2344	2343	2345	2273	2350	2343	2330	2335	2333	2251	2242	2236	2256
	高(mm)	2249	2376	2391	2386	2677	2300	2377	2690	2159	2375	2202	2099	2148	2220	2113
内容积(m²)		31	32.84	33.1	67.4	75.9	61.3	67.4	76	29.6	32.3	30.3	25.9	25.51	25.1	52.04
总重(kg)		24000	22396	21372	30480	30480	30480	30373	30480	20320	24386	20320	20320	21241	24384	30848
自重(kg)		1860	2275	1794	3100	4080	4763	2981	3000	2530	2351	2450	2520	3004	3372	4519
载重(kg)		22140	20121	19578	27380	26400	25717	27392	27480	17790	22035	17870	17800	18237	21012	26329

(二)集装箱的种类

1.按用途分类

随着集装箱运输的发展,为适应装载不同种类货物的需要,因而出现了不同种类的集装箱。这些集装箱不仅外观不同,而且结构、强度、尺寸等也不相同。根据集装箱的用途不同,可将集装箱分为以下几种:

(1)干货集装箱(dry cargo container)。

干货集装箱,也称杂货集装箱,这是一种通用集装箱,用以装载除液体货、需要调节温度货物及特种货物以外的一般件杂货。这种集装箱使用范围极广,常用的有 20ft 和 40ft 两种,其结构特点是常为封闭式,一般在一端或侧面设有箱门。见图 7-2。

(2)开顶集装箱(open top container)。

开顶集装箱,也称敞顶集装箱,这是一种没有刚性箱顶的集装箱,但有可折式顶梁支撑的帆布、塑料布或涂塑布制成

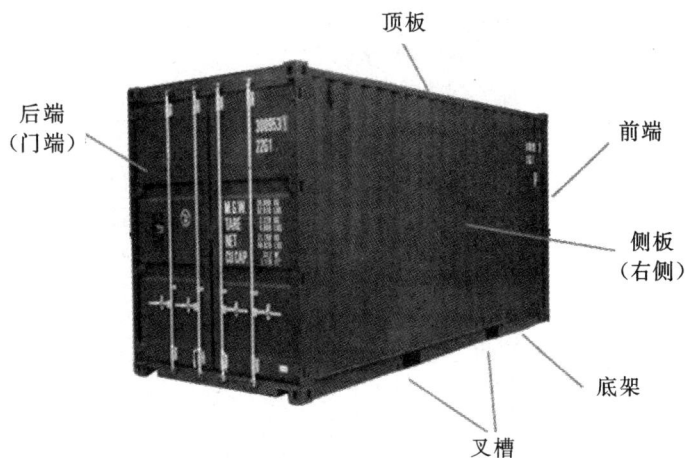

图 7-2 干货集装箱

(顶板、前端、后端(门端)、侧板(右侧)、底架、叉槽)

的顶篷,其他构件与干货集装箱类似。开顶集装箱适于装载较高的大型货物和需吊装的重货。见图7-3。

图7-3 开顶集装箱

(3)台架式及平台式集装箱(platform based container)。

台架式集装箱是没有箱顶和侧壁,甚至有的连端壁也去掉而只有底板和四个角柱的集装箱。它们的主要特点是:为了保持其纵向强度,箱底较厚。箱底的强度比普通集装箱大,而其内部高度则比一般集装箱低。在下侧梁和角柱上设有系环,可把装载的货物系紧。台架式集装箱没有水密性,怕水湿的货物不能装运,适合装载形状不一的货物。台架式集装箱可分为:敞侧台架式、全骨架台架式、有完整固定端壁的台架式、无端仅有固定角柱和底板的台架式集装箱等。平台式集装箱是仅有底板而无上部结构的一种集装箱。该集装箱装卸作业方便,适于装载长、重大件。见图7-4。

图7-4 台架式及平台式集装箱

(4)通风集装箱(ventilated container)。

通风集装箱一般在侧壁或端壁上设有通风孔,适于装载不需要冷冻而需通风、防止汗湿的货物,如水果、蔬菜等。如将通风孔关闭,可作为杂货集装箱使用。见图7-5。

图7-5 通风集装箱

(5)冷藏集装箱(reefer container)。

冷藏集装箱是专为运输要求保持一定温度的冷冻货或低温货而设计的集装箱。它分为带有冷冻机的内藏式机械冷藏集装箱和没有冷冻机的外置式机械冷藏集装箱。它适用装载肉类、水果等货物。冷藏集装箱造价较高,营运费用较高,使用中应注意冷冻装置的技术状态及箱内货物所需的温度。

图7-6 冷藏集装箱

(6)散货集装箱(bulk container)。

散货集装箱除了有箱门外,在箱顶部还设有2~3个装货口,适用于装载粉状或粒状货物。使用时要注意保持箱内清洁干净,两侧保持光滑,便于货物从箱门卸货。见图7-7。

图 7 - 7 散货集装箱

(7)动物集装箱(pen container)。

这是一种专供装运牲畜的集装箱。为了实现良好的通风,箱壁用金属丝网制造,侧壁下方设有清扫口和排水口,并设有喂食装置。见图 7 - 8。

图 7 - 8 动物集装箱

(8)罐式集装箱(tank container)。

这是一种专供装运液体货而设置的集装箱,如酒类、油类及液状化工品等货物。它由罐体和箱体框架两部分组成,装货时货物由罐顶部装货孔进入,卸货时,则由排货孔流出或从顶部装货孔吸出。见图 7 - 9。

图 7-9　罐式集装箱

（9）汽车集装箱（car container）。

这是专为装运小型轿车而设计制造的集装箱。其结构特点是无侧壁,仅设有框架和箱底,可装载一层或两层小轿车。见图 7-10。

图 7-10　汽车集装箱

2.按主体材料分类

由于集装箱在运输途中常受各种力的作用和环境的影响,因此集装箱的制造材料要有足够的刚度和强度,应尽量采用质量轻、强度高、耐用、维修保养费用低的材料,并且材料既要价格低廉,又要便于取得。

目前,世界上广泛使用的集装箱按其主体材料分为以下几种:

（1）钢制集装箱。

钢制集装箱框架和箱壁板皆用钢材制成。其最大优点是强度高、结构牢、焊接性和水密性好、价格低、易修理、不易损坏,主要缺点是自重大、抗腐蚀性差。

（2）铝制集装箱。

铝制集装箱有两种:一种为钢架铝板;另一种仅框架两端用钢材,其余用铝材。其主要优点是自重轻、不生锈、外表美观、弹性好、不易变形，主要缺点是造价高，受碰撞时易损坏。

（3）不锈钢制集装箱。

一般多用不锈钢制作罐式集装箱。不锈钢制集装箱主要优点是强度高、不生锈、耐腐性好，缺点是投资大。

（4）玻璃钢制集装箱。

玻璃钢集装箱是在钢制框架上装上玻璃钢复合板构成的。其主要优点是隔热性、防腐性和耐化学性均较好，强度大，能承受较大应力，易清扫，修理简便，集装箱内容积较大等；主要缺点是自重较大，造价较高。

（三）集装箱的分类标准

集装箱标准按运用规模分，有国际标准、国家标准、区域标准和公司标准四种。

1.国际标准集装箱

国际标准集装箱是指根据国际标准化组织（ISO）第 104 技术委员会拟定的国际标准来创造和运用的国际通用的标准集装箱。

集装箱标准化历经了一个发展过程。国际标准化组织 ISO/TC104 技术委员会自 1961 年建立以来，对集装箱国际标准作过多次抵偿、增减和批改，现行的国际标准为第 1 系列共 13 种，其宽度均一样（2438mm），长度有四种（12192mm、9125mm、6058mm、2991mm），高度有四种（2896mm、2591mm、2438mm、2438mm）。

2.国家标准集装箱

国家标准集装箱是各国政府参照国际标准并思考本国的具体情况，而拟定本国的集装箱标准。我国现行国家标准《集装箱外部标准和额定重量》（GB1413—85）中规定了集装箱各种类型的外部标准、极限过错及额定重量。

3.区域标准集装箱

此类集装箱标准，是由区域组织根据该区域的特殊情况拟定的，此类集装箱仅适用于该区域。如根据欧洲国际铁路联盟（VIC）所拟定的集装箱标准而创造的集装箱。

4.公司标准集装箱

某些大型集装箱船公司是根据本公司的具体情况和条件而制订的集装箱船公司标准，这类箱主要在该公司运输范围内使用。如美国海陆公司的 35ft 集装箱。

此外，目前世界还有不少非标准集装箱。如非标准长度集装箱有美国海陆公司的 35ft 集装箱、总统轮船公司的 45ft 及 48ft 集装箱；非标准高度集装箱，主要有 9ft 和 9.5ft 两种高度集装箱；非标准宽度集装箱有 8.2ft 宽度集装箱等。

（四）集装箱运输系统

集装箱运输系统的基本构成要素如下。

1.适箱货源

不是所有的货物都适合于集装箱运输。从是否适用于集装箱运输的角度，货物可分成 4 类：物理与化学属性适合于通过集装箱进行运输，且货物本身价值高，对运费的承受能力大的货物；物理与化学属性适合于通过集装箱进行运输，货物本身价值较高，对运费的承受能力较大的货物；物理与化学属性上可以装箱，但货物本身价值较低，对运费的承受能力较差的货物；物理与化学属性不适于装箱，或者对运费的承受能力很差，从经济上看不适于通过集装箱运输的货物。

以上第一种货物称为"最佳装箱货",第二种货物称为"适于装箱货",第三种货物称为"可装箱但不经济的装箱货",第四种货物称为"不适于装箱货"。集装箱运输所指的适箱货源,主要是前两类货物。对于适箱货源,采用集装箱方式运输是有利的。

2.标准集装箱

前面介绍了国际标准集装箱的含义。除了国际标准集装箱外,各国还有一些国内和地区标准集装箱,如我国国家标准中,就有两种适于国内使用的标准集装箱(5D与10D)。

3.集装箱船舶

集装箱船舶经历了一个由非专业到专业转化的过程。最早的集装箱船舶是件杂货与集装箱混装的,没有专门的装载集装箱的结构。发展到现在,在国际海上集装箱运输使用的集装箱船舶,均已专业化,而且船型越来越大。内河运输的集装箱船,大多是由原来的驳船改造的。

4.集装箱码头

与集装箱水路运输密切相关的是集装箱港口码头。集装箱水路运输的两端必须有码头,以便装船与卸船。早期的集装箱码头也与件杂货码头交叉使用,是在件杂货码头的原有基础上配备少量用于装卸集装箱的机械,用于处理混装的件杂货船舶上的少量集装箱。这类码头目前在我国一些中、小型的沿海港口和内河港口还经常可以看到。现代化的集装箱码头已高度专业化,码头前沿岸机械配置、场地机械配置、堆场结构与装卸工艺配置均完全与装卸集装箱配套。

5.集装箱货运站(CFS)

集装箱货运站在整个集装箱运输系统中发挥了"承上启下"的重要作用,是一个必不可少的基本要素。集装箱货运站按其所处的地理位置和不同的职能,可分为设在集装箱码头内的货运站、设在集装箱码头附近的货运站和内陆货运站三种。集装箱货运站的主要职能与任务是集装箱货物承运、验收、保管与交付;拼箱货的装箱和拆箱作业;整箱货的中转;实箱和空箱的堆存和保管;票据单证的处理;运费、堆存费的结算等。

6.集装箱卡车

集装箱卡车主要用于集装箱公路长途运输、陆上各结点(如码头与码头、码头与集装箱货运站、码头与铁路办理站)之间的短驳以及集装箱的"末端运输"(将集装箱交至客户手中)。

7.集装箱铁路专用车

集装箱铁路专用车主要用于铁路集装箱运输,即主要用于集装箱的陆上中、长距离运输和所谓的"陆桥运输"。

(五)集装箱运输系统的子系统

集装箱运输的各个"基本要素",以各种不同的方式组合起来,大致可以组成以下子系统。

1.集装箱水路运输子系统

集装箱船舶、集装箱码头与集装箱货运站等基本要素,可组合成集装箱水路运输子系统。集装箱水路运输子系统完成集装箱的远洋运输、沿海运输和内河运输,是承担运量最大的一个子系统。集装箱水路运输子系统由集装箱航运系统和集装箱码头装卸系统两个次级系统组成。

2.集装箱铁路运输子系统

集装箱铁路专用车、集装箱铁路办理站与铁路运输线等组成了集装箱铁路运输子系统。

它是集装箱多式联运的重要组成部分。随着"陆桥运输"的起始与发展,集装箱铁路运输子系统在整个集装箱多式联运中起着越来越重要的作用。

3.集装箱公路运输子系统

集装箱卡车、集装箱公路中转站与公路网络构成了集装箱公路运输子系统。集装箱公路运输子系统在集装箱多式联运过程中,完成短驳、串联和"末端运输"的任务。在不同国家和地区,由于地理环境、道路基础设施条件的不同,集装箱公路运输子系统处于不同的地位,发挥着不同的作用。

4.集装箱航空运输子系统

在相当长一段时期内,由于航空运输价格昂贵、运量小,集装箱的航空运输占的份额很小。近年来,随着世界经济整体的增长,航空运输速度快、对需求响应及时、可缩短资金占用时间等优越性逐渐显现出来。航空集装箱运输子系统的地位正在逐渐提高。

(六)集装箱运输系统的主要关系人

1.**集装箱堆场**(cntryard, CY)

集装箱堆场仅指集装箱码头里的堆场,不可指其他地方的集装箱堆场。

2.DR(door)

DR指shipper或CNEE(consignee)的工厂或仓库(warehouse,W/H)的大门。注:有时将door写作house。

3.**集装箱货运站**(cntr freight station, CFS)

集装箱货运站又叫拼装货站或中转站,主要为拼箱货(LCL)服务,它是LCL办理交接的地方。其主要职能为:对出口货,从发货人处接货,把流向一致的货拼装在柜中;对进口柜,负责拆柜并交货给收货人。大多集装箱货运站设在港口内或港区附近,少数设于内陆,称为内陆货站(InlandDepot)。

除以上3个外,集装箱运输系统的关系人还有班轮公司(Liner,实为actual carrier)、无船承运人(或译为无船承运业务经营者)(non-vessel operating common carrier,NVOCC)、集装箱出租公司(cntr leasing Co.)、船代公司(ocean shipping agency Co.)、货代公司(freight for-warder、forwarding agent)、外轮理货公(tallying Co.)、全程联运保赔协会(P&I)、一关三检、功率铁路承运人等。

任务二　集装箱运输作业

➤一、集装箱运输系统中的货物装箱方式

根据集装箱货物装箱数量和方式,集装箱货物装箱方式可分为整箱和拼箱两种。

(一)整箱(full container load,FCL)

整箱是指货主自行将货物装满整箱以后,以箱为单位托运的集装箱。这种情况通常在货主有足够货源装载一个或数个整箱时采用,除有些大的货主自己置备有集装箱外,一般都是向承运人或集装箱租赁公司租用一定的集装箱。空箱运到工厂或仓库后,在海关人员的监管下,货主把货装入箱内、加锁、铝封后交承运人并取得站场收据,最后凭收据换取提单或运单。

（二）拼箱（less than container load,LCL）

承运人（或代理人）接受货主托运的数量不足整箱的小票货运后,根据货类性质和目的地进行分类整理,把去同一目的地的货,集中到一定数量拼装入箱。由于一个箱内有不同货主的货拼装在一起,所以叫拼箱。这种情况在货主托运数量不足装满整箱时采用。拼箱货的分类、整理、集中、装箱(拆箱)、交货等工作均在承运人码头集装箱货运站或内陆集装箱转运站进行。

二、集装箱运输系统中的货物交接方式

集装箱运输系统中的货物交接方式有不同的分类,主要有如下几个方面分类。

（一）按装箱方式分类

如上所述,集装箱货运分为整箱和拼箱两种,因此在交接方式上也有所不同,纵观当前国际上的做法,大致有以下四类。

1.整箱交,整箱接（FCL/FCL）

货主在工厂或仓库把装满货后的整箱交给承运人,收货人在目的地以同样整箱接货,换言之,承运人以整箱为单位负责交接。货物的装箱和拆箱均由货主负责。

2.拼箱交、拆箱接（LCL/LCL）

货主将不足整箱的小票托运货物在集装箱货运站或内陆转运站交给承运人,由承运人负责拼箱和装箱(stuffing,vanning)运到目的地货站或内陆转运站,由承运人负责拆箱(unstuffing,devantting),拆箱后,收货人凭单接货。货物的装箱和拆箱均由承运人负责。

3.整箱交,拆箱接（FCL/LCL）

货主在工厂或仓库把装满货后的整箱交给承运人,在目的地的集装箱货运站或内陆转运站由承运人负责拆箱后,各收货人凭单接货。

4.拼箱交,整箱接（LCL /FCL）

货主将不足整箱的小票托运货物在集装箱货运站或内陆转运站交给承运人,由承运人分类调整,把同一收货人的货集中拼装成整箱,运到目的地后,承运人以整箱交,收货人以整箱接。

上述各种交接方式中,以整箱交、整箱接效果最好,也最能发挥集装箱的优越性。

（二）按交接点不同分类

在集装箱运输中,集装箱货物的交接点一般为集装箱码头堆场（CY）、货装箱货运站（CFS）、内陆货运站（I,D）、发货人或收货人的工厂或仓库（DOOR）。所以,当采用多式联运方式运输集装箱时,集装箱货物的交接方式有以下几种:

(1)门到门交接方式（DOOR-DOOR）,即由发货人仓库将集装箱货物运至收货人仓库。

(2)门到场交接方式（DOOR-CY）,即由发货人仓库将集装箱货物运至卸货港码头堆场。

(3)门到站交接方式（DOOR-CFS）,即由发货人仓库将集装箱货物运至卸货港集装箱货运站或内陆货运站。

(4)场到场交接方式（CY-CY）,即由装货港码头堆场将集装箱货物运至卸货港码头堆场。

(5)场到门交接方式（CY-DOOR）,即由装货港码头堆场将集装箱货物运至目的地收货人的工厂或仓库。

(6)场到站交接方式（CY-CFS）,即由装货港码头堆场将集装箱货物运至卸货港集装箱货

运站或内陆货站。

(7)站到门交接方式(CFS-DOOR),即由码头集装箱货运站或内陆货运站将集装箱货物运至收货人的仓库或工厂。

(8)站到场交接方式(CFS-CY),即由码头集装箱货运站或内陆货运站将集装箱货物运至卸货港码头堆场。

(9)站到站交接方式(CFS-CFS),即由码头集装箱货运站或内陆货站将集装箱货物运至收货人的码头集装箱货运站或内陆货站。

以上九种交接方式,进一步可归纳为以下四种方式:

(1)门到门:这种运输方式的特征是,在整个运输过程中,完全是集装箱运输,并无货物运输,故最适宜于整箱交、整箱接。

(2)门到场站:这种运输方式的特征是,由门到场站为集装箱运输,由场站到门是货物运输,故适宜于整箱交、拆箱接。

(3)场站到门:这种运输方式的特征是,由门至场站是货物运输,由场站至门是集装箱运输,故适宜于拼箱交、整箱接。

(4)场站到场站:这种运输方式的特征是,除中间一段为集装箱运输外,两端的内陆运输均为货物运输,故适宜于拼箱交、拆箱接。

➤ 三、集装箱货物的运输流程

1.出口程序

(1)订舱:是指货运承运人(shipper)或其代理人根据其具体需要,选定适当的船舶向承运人(即班轮公司或它的英语机构)以口头、上网、邮件或订舱函电进行预约恰当船位装货、申请运输,承运人对这种申请给予承诺的行为。

(2)装货单:船公司确认订舱后,签发装货单,分送集装箱堆场和集装箱货运站,据以安排空箱及办理货运交接。

(3)发送空箱:整箱货运所需的空箱,由船公司送交或发货人领取。拼箱货运所需的空箱,一般由货运站领取。

(4)拼箱货装箱:发货人收到空箱后,自行装箱并按时运至集装箱堆站。集装箱堆场根据订舱单装箱单验收并签发场站货物收据,然后在站内装箱。

(5)整箱货装箱:集装箱货运站根据订舱单核收托运货物并签发场站货物收据,经分类整理,然后在站内装箱。

(6)集装箱货运交接:上述(4)和(5)签发的场站收据是发货人交货和船公司收货的凭证。

(7)提单:发货人凭场站收据向船公司换取提单,然后向银行结汇。如果信用证规定需要装船提单,则应在集装箱装船后,才能换取装船提单。

(8)装船:集装箱堆场根据船舶积载计划,进行装船。

2.进口程序

(1)货运单证:凭出口港寄来的有关货运单证着手安排工作。

(2)分发单证:将单证分别送代理集装箱货运站和集装箱堆场。

(3)到货通知:通知收货人有关船舶到港时间,便于准备接货,并于船舶到港以后,发出到货通知。

（4）提单：收货人按到货通知持正本提单向船公司换取提货单。

（5）提货单：船公司核对正本提单无误后，即签发提货单。

（6）提货：收货人凭提货单连同进口许可证至集装箱堆场办理提箱或提货手续。

（7）整箱交：集装箱堆场根据提货单交收货人集装箱并与货方代表办理设备交接单手续。

（8）拼箱交：集装箱货运站凭提单交货。

任务三　集装箱运输的运费核算

集装箱运输费用的单位价格称为集装箱运价。国际集装箱运价不是一个简单的价格金额，而是包括费率标准、计收办法、承托双方责任、费用、风险划分等的一个综合价格体系。由于集装箱运输打破了"港到港"交接的传统，可以实现"门到门"的运输，使得承运人的运输路线增长，运输环节增多，运输过程中花费的成本构成也与传统运输有很大区别，而且由于以集装箱为运输单元，其计费方式也有了很大变化。

➤一、集装箱运输与国际贸易价格条件

常用的国际贸易价格条件主要有离岸价格（FOB）、运费到岸价格（CFR）及运费保险费到岸价格（CIF）。这三种常用价格条件是建立在"港到港"交接的基础上的，主要适用于传统的散杂货物海上和内河运输。现代国际贸易中，集装箱运输和国际多式联运的使用越来越广泛，货物交接向内陆延伸，实现"门到门"交接。在这种情况下，上述三种常用价格条件难以完全适应新形势发展的需要。鉴于此，国际商会（ICC）在《INCOTERMS 1990》中推出了三种贸易价格条件：货物交指定地点承运人价格（FCA）、运费付至目的地价格（CPT）、运费保险费付至目的地价格（CIP）。这三种贸易价格条件不仅适用于公路、铁路、海运、内河、航空等单一运输方式，而且适用于两种或两种以上运输方式相结合的国际集装箱多式联运。在目前常用的三种价格体系中，买卖双方的责任和风险划分是以装货港或卸货港的船边为界线，而新的价格条件中，买卖双方的责任和风险划分是以货物交给承运人或收货人为界线。尽管目前国际集装箱运输中货物的交接地点已延伸到内陆，但习惯上仍然沿用三种常用的价格条件。

➤二、集装箱运费的基本结构

从运输全程来看，集装箱运输产生之前，传统的件杂货运价是分方式、分段计算的。作为承担绝大部分国际运输的海运段运价，其结构是建立在"港到港"交接基础上的，仅包括货物的海上运费和船边装船、卸船费用，一般把这三项费用称为海运费。在国际多式联运下，集装箱货物交接从港口向内陆延伸，交接地点延伸使运输经营人的责任和风险扩大到内陆港口、货运站、货主工厂或仓库等内陆地点，使得集装箱运费构成不仅包括海运运费，还包括内陆集疏运费、堆场服务费、货运站服务费、集装箱及设备使用费和港口中转费等。

（一）海运运费

海运运费包括基本运费和各种附加费，是集装箱运费的最主要部分。

（二）港区服务费

（1）堆场服务费：或称码头服务费（THC），即装船港堆场接收出口的整箱货，以及堆存和

搬运至装卸桥下的费用;卸货港包括装卸桥下接收进口箱及搬运至堆场和堆存的费用,还包括装卸港单证等费用。堆场服务费可以在装卸港分别向收货人和发货人收取,也可在 CY/CY 条款下并入海运费,在某些国家以附加费形式计收。

(2)货运站服务费:指拼箱货(LCL)经由货运站作业时的各种操作费用,包括提还空箱、装箱、拆箱、封箱、做标记,在货运站内货物的正常搬运与堆存,签发场站收据、装箱单,必要的分票、理货与积载等费用。就拼箱货的总费用,船公司可分海运费及拼箱服务费两部分分别收取,也可合并计收。

(三)集疏运费

集疏运费,也称转运费,指由发货地运往集装箱码头堆场或由集装箱码头堆场运往交货地的费用。经由水路和陆路的转运运费分别为集散运输费和内陆运输费。

(1)集散运输费:指将集装箱货物由收货地经水路(内河、沿海)运往集装箱码头堆场间的运费。

(2)内陆运输费:指集装箱货物经陆路(公路或铁路)在港口与交货地之间的运费。采用陆路运输时,通常可由承运人或货主自行负责运输。如果由承运人运输,费用包括区域运费(空、重箱运费)、无效拖运费、变更装箱地点费、装箱时间延迟费及清扫费;由货主自行运输时,承运人通常根据协议将空箱出借给货主或将重箱交由货方自行负责拖运,费用仅包括集装箱装卸车费、超期使用费等。

三、集装箱海运运费计算

国际海运运价大体可以分为两种类型:不定期船运价和班轮运价。其中,前者的费率水平随航运市场的供求关系而波动。在市场繁荣时期,不定期船运费率就会上涨;在市场不景气时,就会随之下跌。后者由班轮公会和班轮经营人确定,它们多与经营成本密切相关,在一定时期内保持相对稳定。集装箱货物海运运价计算办法与普通班轮运费的计算办法一样,也是根据运价本规定的费率和计费办法计算运费,并同样也有基本运费和附加费之分。目前集装箱货物运价基本上分为两大类:一类沿用件杂货运费计算方法,以每运吨(W/M)为计算单位,加上相应的附加费;另一类是以箱为计算单位,按航线包箱费率计算。前一类计算方法对拼箱货运输较为合适,后一类对整箱货运输较为合适。

(一)拼箱货运费计算

目前,各船公司对集装箱运输的拼箱货运费的计算,基本上是依据件杂货运费的计算标准,按所托运货物的实际运费吨计费,即尺码大的按尺码吨计费,重量大的按重量吨计费。另外,在拼箱货海运运费中还要加收与集装箱货运站作业有关的费用,如拼箱服务费、困难作业费、超重或超大件作业费等。拼箱货运费计收要注意以下几点。

(1)承运人在运费中加收拼箱服务费等常规附加费后,不再加收件杂货码头收货费用。承运人运价本中规定 W/M 费率后,基本运费与拼箱服务费均按货物的重量和尺码计算,并按其中高者收费。

(2)拼箱货运费计算与船公司或其他类型的承运人承担的责任和成本费用是一致的。由于拼箱货是由货运站负责装、拆箱,承运人的责任从装箱的货运站开始到拆箱的货运站为止,接收货物前和交付货物后的责任不应包括在运费之内。装拆箱的货运站应为承运人所拥有或接受承运人委托来办理有关业务。

（3）由于拼箱货涉及不同的收货人，因而拼箱货不能接受货主提出的有关选港或变更目的港的要求，所以，在拼箱货海运运费中没有选港附加费和变更目的港附加费。

（4）拼箱货起码运费按每份提单收取，或计费时不足 1t 或 1m³ 时按 1W/M 收费。在拼箱运输下，一个集装箱中一般装有多票货物。为保证承运人的利益，各船公司每票（提单）货物规定最低运费吨。

（5）对符合运价本中有关成组货物的规定和要求并按拼箱货托运的成组货物，一般给予运价优惠，计费时应扣除托盘本身的重量或尺码。

（二）整箱货运费计算

对于整箱托运的集装箱货物运费的计收：一种方法是同拼箱货一样，按实际运费吨计费。另一种方法，也是目前采用较为普遍的方法是，根据集装箱的类型按箱计收运费。包箱费率（commodity box rates，CBR）是各公司根据自身情况，按集装箱的类型制定的不同航线的包干运价，既包括集装箱海上运输费用，也包括在装、卸船港码头的费用。包箱费率可分为两类，货物（或商品）包箱费率和均一包箱费率。前者是按货物的类别、级别和不同箱型规定的包箱费率，后者则不论货物的类别（危险品、冷藏货除外），只按箱型规定的包箱费率。后者费率定得较低，体现了船公司对货主托运整箱货的优惠，是各公司吸引集装箱货源的重要手段之一。

1. 包箱费率主要形式

（1）FAK 包箱费率（freight for all kinds）。这种包箱费率是对每一集装箱不细分箱内货物的货类级别，不计货量（当然是在重量限额以内），只按箱型统一规定的费率计费，也称为均一包箱费率。它的基本原则是集装箱内装运什么货物与应收的运费无关。换句话说，所有相同航程的货物征收相同的费率，而不管其价值如何。它实际上是承运人将预计的总成本分摊到每个所要运送的集装箱上所得出的基本的平均费率。这种运价形式从理论上讲是合乎逻辑的，因为船舶装运的以及在港口装卸的都是集装箱而非货物，且集装箱占用的舱容和面积也是一样的。但是，采用这种运价形式，对低价值商品的运输会产生负面影响，因为低费率货物再也难以从高费率货物那里获得补偿，这对于低费率商品的货主来说可能难以接受。例如，集装箱班轮公司对托运瓶装水和瓶装酒的货主统一收取同样的运价，尽管瓶装酒的货主对此并不在意，但瓶装水的货主则会拒绝接受这种状况，最终，船公司被迫对这两种货物分别收取不同的运价。采用 FAK 包箱费率时，货物仅分普通货物、半危险货物（semi-hazardous cargo）、危险货物（hazardous cargo）和冷藏货物（reefer or refrigerated cargo）4 类。不同类的货物，不同尺度（20 ft/40 ft）的集装箱费率不同。

FAK 包箱费率在激烈竞争形势下，受运输市场供求关系变化影响较大，变动也较为频繁。一般适用于短程特定航线的运输和以 CY-CY、CFS-CY 方式交接的货物运输。

（2）FCS 包箱费率（freight for class）。这种费率是按不同货物种类和等级制定的包箱费率。在这种费率下，一般（如中远运价本）将货物分为普通货物、非危险化学品、半危险货物、危险货物和冷藏货物等几大类，其中普通货物与件杂货一样为 1～20 级，各公司运价本中按货物种类、级别和箱型规定包箱费率。但集装箱货的费率级差要大大小于件杂货费率级差。一般来讲，等级低的低价货费率要高于传统件杂货费率，等级高的高价货费率要低于传统费率，同等级的货物按重量吨计费的运价高于按体积吨计费的运价。这也反映了船公司鼓励货主托运高价货和体积货。

使用 FCS 包箱费率计算运费时，先要根据货名查到等级，然后按货物大类等级、交接方式和集装箱尺度查表，即可得到每只集装箱相应的运费。这种费率属于货物（或商品）包箱费率。中远运价本中，在中国—澳大利亚和中国—新西兰航线上采用这种费率形式。

（3）FCB 包箱费率（freight for class and basis）。FCB 包箱费率是指按不同货物的类别、等级（class）及计算标准（basis）制定的包箱费率。在这种费率下，即使是装有同种货物的整箱货，当用重量吨或体积吨为计算单位（或标准）时，其包箱费率也是不同的。这是与 FCS 费率的主要区别之处。

使用这种费率计算运费时，首先不仅要查清货物的类别等级，还要查明货物应按体积还是重量作为计算单位，然后按等级、计算标准及交接方式、集装箱类别查到每只集装箱的运费。这种费率也属于货物（或商品）的包箱费率。中远运价本中，在中国—卡拉奇等航线上采用这种费率形式。

2.运量折扣费率

运量折扣费率（time-volume rates，又称 time-volume contracts，简称 TVC）是为适应集装箱运输发展需要而出现的又一费率形式。它实际上就是根据托运货物的数量给予托运人一定的费率折扣，即托运货物的数量越大，支付的运费率就越低。当然，这种费率可以是一种均一费率，也可以是某一特定商品等级费率。由于这种运量激励方式是根据托运货物数量确定运费率，因而大的货主通常可以从中受益。起初，这种折扣费率的尝试并不十分成功，原因是有些多式联运经营人在与承运人签订 TVC 合同时承诺托运一定数量的集装箱货物，比如说500TEU，从而从承运人那里获得了一定的费率折扣，但到合同期满时，他们托运的集装箱并未达到合同规定的数量，比如说仅托运了 250TEU。显然，承运人就会认为自己遭受了损失。正因如此，使得所谓的"按比例增减制"越来越普遍。根据这种方式，拥有 500TEU 集装箱货物的货主，当他托运第一个 100TEU 集装箱时支付的是某一种运价，那么，他托运第二个100TEU 集装箱时支付的是比第一次低的运价，而他托运第三个 100TEU 集装箱时支付的是一个更低的运价，以此类推。目前，这种运量折扣费率形式采用得越来越广泛，尤其是多式联运经营人可以充分利用这种方式节省费用，不过，采用 TVC 形式并非都是有利可图的。对于一个新的，当然经营规模也可能是较小的多式联运经营人来说，相比大的多式联运经营人，如果采用 TVC 费率形式，将处于不利的局面，这是由于其集装箱运量十分有限而不得不支付较高的运费率。

3.集装箱最低利用率和最高利用率（最低计费吨与最高计费吨）运费

在整箱托运集装箱货物且所使用的集装箱为船公司所有的情况下，承运人可按"集装箱最低利用率"（container minimum utilization）和"集装箱最高利用率"（container maximum utilization）支付海运运费的规定。

（1）按集装箱最低利用率计费。

一般说来，班轮公会在收取集装箱海运运费时通常只计算箱内所装货物的吨数，而不对集装箱自身的重量或体积进行收费，但是对集装箱的装载利用率有一个最低要求，即"最低利用率"。不过，对有些承运人或班轮公会来说，只是当采用专用集装箱船运输集装箱时，才不收取集装箱自身的运费，而当采用常规船运输集装箱时则按集装箱的总重（含箱内货物重量）或总体积收取海运运费。规定集装箱最低利用率的主要目的是，如果所装货物的吨数（重量或体积）没有达到规定的要求，则仍按该最低利用率时相应的计费吨计算运费，以确保承运人的利益。在确定集装箱的最低利用率时,通常要包括货板的重量或体积。最低利用率的大小主要取决于集装箱的类型、尺寸和集装箱班轮公司所遵循的经营策略。当然,在有些班轮公会的费率表中,集装箱的最低利用率通常仅与箱子的尺寸有关,而不考虑集装箱的类型。

目前,按集装箱最低利用率计收运费的形式主要有三种:最低装载吨、最低运费额以及上述两种形式的混合形式。最低装载吨可以是重量吨或体积吨,也可以是占集装箱装载能力(载重或容积)的一个百分比,一般为集装箱箱内容积的 60%,如 20ft 箱为 21.5m³ 尺码吨,40ft 箱为 43m³ 尺码吨。以重量吨或体积吨表示的最低装载吨数通常是依集装箱的类型和尺寸的不同而不同,但在有些情况下也可以是相同的。而当以集装箱装载能力的一定比例确定最低装载吨时,该比例对于集装箱的载重能力和容积能力通常都是一样的,当然也有不一样的。最低运费额则是按每吨或每个集装箱规定一个最低运费数额,其中后者又被称为"最低包箱运费"。至于上述两种形式的混合形式则是根据下列方法确定集装箱最低利用率:①集装箱载重能力或容积能力的一定百分比加上按集装箱单位容积或每集装箱规定的最低运费额;②最低重量吨或体积吨加上集装箱容积能力的一定百分比。

当集装箱内所装载的货物总重或体积没能达到规定的最低重量吨或体积吨,而导致集装箱装载能力未被充分利用时,货主将支付亏箱运费。亏箱运费实际上就是对不足计费吨所计收的运费,即是所规定的最低计费吨与实际装载货物数量之间的差额。在计算亏箱运费时,通常是以箱内所载货物中费率最高者为计算标准。此外,当集装箱最低利用率是以"最低包箱运费"形式表示时,如果根据箱内所载货物吨数与基本费率相乘所得运费数额,再加上有关附加费之后仍低于最低包箱运费,则按后者计收运费。

(2)按集装箱最高利用率计收运费。

集装箱最高利用率的含义是,当集装箱内所载货物的体积吨超过集装箱规定的容积装载能力(集装箱箱内容积)时,运费按规定的集装箱箱内容积计收,也就是说超出部分免收运费。至于计收的费率标准,如果箱内货物的费率等级只有一种,则按该费率计收;如果箱内装有不同等级的货物,计收运费时通常采用下列两种做法:一种做法是箱内所有货物均按箱内最高费率等级货物所适用的费率计算运费;另一种做法是按费率高低,从高费率起往低费率计算,直至货物的总体积吨与规定的集装箱箱内容积相等为止。需指出的是,如果货主没有按照承运人的要求,详细申报箱内所装货物的情况,运费则按集装箱箱内容积计收,而且,费率按箱内装货物所适用的最高费率计。如果箱内货物只有部分没有申报数量,那么,未申报部分运费按箱子内容积与已申报货物运费吨之差计收。

规定集装箱最高利用率的目的主要是鼓励货主使用集装箱装运货物,并能最大限度地利用集装箱的内容积。为此,在集装箱海运运费的计算中,船公司通常都为各种规格和类型的集装箱规定了一个按集装箱箱内容积折算的最高利用率,习惯按箱子内容积的 85% 计算,例如,20ft 集装箱的最高利用率为 31m³,而 40ft 集装箱的最高利用率为 67m³。最高利用率之所以用体积吨而不用重量吨为计算单位,是因为每一集装箱都有其最大载重量,在运输中超重是不允许的。因此,在正常情况下,不应出现超重的集装箱,更谈不上鼓励超重的做法。最低计费吨或最高计费吨一般是在货主使用的集装箱是由船公司(或其他类型的运输经营人)提供的,由货主自行装箱且计费方法是按货物等级(for class)或不同计费标准(for basis)条件下采用的。在货主使用自有箱(包括货主自己租的箱子)或由承运人货运站装箱或计算方式采用均一包箱费率(FAK)情况下,一般不实行这种规定。

（3）整箱货余箱运费。

许多船公司为争取更多货源，对较大数量的货物给予优惠。如远东航运公会规定同时托运 3 个集装箱时，第三个箱的最低计费吨可小一些。对整箱货余箱运费计收，船公司规定，当货主托运箱量达到一定数量时，最后一箱按实际装箱体积收费。

4. 特殊货物海运运费计算

（1）特种箱。

特种箱通常指高箱、开顶箱、平板箱、框架箱等有别于普通干货箱的箱型。这类集装箱由于其装卸及处理上的特殊原因，一般在普通 CY/CY 条款基础上加收一定百分比的运费，如 40ft 高箱比普通箱高 1ft，所以费率通常为普通箱的 110%；开顶箱、平板箱、框架箱 CY/CY 运价为普通箱运价的 130%（船公司可根据实际情况确定合适的比例）。

（2）成组货物。

班轮公司通常对符合运价本中有关规定与要求，并按拼箱货托运的成组货物，在运费上给予一定的优惠，在计算运费时，应扣除货板本身的重量或体积，但这种扣除不能超过成组货物（货物加货板）重量或体积的 10%，超出部分仍按货板上货物所适用的费率计收运费。但是，对于整箱托运的成组货物，则不能享受优惠运价，并且，整箱货的货板在计算运费时一般不扣除其重量或体积。

（3）家具和行李。

对装载在集装箱内的家具或行李，除组装成箱子再装入集装箱外，应按集装箱内容积的 100% 计收运费及其他有关费用。该规定一般适用于搬家的物件。

（4）服装。

当服装以挂载方式装载在集装箱内进行运输时，承运人通常仅接受整箱货"堆场—堆场"（CY/CY）运输交接方式，并由货主提供必要的服装装箱物料如衣架等。运费按集装箱内容积的 85% 计算。如果箱内除挂载的服装外，还装有其他货物时，服装仍按箱容的 85% 计收运费，其他货物则按实际体积计收运费。但当两者的总计费体积超过箱容的 100% 时，其超出部分免收运费。在这种情况下，货主应提供经承运人同意的公证机构出具的货物计量证书。

（5）回运货物。

回运货物是指在卸货港或交货地卸货后的一段时间以后由原承运人运回原装货港或发货地的货物。对于这种回运货物，承运人一般给予一定的运费优惠，比如，当货物在卸货港或交货地卸货后六个月由原承运人运回原装货港或发货地，对整箱货（原箱）的回程运费按原运费的 85% 计收，拼箱货则按原运费的 90% 计收回程运费。但货物在卸货港或交货地滞留期间发生的一切费用均由申请方负担。

（6）货物滞期费。

在集装箱运输中，货物运抵目的地后，承运人通常给予箱内货物一定的免费堆存期（free time），但如果货主未在规定的免费期内前往承运人的堆场提取货箱，或去货运站提取货物，承运人则对超出的时间向货主收取滞期费（demurrage）。货物的免费堆存期通常是从货箱卸下船时起算，其中不包括星期六、星期天和节假日。但一旦进入滞期时间，便连续计算，即在滞期时间内若有星期六、星期天或节假日，该星期六、星期天及节假日也应计入滞期时间。免费堆存期的长短以及滞期费的计收标准与集装箱箱型、尺寸以及港口的条件等有关，同时也依班轮公司而异，有时对于同一港口，不同的船公司有不同的计算方法。根据班轮公司的规定，在货物超过免费堆存期后,承运人有权将箱货另行处理。对于使用承运人的集装箱装运的货物,承运人有权将货物从箱内卸出,存放于仓储公司仓库,由此产生的转运费、仓储费以及搬运过程中造成的事故损失费与责任均由货主承担。

(7)集装箱超期使用费。

如货主所使用的集装箱和有关设备为承运人所有,而货主未能在免费使用期届满后将集装箱或有关设备归还给承运人,或送交承运人指定地点,承运人则按规定对超出时间向货主收取集装箱期使用费。

5.集装箱海运附加费的计算

与普通班轮一样,国际集装箱海运运费除计收基本运费外,也要加收各种附加费。附加费的标准与项目,根据航线和货种的不同而有不同的规定。集装箱海运附加费通常包括以下几种形式。

(1)货物附加费(cargo additional)。

某些货物,如钢管之类的超长货物、超重货物、需洗舱(箱)的液体货等,由于它们的运输难度较大或运输费用增高,因而对此类货物要增收货物附加费。当然,对于集装箱运输来讲,计收对象、方法和标准有所不同。例如对超长、超重货物加收的超长(bulky additional)、超重(heavy additional)、超大件附加费(heavy lift and over-length additional)只对由集装箱货运站装箱的拼箱货收取,其费率标准与计收办法与普通班轮相同。如果采用 CFS/CY 或 CY/CFS条款,则对超长、超重、超大件附加费减半计收。

(2)燃油附加费(bunker adjustment factor,BAF)。

燃油附加费指因国际市场上燃油价格上涨而征收的附加费。集装箱分别按拼箱货和整箱货不同计算标准征收。如整箱货以 20ft 或 40ft 一个箱子加收若干元征收。

(3)币值附加费(currency adjustment factor,CAF)。

币值附加费指因某一挂靠港所在国货币币值与美元相比升值,为补偿船舶港口使费而征收的附加费。由于日币与美元比值变化较大,船公司还可能单独征收日币币值附加费。

(4)港口拥挤附加费(port congestion surcharge)。

在集装箱运输中,港口拥挤附加费主要指港口拥挤或集装箱进出不平衡,导致船舶长时间等泊或集装箱在港积压而增收的附加费。

(5)选港附加费(optional additional)。

选择卸货港或交货地点仅适用于整箱托运整箱交付的货物,拼箱货由于不同收货人,所以船公司通常不接受选港要求。一张提单的货物只能选定在一个交货地点交货,并按箱(20ft/40ft)收取选卸港附加费。选港货应在订舱时提出,经承运人同意后,托运人可指定承运人经营范围内直航的或经转运的三个交货地点内选择指定卸货港,其选卸范围必须按照船舶挂靠顺序排列。此外,提单持有人还必须在船舶抵达选卸范围内第一个卸货港 96h 前向船舶代理人宣布交货地点,否则船长有权在第一个或任何一个选卸港将选卸货卸下,即应认为承运人已终止其责任。

(6)变更卸港附加费。

变更目的港仅适用于整箱货,并按箱计收变更目的港附加费。提出变更目的港的全套正本提单持有人,必须在船舶抵达提单上所指定的卸货港 48h 前以书面形式提出申请,经船方同意变更。如变更目的港的运费超出原目的港的运费时,申请人应补交运费差额,反之,承运人不予退还。由于变更目的港所引起的翻舱及其他费用也应由申请人负担。

(7)港口附加费(port additional)。

集装箱港口附加费是指在装港接受处理并把集装箱装上船舶,在卸港将集装箱卸离船舶并放置前方堆场以及处理相关单证而收取的附加费。此项附加费与堆场服务费(THC)内容上有一定交叉。附加费的收取一方面是船公司为弥补特殊情况出现而收取的,另一方面也成为船公司无形提价的一种有利武器,在实践中货方对此颇有微辞。

(8)服务附加费(service additional)。

当承运人为货主提供了诸如货物仓储对已关或转船运输以及内陆运输等附加服务时,承运人将加收服务附加费。对于集装箱货物的转船运输,包括支线运输转干线运输,都应收取转船附加费(trans-shipment additional)。

除上述各项附加费外,其他有关的附加费计收规定与普通班轮运输的附加费计收规定相同。这些附加费包括:由于调运空箱而征收的空箱调运费;集装箱货源旺季,船公司因舱位不足所征收的旺季附加费;因战争、运河关闭等原因迫使船舶绕道航行而增收绕航附加费(deviation surcharge);对于贵重货物,如果托运人要求船方承担超过提单上规定的责任限额时,船方要增收超额责任附加费(additional for excess liability)。需指出的是,随着世界集装箱船队运力供给大于运量需求的矛盾越来越突出,集装箱航运市场上削价竞争的趋势日益蔓延,因此,目前各船公司大多减少了附加费的增收种类,将许多附加费并入运价当中,给货主提供一个较低的包干运价。这一方面起到了吸引货源的目的,同时也简化了运费结算手续。

四、集装箱内陆运费计算

(一)公路集装箱运费计算

1.公路运输计价标准

公路货物运输计费分为整批货、零担货和集装箱货。整批货以吨为单位,零担货以千克为单位,集装箱货以箱为单位计算运费。集装箱运输以元每箱千米为计价单位。

2.公路运输运价价目

集装箱货物公路运费由基本运价、箱次费和其他收费构成。

(1)基本运价。

集装箱基本运价是指各类标准集装箱重箱在等级公路上运输的每箱千米运价。标准集装箱重箱运价按照不同规格的箱型的基本运价执行,标准集装箱空箱运价在标准箱重箱运价的基础上减成计算。非标准箱重箱运价按照不同规格的箱型,在标准集装箱基本运价基础上加成计算,非标准集装箱空箱运价在非标准重箱运价基础上减成计算。特种箱运价在标准箱型基本运价的基础上按所装载货物的不同加成幅度加成计算。非等级公路货物运价在货物基本运价基础上加成10%～20%。出入境汽车货物运价,按双边或多边出入境汽车运输协定,由两国或多国政府主管机关协商确定。

(2)箱次费。

对汽车集装箱运输,在计算运费的同时,加收箱次费,按不同箱型分别确定。

(3)其他收费。

①调车费:应托运人要求,车辆往外省、自治区、直辖市参加营运往返空驶者,可按全程往返空驶里程、车辆标记吨位和出省基本运价的50%计收调车费。

②装箱落空损失费：应托运人要求，车辆开至约定地点装箱落空造成的往返空驶里程，按其运价的50%计收装箱落空损失费。

③道路阻塞停车费：汽车货物运输过程中，如发生自然灾害等不可抗力造成的道路阻滞，无法完成全程运输，需要就近卸存、接运时，卸存、接运费用由托运人负担。已完成运程收取运费，未完运程不收运费。托运人要求回运，回程运费减半。应托运人要求绕道行驶或改变到达地点时，运费按实际行驶里程核收。

④车辆处置费：应托运人要求，运输非标准箱等需要对车辆改装、装卸和清理所发生的工料费用，均由托运人负担。

⑤车辆通行费：车辆通过收费公路、渡口、桥梁、隧道等发生的收费，均由托运人负担。其费用由承运人按当地有关部门规定的标准代收代付。

⑥运输变更手续费：托运人要求取消或变更货物托运手续的，收取变更手续费。因变更运输，承运人已发生的有关费用，应由托运人负担。

（4）公路运输运费计算。

公路运输运费计算公式如下：

重箱运费＝重箱运价×计费箱数×计费里程＋箱次费×计费箱数＋货物运输其他费用

空箱运费＝空箱运价×计费箱数×计费里程＋箱次费×计费箱数＋货物运输其他费用

（二）铁路集装箱运费计算

铁路货物运价是国家计划价格的组成部分，由国家主管部门定价、集中管理。根据《中华人民共和国铁路法》规定，国家铁路的货物运价率，由国务院铁路主管部门会同物价主管部门拟订，报国务院批准；货物运输杂费的收费项目和收费标准由国务院铁路主管部门规定。铁路集装箱货物运输费用的计算有两种方法：一种是常规计算法，由运费、杂费、装卸作业费和铁道部规定的其他费用组成；另一种是为适应集装箱需要而制定的集装箱一口价计算方法。

1.常规计算方法

（1）集装箱运费。

集装箱运费计算以箱为单位，由发到基价和运行基价两部分组成。计算公式为：

$$集装箱每箱运价＝发到基价＋运行基价×运价里程$$

（2）铁路集装箱货物装卸作业费用。

根据铁道部规定，铁路集装箱货物的装卸作业，实行综合作业费率计算办法。综合作业区分装、掏箱作业场所不同，业务范围有所区别。

①集装箱整箱装卸综合作业的范围。集装箱整箱装卸综合作业是指货物不由车站进行装、掏箱作业的情形，包括发送和到达综合作业。发送综合作业，包括将集装箱由车站规定的空箱堆放地点装上货主的汽车，重箱由货主的汽车卸至车站指定的装车货位，以及重箱装上火车的作业。到达综合作业，包括将重箱由火车上卸至车站指定的重箱货位，重箱装上货主的汽车，空箱由货主的汽车卸至车站指定的空箱堆存地点的作业。

②集装箱拼箱装卸综合作业的范围。集装箱拼箱装卸综合作业是指由车站进行货物的装、掏箱作业，也包括发送和到达综合作业。发送综合作业，包括空箱由车站指定的空箱堆存地点搬运至货场的装、掏箱作业地点；将货物由货主的汽车卸下并装入箱内；重箱由车站的装、掏箱作业地点搬运至装车货位，重箱装上火车的作业。到达综合作业，包括将重箱由火车上卸至车站指定重箱货位；重箱搬运至货场的掏箱作业地点，将货物掏出并装上货主的汽车；空箱

由掏箱作业地点搬运至车站指定的空箱堆存地点的作业。

（3）集装箱杂费。

①过秤费：是指集装箱由承运人过秤并确定货物的重量，或由托运人确定重量的货物经承运人复查重量不符时，铁路核收的杂费。

②取送车费：当铁路机车往专用线、货物支线或专用铁路站外交接地点调送车辆时，铁路向托运人核收的取送车费。

③铁路集装箱使用费和延期使用费：托运人使用铁路集装箱装运货物，应向铁路支付集装箱使用费；使用铁路危险货物专用集装箱装运的，加20％；托运人或收货人使用铁路集装箱超过规定的期限，核收延期使用费。

④自备集装箱管理费：托运人使用自备箱运输，向承运人缴纳管理费。

⑤地方铁路集装箱使用费：铁路集装箱进入地方铁路向托运人核收的费用。

⑥铁路集装箱清扫费：到站由收货人自行掏箱而收货人未清扫干净的，铁路向收货人收取该项费用。

⑦货物暂存费：铁路集装箱在车站超过规定的免费留置期限，自超过之日起向收货人核收货物暂存费。

⑧铁路集装箱拼箱费：货物按零担承运、由铁路组织拼箱的，铁路除按零担收取运费和相关杂费外，还另收取铁路拼箱使用费和拼箱装卸费。

⑨变更手续费：托运人或收货人要求变更到站、变更收货人或发送前取消托运时，应向铁路支付运输合同变更手续费。

⑩运杂费迟交金：托运人或收货人未及时支付全部或部分运输费用时，铁路所收取的款项。该费用从应收该项运杂费次日起至付款日止，每延一日，铁路按运杂费迟交总额的1％收取。

（4）其他费用。

根据铁路运输的具体规定，还可能向托运人或收货人征收下列费用：

①铁路电气化附加费：集装箱货物经由电气化路段运输，托运人或收货人应按电气化路段的里程支付电气化附加费；

②铁路新价均摊运费；

③铁路建设基金。

2.集装箱运输一口价

铁路集装箱运输一口价是铁道部为增加铁路运输价格透明度，规范收费行为，满足货主需要，开拓铁路集装箱运输市场而制定的一种新的运输费用征收办法，并出台了《集装箱运输一口价实施办法》。

（1）集装箱运输一口价包含的费用。

集装箱运输一口价是指铁路对集装箱货物自进发站货场至出到站货场，按铁路运输全过程各项费用的总和，一次计收集装箱运输费用的方式，除了包括前面介绍的铁路基本运价、装卸作业费、杂费和建设基金、新路新价均摊运费、电气化附加费等符合国家规定的运价和收费外，还包括了"门到门"运输取空箱、还空箱的站内装卸作业，专用线取送车作业，港站作业的费用和经铁道部确认的转场货场费用等。但集装箱运输一口价不包括下列费用：要求保价运输的保价费用；快运费；委托铁路掏箱的装掏箱综合作业费；专用线装卸作业的费用；集装箱到站超过免费暂存期产生的费用;由于托运人或收货人的责任而发生的费用。

(2)集装箱运输一口价的组成。

①铁路运输收入:包括国铁运费、国铁临管运费、铁路建设基金、特殊加价、电气化附加费以及铁道部规定核收的代收款(如合资铁路和地方铁路的通过运费、铁路集装箱使用费或自备集装箱管理费等)。

②发站费用:发站费用包括组织服务费、集装箱装卸综合作业费、护路联防费、运单表格费、签表格费、施封材料费等。

③到站费用:包括到站集装箱装卸综合作业费、铁路集装箱清扫费、护路联防费。

(3)不适用一口价运输的铁路集装箱货物。其主要包括:集装箱国际铁路联运的货物;集装箱危险品运输(可按普通货物运输的除外)的货物;冷藏、罐式、板架等专用集装箱运输的货物。

(三)航空集装箱运费计算

目前国际航空集装箱货物运费的计算方法有两种:一种是常规运价计费法,另一种是新型运价计费法。

1.常规计算方法

常规计算方法即采用普通航空货物运费的计算方法,首先对两个城市机场间的航线制定出经营航班的运价,航空公司根据货物的重量或体积计算出应收的运费。此种运价需提交国际航空协会和有关政府,通过协议和政府批准后才生效。按照常规方法计算航空集装箱货物运费时要确定3个因素:货物计费数量、运价种类和货物的声明价值。

(1)货物计费数量。货物的计费数量可以是其毛重,也可以是体积。飞机装载货物同时受载重量和舱容的限制,为了使二者都得到最大限度的利用,承运人对重量大、体积小的货物便按货物的实际毛重计算运费;对体积大、重量轻的货物便按一定的比例将货物的体积换算为计费重量以计算运费。

(2)运价种类。

航空集装箱运输涉及的运价种类有:

①特种货物运价(special cargo rate,SCR):指航空公司对一些特定的货物在特定的航线上给予的一种特别优惠的运价。但特种运价规定有起码重量(如100kg),达不到所规定的起码重量则不能按此运价计算。

②等级货物运价(class cargo rate,CCR):仅适用少数货物,通常是在一般货物运价的基础上加或减一定的百分比计收,也有起码重量规定。

③一般货物运价(general cargo rate,GCR):当货物不适用前两种运价时,就必须按一般货物运价计收。具体货物运费是选择3种运价之一计算,如遇几种运价均适用时,首先应选用特种货物运价,其次是等级货物运价,再次才是一般货物运价。

(3)声明价值附加费。

根据《华沙公约》的规定,如果托运人在托运时声明了货物的价值并记载于空运单上的,承运人对其责任期间内造成的损害应按照该声明价值承担赔偿责任,而不再适用公约规定的责任限额,但以托运人支付声明价值附加费为条件。

2.新型运价计算法

这是为适应航空集装箱运输的快速发展而使用的一种运价计算方法,不区分货物的种类、等级,只要将货物装在集装箱或成组器中运输,就可以以飞机货舱里的集装箱或成组器作为计价单位来计算运费。对于大宗货、大件货物或时令货,航空公司可参考市场运价,与货主协商具体的运价。

实训七 认识集装箱海运提单

实训目标:

通过分析实例,充分认识集装箱海运提单的内容。

实训要求:

以 6 人为小组,讨论认识集装箱海运提单对物流的重要性,认识集装箱海运提单的内容。

资料准备:

1. Shipper Insert Name, Address and Phone Shangdong Imp / Exp Corp 62, Jiangxi Rd, Qingdao, China (信用证下一般为受益人,即出口商)	B/L No. EW20

2. Consignee Insert Name, Address and Phone To order of First Bangkok City Bank LTD. , Bangkok (提单的抬头要根据信用证的具体要求填写 PAY TO ORDER…)	中远集装箱运输有限公司 COSCO CONTAINER LINES TLX:33057 COSCO CN FAX:+86(021) 6545 8984 ORIGINAL

3. Notify Party Insert Name, Address and Phone

(It is agreed that no responsibility shall attsch to the Carrier or his agents for failure to notify)

Nan Heng International Trade CO. ,
104 / 4 Lardp Rd Wangt
BANGKAPI. BKK

(通知人也要根据信用证的具体要求填写 NOTIFY …)

4. Combined Transport*	5. Combined Transport*
Pre-carriage by	Place of Receipt
6. Ocean Vessel Voy. No.	7. Port of Loading
EAST WIND V19	QING DAO
8. Port of Discharge	9. Combined Transport*
BANGKOK	Place of Delivery

Port-to-Port or Combined Transport
BILL OF LADING

RECEIVED in external apparent good order and condition except as other-Wise noted. The total number of packages or unites stuffed in the container, The description of the goods and the weights shown in this Bill of Lading areFurnished by the Merchants, and which the carrier has no reasonable meansOf checking and is not a part of this Bill of Lading contract. The carrier hasIssued the number of Bills of Lading stated below, all of this tenor and date, One of the original Bills of Lading must be surrendered and endorsed or sig-Ned against the delivery of the shipment and whereupon any other originalBills of Lading shall be void. The Merchants agree to be bound by the termsAnd conditions of this Bill of Lading as if each had personally signed this Billof Lading.

SEE clause 4 on the back of this Bill of Lading (Terms continued on the back Hereof, please read carefully).

* Applicable Only When Document Used as a Combined Transport Bill of Lading.

Marks & Nos. Container / Seal No.	No. of Containers or Packages	Description of Goods (If Dangerous Goods, See Clause 20)	Gross Weight Kgs	Measurement

NHIT BANGKOK 　NO 1-9	900 dozen Tri-Circle Brand Brass Padlock in 9 wooden cases of 100 dozen each	900 dozen Tri-Circle Brand Brass Padlock		
		Description of Contents for Shipper's Use Only（Not part of This B/L Contract)		

10. Total Number of containers and/or packages（in words）　Nine wooden cases only

Subject to Clause 7 Limitation						
11. Freight & Charges	Revenue Tons		Rate	Per	Prepaid	Collect
Declared Value Charge						prepaid

Ex. Rate：	Prepaid at	Payable at	Place and date of issue	
	QINGDAO		DEC 31 ,2000	
	Total Prepaid	No. of Original B(s)/L	Signed for the Carrier, COSCO CONTAINER LINES	
	USD 330.40	THREE		

LADEN ON BOARD THE VESSEL

DATE	DEC 31 ,2000	BY	COSCO CONTAINER LINES

中远 COSCO 集装箱提单背面条款(中文简要)

中远集团提单背面条款

1. DEFINITIONS 定义

"承运人""货方""船舶""分立契约人""货物""件""装运单位""集装箱"。

2. CARRIER\'S TARIFF 承运人的运价本

3. SUB-CONTRACTING, INDEMNITY AND CERTAIN DEFENSES, EXEMPTIONS AND LIMITATIONS 分立契约、赔偿以及抗辩、免除事项及责任限制

4. CARRIER\'S RESPONSIBILITY 承运人的责任

5. NOTICE OF CLAIM AND TIME BAR 索赔通知及时效

6. LOSS OR DAMAGE 灭失或损害

7. LIMITATION OF LIABILITY 有限责任

8. FIRE 火灾

9. CARRIER\'S CONTAINERS 承运人集装箱

10. MERCHANT-STUFFED CONTAINER 货方装箱的集装箱

11. MERCHANT\'S DESCRIPTION 货方的描述

12. MERCHANT\'S RESPONSIBILITY 货方责任

13. FREIGHT AND CHARGES 运费及费用

14. INSPECTION OF THE GOODS 检验货物

15. CARRIAGE AFFECTED BY CONDITION OF THE GOODS 运输因货物条件受到影响

16. LIENS 留置权

17. DECK CARGO, ANIMALS AND PLANTS 舱面货、牲畜及植物

18. METHODS AND ROUTES OF CARRIAGE 运输方式及路线

19. MATTERS AFFECTING PERFORMANCE 影响履约的事项

20. DANGEROUS GOODS 危险货物

21. SPECIAL, REFRIGERATED OR HEATED CONTAINERS 特殊、冷藏或加热集装箱

22. NOTIFICATION AND DELIVERY 通知及交付

23. GENERAL AVERAGE AND SALVAGE 共同海损及救助

24. BOTH-TO-BLAME COLLISION 双方有责碰撞条款

25. NON-VESSEL-OPERATING COMMON CARRIERS

26. LAW AND JURISDICTION 法律及管辖权

27. VARIATION OF THE CONTRACT 契约的变更

28. NEW JASON CLAUSE 新杰逊条款

29. 收货人或其授权的人可凭交货凭证或其他身份证明提取货物。

30. 除本海运单另有规定外,承运人现行的联运提单的条款和条件适用于本海运单所证明的运输合同,货方可向承运人或其代理索取该提单。发货人保证其有权代表收货人及货物所有人接受所有上述条款和条件,包括但不限于联运提单中载明的关于每件的责任限制和其他责任限制的规定。

31. 当收货人或其他要求提取货物的人提交本海运单或以其他方式要求提取货物时,收货人或其他要求提货的应当承担发货人按照本海运单和承运人现行的联运提单中需承担的所有责任。收货人或其他要求提取货物依本条所承担的是附加责任,不影响发货人本人所应承担的责任。

32. 发货人同意并遵守《海事委员会海运单统一规则》,以便在货物运输中使用海运单。

33. 在船舶抵达卸货港或交货地以前,如发货人书面要求将海运单改为承运人提单,在可能的情况下,承运人将尽最大努力进行更改,但承运人在任何情况下均不对未能及时更改承担任何责任。

34. 对于特定货物的放货,应当遵循承运人的运价本和提单中所规定的一般担保的习惯作法,这种规定包括但不限于承运人有权因本海运单的任何一方拖欠的费用或债务而留置货物,不论该费用或债务是否与本海运单项下的货物有关。

35. 除非发货人在运输前有相反的指示并在海运单的正面注明,承运人将根据上述条款和条件与收货人处理有关货物的索赔。任何索赔的解决应作为承运人对发货人责任的彻底解除。

📋 项目小结

1. 集装箱是一种运输设备:①具有足够的强度,可长期反复使用;②适于一种或多种运输方式的运送,途中转运时箱内货物不需换装;③具有快速装卸和搬运的装置,特别便于从一种

运输方式转移到另一种运输方式；④便于货物装满和卸空；⑤具有 $1m^3$ 及 $1m^3$ 以上的容积。集装箱这一术语，不包括车辆和一般包装。

2."集装箱运输"是指货物装在集装箱内进行运送的运输方式。它冲破了过去交通运输中的一切陈旧的规章制度和管理体制，形成了一套独立的规章制度和管理体制，是最先进的现代化运输方式。它具有"安全、迅速、简便、价廉"的特点，有利于减少运输环节，可以通过综合利用铁路、公路、水路和航空等各种运输方式，进行多式联运，实现"门到门"运输。

3.集装箱运输的特点：①高效率，②高质量，③高密集，④标准化。

4.集装箱的规格和种类。

5.集装箱运输系统的系统与子系统。

6.集装箱运输系统中的货物装箱方式：整箱和拼箱。

7.集装箱货物的运输流程：出口和进口的流程。

8.集装箱运输的运费核算：海运及内陆运费的核算。

思考与练习

1.集装箱与集装箱运输的定义是什么？

2.集装箱运输的特点有哪些？

3.集装箱的规格与种类有哪些？

4.集装箱货物的运输流程有哪些？

5.集装箱海运运费核算的方式有哪些？

项目八

国际货物运输

学习目标

知识目标：

了解国际货物运输一般概念；

熟悉报关与检验方法流程；

掌握国际包装的常见标志；

掌握国际贸易支付方式。

技能目标：

能够结合理论知识，完成一般的国际货物运输流程；

能够对国际多式联运进行设计和规划。

案例导入

运输责任谁之过？

某国际贸易公司对国外乔治公司出口 500 吨花生。买方申请开来的信用证规定："分 5 个月装运；3 月份 80 吨；4 月份 120 吨；5 月 140 吨；6 月份 110 吨；7 月份 50 吨。每月不许分批装运。装运从中国港口至伦敦。"

国际贸易公司接到信用证后，根据信用证规定于 3 月 15 日在青岛港装运了 80 吨花生；于 4 月 20 日在青岛港装运了 120 吨花生，均顺利收回了货款。

国际贸易公司后因货源不足于 5 月 20 日在青岛港只装了 70.5 吨花生。经联系得知烟台某公司有一部分同样规格的货物，所以国际贸易公司要求"HULIN"轮再驶往烟台港继续装其不足之数。船方考虑目前船舱空载，所以在烟台港又装了 64.1 吨花生。国际贸易公司向银行提交了两套单据：一套是在青岛于 5 月 20 日签发的提单，其货量为 70.5 吨；另一套是在烟台于 5 月 28 日签发的提单，货量为 64.1 吨。

银行认为单据有两处不符点：①在青岛和烟台分批装运货物；②短量。

（资料来源：国际货物运输案例分析［EB/OL］. http://www.sinotf.com/GB/136/1361/2012-03-05/xNMDAwMDA3NzcxNA.html.）

学而思

案例中的不符点是否成立？

任务一　国际货物运输概述

国际货物运输是指不同国家或单独关税区之间的货物运输。国际货物运输在国际经济与贸易中起到极其重要的作用,它联结不同国家与地区之间货物与货物的位置转换,是一个核心作用的环节。同时,它又是交通运输的高级环节,其复杂程度高于国内地区间的运输,涉及更加复杂的成本运算和更加错综的路线规划。可以认为,国际货物运输是国际经济与贸易、物流运输两个学科的交叉,同时涵盖了两个学科的重要部分,非常具有研究意义。

一、我国国际货物运输发展现状

国际货物运输起源于国际贸易实务,国际贸易的开展要求不同国家和地区的货物必须进行位置上的转移。例如,中国的纺织品要出口给欧洲,前提条件便是中国的纺织品可以被运输到欧洲,只有这样,国际贸易才能完成最终的商品交易。因此随着国际贸易的产生和发展,国际货物运输也随之发展和壮大。

时至今日,国际贸易的大背景已日渐转变为以 WTO、世界银行和国际货币基金组织(IMF)为支撑的为全球化格局,这意味着各国的国际货物运输基本均已可以满足全球化贸易的要求,也就是能够完成基本的货物转移和位置交换工作。作为我国的当代国际货物运输,其发展现状如下。

(一)我国的国际运输服务贸易逆差巨大

首先,我国的服务贸易较之发达国家比较落后;其次,我国的国际运输服务与货物贸易发展也相对比较滞后,受这两个因素的影响,加之我国国际运输物流竞争力不强,我国的国际货物运输服务已呈现多年逆差的情况,并且逆差贸易额巨大。

(二)我国国际货物运输贸易的竞争力指数偏弱

我国属于发展中国家,在全球范围内,国际货物运输的竞争力也是我们亟须面对的问题之一。我国国际货物运输贸易竞争力偏弱,主要受资金、技术、设备、人才和国际资源等多方面的制约,要在这一环节有根本性的改变,还需要一定的时间和积累。

(三)我国国际运输企业经营状况堪忧

纵观我国物流企业的现状,目前还是以中小企业为主的格局,运输企业是物流企业的一个分支,国际运输企业又是运输企业的一个分支,加上国际货物运输难度大,需要的成本和技术水准都更高,因此在运输企业中从事国际运输的企业比较少,加上行业现状影响,我国国际货物运输企业本身就规模不大,后续经营也是困难重重,经营状况堪忧。

二、国际货物运输基础知识

(一)进出口货物的范围

在了解国际货物运输基础知识前,我们首先应了解哪些货物符合国际要求,准予进出口。除特定减免税货物以外的实际进出口货物,都属于一般进出口货物,包括:
①不享受特定减免税或不准予以保税的一般贸易进口货物;
②转为实际进口的原保税货物;
③转为实际进口或者出口的暂准进出境货物;

④易货贸易、补偿贸易的进出口货物；

⑤不准予以保税的寄售代销贸易货物；

⑥承包工程项目实际进出口货物；

⑦外国驻华商业机构进出口陈列用样品；

⑧随展览品进出境的小卖品；

⑨实际进出口货样广告品。

另外还有免费提供的进口货物，包括外商在经济贸易活动中赠送的进口货物，免费提供的试车材料和我国在境外的企业、机构向国内单位赠送的进口货物。

（二）进出口货物的办理流程

按照海关监管程序，进出境货物应经过申报、查验、征税、放行四个环节。

1.进出口货物的申报

就申报这一环节来说，基本程序包括前期阶段、货物进出境阶段和后续阶段。

报关是指进出口货物收发货人、进出境运输工具负责人、进出境物品所有人或者他们的代理人向海关办理货物、物品或运输工具进出境手续及相关海关事务的过程，包括向海关申报、交验单据证件，并接受海关的监管和检查等。报关是履行海关进出境手续的必要环节之一。

在这一阶段，报关员应办理的事项为：填写进出口货物报关单；提供法定单证，如进出口货物许可证、检验检疫证明；随附货运、商业单证，如装箱单、商业、提货单，海运提单等；减免税、免验证明；提出申报。

海关应办理的事项为：对报关单进行编号登记、签注申报日期并装订；审核报关单内容（初审和复核）；接受申报。

2.进出口货物的查验

根据《中华人民共和国海关法》第二十八条的规定，进出口货物除经收、发货人申请，海关总署特准可以免验外，都应当接受海关的查验。

查验是指海关在接受报关单位的申报并以已经审核的申报单证为依据，通过对进出口货物进行实际的核对和检查，以确定货物的自然属性一致的全过程。针对查验这一流程，由于是由海关进行操作，我们有必要对海关查验的要求进行认知和掌握。海关查验的要求有以下几点。

（1）货物的收发货人或其代理人必须到场，并按海关的要求负责办理货物的搬移、开拆和重封货物的包装等工作。

（2）海关认为必要时，可以进行开验、复验或提取货样，货物管理人员应当到场作为见证人。

（3）申请人应提供往返交通工具和住宿，并支付有关费用，同时按海关规定缴纳查验费用。

另外，《中华人民共和国海关法》还规定，海关在查验进出口货物时，损坏被查验的货物，应当赔偿实际损失。此时，由海关官员如实填写"查验货物、物品损坏报告书"并签字，一式两份，查验官员和当事人各留一份。

海关对进出口货物的报关，经过审核报关单据，查验实际货物，并依法办理了征收税费手续或减免税手续后，在有关单据上签盖放行章，货物的所有人或其代理人才能提取或装运货物。因此查验也是国际货物通关的重要程序。

查验即出入境检验检疫，是指检验检疫部门和检验检疫机构依照法律、行政法规和国际惯例等要求，对出入境的货物、交通运输工具、人员等进行检验检疫、认证及签发官方检验检疫证明等监督管理的工作。其目的主要是为了维护国家声誉和对外贸易有关当事人的合法权益，保证各国国内生产的正常开展。

出入境检验检疫的内容主要体现为三个部分,分别是进出口商品检验、进出境动植物检疫和国境卫生检疫。

进出口商品检验简称商检,是指在国际贸易活动中,为了确定进出口商品是否与贸易合同、有关标准的规定一致,是否符合进出口国家有关法律和行政法规的规定,由出入境检验部门或其指定的检验机构,对进出口商品的品质、规格、重量、数量、包装、安全性能、卫生方面的指标及装运条件等项目实施检验、鉴定和监督管理。

进出境动植物检疫是指为防止动物传染病、寄生虫病和植物危险性病、虫、杂草以及其他有害生物传入、传出国境,保护农林牧渔业生产和人体健康,由出入境检验部门或其指定检验机构对进出境动植物以及动植物的生产、加工、存放过程实行动植物检疫。

国境卫生检疫是指一个国家为了防止传染病从国外传入或者由国内传出,由出入境检验检疫机构在进出口口岸对出入境的交通工具、货物、运输容器以及口岸辖区的公共场所、环境、生活措施、生产设备进行卫生检查、鉴定、评价和采样检验。

在这一阶段,报关员应办理的事项为:派员会同海关查验货物;负责搬移、开箱及验毕恢复原状;接受查验。

海关应办理的事项为:查验单货是否一致;到监管区外查验向报关单位收取规费;查验时,如发生货物损坏,应向报关单位赔偿;查验货物。

3.进出口货物的征税

在这一阶段,报关员应办理的事项为:随时答复或提供海关征税部门的问题或所需文件;凭海关开具的缴款通知书到指定银行缴纳关税和国内税。

海关应办理的事项为:审价;依据相关税率计征关税和依法减免;开出银行缴款书;征收税费。

4.进出口货物的放行

在这一阶段,报关员应办理的事项为:凭报关员证及领单凭据领取放行单及其他发还单证;到海关监管仓库提货或装货、启运;凭单取货或装船出运。

海关应办理的事项为:审核关税及规费是否缴讫;审核应附单证是否核销;审核各项通关程序是否完成,有无缺漏;经办人在报关单及提单上加盖放行章;结关放行。

任务二 国际货物运输与国际贸易

国际货物运输业务建立在国际贸易的基础之上,为国际贸易服务,并已然成为影响国际贸易发展的重要因素之一。国际货物运输与国际贸易的关系息息相关,二者相互依存,缺一不可。本节着重介绍一些基础国际贸易知识,为国际货物运输的展开打下理论基础。

➢一、进出口业务

国际贸易业务的展开伴随着进出口业务的不断推进,一般来说,进出口业务主要包含三个阶段:进出口业务准备阶段、进出口合同的磋商和订立阶段、进出口合同的履行阶段。

(一)进出口业务的准备阶段

进出口业务的准备阶段可以帮助对外贸易在竞争环节减少失误,降低外贸风险,其业务主要可分为出口交易前的准备工作和进口交易前的准备工作。

在出口交易前的准备工作中,首先需要进行行情调研,需对出口国家做相应的经济调研、市场调研和客户调研,以确保出口业务在总体环境良好的地区进行,其商品贸易具有可行性和获益性,又能够根据当地的消费习惯和客户需求制定适宜的出口计划;行情调研之后便可进行方案的制定,对有关进出口公司根据国家的政策、法令,将其所经营的出口商品做出一种业务计划安排,这一业务能够保障出口业务在他国更加顺畅地实施,从一开始就降低风险发生的可能并提高风险的可控性。

在进口交易前的准备工作中,会涉及进口许可证和外汇的落实、进口订货卡片的审核和进口商品经营方案的制定。

1.落实进口许可证和外汇

按照国家规定,所有的进口业务在实施洽淡之前,都应办理进口许可证,进口许可证的申领手续由外贸企业自行办理,同时还需外贸企业准备的还有必须的外汇业务。涉及进口业务,外汇必不可少,在进口交易的准备工作中,必须落实相应数量的外汇。

知识链接

进口许可证

进口许可证是指进口国家规定某些商品进口必须事先领取的许可证,只有领取了进口许可证后,商品才可进口,否则一律不准进口。许可证按有无限制,可分为公开一般许可证和特种进口许可证。

公开一般许可证(open general licence):它对进口国别或地区没有限制,凡列明属于公开一般许可证的商品,进口商只要填写此证,即可获准进口。

特种进口许可证(specific licence):进口商必须向政府有关当局提出申请,经政府有关当局逐笔审查批准后才能进口。

实施进口许可证制度需向有关行政部门递交申请书或其他文件(为了海关目的的要求除外),作为进口到该进口方海关管辖地区的先决条件的行政程序。发放进口许可证是实行进口许可证制度的一种措施,是进口获得批准的证明文件之一。

进口许可证可分为自动许可证和非自动许可证。自动许可证不限制商品进口,设立的目的也不是对付外来竞争,它的主要作用是进行进口统计。非自动许可证是须经主管行政当局个案审批才能取得的进口许可证,主要适用于需要严格数量、质量控制的商品。非自动许可证的作用有:管制配额项下商品的进口;连接外汇管制的进口管制;连接技术或卫生检疫管制的进口管制。只有取得配额、取得外汇或者通过技术检查和卫生检疫,才能取得许可。进口许可证极易被乱用而成为贸易壁垒。

根据进口许可证和进口配额的关系,进口许可证可分为有定额的进口许可证和无定额的进口许可证。

有定额的进口许可证,即先规定有关商品的配额,然后在配额的限度内,根据进口商的申请对于每一笔进口货物发给进口商一定数量或金额的进口许可证。

无定额的进口许可证,主要根据临时的政治的或经济的需要发放。

2.审核进口订货卡片

据我国现行进口办法规定,各种申请进口的单位在落实了进口许可证和外汇事宜后,还应填写进口订货卡片,交给办理进口手续的外贸企业,作为外贸企业对外订立进口合同的书面依据。

进口订货卡片的内容有商品名称、质量规格、包装、数量、生产国别、估计单价和总金额、要求到货时间、目的港或目的地等项目。

3.制定进口商品经营方案

进口商品应拟定一个书面的经营方案,作为开展订购业务工作的依据。在制定进口商品经营的方案中,应包含进口商品的品名、数量、进口时间、进口国别、交易对象、价格和佣金的幅度等内容。在制定过程中,应秉持价格最优、响应国内需求、把握最佳时机的原则。

(二)进出口合同的磋商和订立阶段

进出口贸易的合同的订立需要进出口双方反复磋谈和商讨,最终形成正式合同,在这一过程中,买卖双方的主要交易条件是磋商重点,其中包含出口货物的品质、数量、包装、价格、支付、运输、保险、商检、索赔、仲裁和不可抗力及法律条件等12项内容。

交易磋商的形式可以是口头的,也可以是书面的,其过程一般包括询盘、发盘、还盘和接受四个环节,其中发盘和接受是必须的业务环节,具有法律意义,而询盘和还盘则根据不同的磋商情况,有时出现,有时也会被省去。

(三)进出口合同的履行

在进出口合同的履行阶段,进出口买卖双方根据合同的要求和规定,完成自身相应的义务,并享受相应权利。进出口合同中的条款受法律保护,因此在履行进出口合同的过程中,双方也应遵守法律的规定。对进出口合同的履行,反映了当事人的信用程度和素质涵养。

进出口合同的履行具体包含了出口合同的履行和进口合同的履行。

1.出口合同的履行

出口合同的履行是指卖方向买方提交符合合同规定的货物,并移交一切与货物有关的单据和转移货物所有权。在履行过程中,会涉及不同的价格术语和支付方式,常用的价格术语有CIF和CFR,常用的支付方式一般为信用证支付。

不同的价格术语和支付方式下,出口合同的履行做法会产生区别。在CIF或CFR条件下,凭信用证支付时,一般会经过以下环节:备货、催证、审证、改证、租船订舱、商品检验、投保、报关、装船、制单、交单、结汇。一般以货、证、船、款来概括总结其核心环节。

知识链接

1.CIF及CFR

CFR全称Cost and Freight,指在装运港船上交货,卖方需支付将货物运至指定目的地港所需的费用。但货物的风险是在装运港船上交货时转移。

CIF全称Cost,Insurance and Freight,术语的中译名为成本加保险费加运费(指定目的港)。按此术语成交,货价的构成因素中包括从装运港至约定目的地港的通常运费和约定的保险费,故卖方除具有与CFR术语的相同的义务外,还要为买方办理货运保险,支付保险费。按一般国际贸易惯例,卖方投保的保险金额应按CIF价加成10%。如买卖双方未约定具体险别,则卖方只需取得最低限底的保险险别;如买方要求加保战争保险,在保险费由买方负担的前提下,卖方应予加保。卖方投保时,如能办到,必须以合同货币投保。

2.信用证

信用证(Letter of Credit,L/C),是指开证银行应申请人(买方)的要求并按其指示向受益人开立的载有一定金额的、在一定的期限内凭符合规定的单据付款的书面保证文件。信用证是国际贸易中最主要、最常用的支付方式。

在国际贸易活动,买卖双方可能互不信任,买方担心预付款后,卖方不按合同要求发货;卖方也担心在发货或提交货运单据后买方不付款。因此需要两家银行作为买卖双方的保证人，代为收款交单，以银行信用代替商业信用。银行在这一活动中所使用的工具就是信用证。

2.进口合同的履行

进口合同签订后，买方除了履行其付款和收货等义务外，还应督促卖方履行合同。一般情况下，进口业务常用的价格术语为FOB，同样是采用信用证支付的方式下，进口合同的履行程序包括了：开立信用证、租船订舱、接运货物、办理货运保险、审单付款、报关与接货、验收货物、拨交货物、办理索赔等。这些环节由各相关部门相互配合完成。

知识链接

FOB价格术语

FOB(free on board)，也称"船上交货价"，是国际贸易中常用的贸易术语之一。按离岸价进行的交易，买方负责派船接运货物，卖方应在合同规定的装运港和规定的期限内将货物装上买方指定的船只，并及时通知买方。货物在装运港被装上指定船时，风险即由卖方转移至买方。

学而思

CIF、CFR、FOB三种价格术语的异同有哪些？

二、国际货运代理

国际货运代理是国际物流与国际贸易中重要的当事人，其性质属于中间商。

(一)概念

国际货运代理在国际上没有统一的解释，不同的机构学者对其的定义不尽相同。

国际货运代理协会联合会认为：货运代理是根据客户的指示，为客户的利益而揽取货物的人，其本人并非承运人。依照此定义，国际货运代理即国际范围内的货运代理，为国际范围的客户的利益而揽取货物。

我国国际货运代理业管理规定实施细则认为：国际货物运输代理可以作为进出口货物收货人、发货人的代理人，也可作为独立经营人从事国际货代业务。

《中华人民共和国国际货运代理业管理规定》对其的定义是：指接受进出口货物收货人、发货人的委托，以委托人的名义或者以自己的名义，为委托人办理国际货物运输及相关业务并收取服务报酬的行业。

综上所述，国际货运代理的基本特点是受委托人委托或授权，代办各种国际贸易、运输所需要服务的业务，并收取一定报酬，或作为独立的经营人完成并组织货物运输、保管等业务，因而被认为是国际运输的组织者，也被誉为"国际贸易的桥梁"和"国际货物运输的设计师"。

(二)国际货运代理的业务范围

国际货运代理的业务范围主要体现在代理的人或机构有所区别，主要体现为以下几种。

1.代表发货人

代表发货人即代表出口商，其提供的服务主要体现在：选择运输路线、运输方式和承运人；向选定的承运人提供揽货、订舱；提取货物并签发有关单证；研究信用证条款和所有政府的规定；包装；储存；称重和量尺码；安排保险；货物到达港口后办理报关及单证手续，并将货物交给承运人；做外汇交易；支付运费及其他费用；收取已签发的正本提单，并交付发货人；安排货物转运;通知收货人货物动态;记录货物灭失情况;协助收货人向有关责任方进行索赔。

2.代表收货人

代表收货人即代表进口商,其主要提供的服务有:报告货物动态;接收和审核所有与运输有关的单据;提货和付运费;安排报关和付税及其他费用;安排运输过程中的存仓;向收货人交付已结关的货物;协助收货人储存或分拨货物。

3.作为多式联运经营人

作为多式联运经营人时,货运代理主要负责收取货物并签发多式联运提单,承担承运人的风险责任,对货主提供一揽子的运输服务。

4.其他服务

除了以上提到的三种类型的业务范围外,货运代理也根据客户的特殊需要进行监装、监卸、货物混装和集装箱拼装、拆箱、运输咨询服务,特种货物装挂运输服务和海外展览运输服务等。

(三)国际货运代理人产生的背景

从某种意义上说,代理制度是随着社会经济关系的发展而逐渐形成和发展起来的。特别是随着商品货币关系的发展,出现了"委托"这种现象,如运输、仓储、报关等。从某种程度上说,国际贸易、国际物流发展到今天,离不开货运代理行业的推动。

随着国际贸易、运输方式的发展,致使贸易、运输的经营人大都不能亲自处理每一项具体业务,大量业务需要委托他人代为办理;同时,为了使国际货物运输向简单化、统一化发展,由同一代理人完成或组织完成货物运输显得十分必要。因此,"国际货运代理人"应运而生。

(四)国际货运代理人的分类

从不同的角度入手,国际货运代理人可划分为不同的类型,按照法律特征的不同,可将国际货运代理人分为以下三类。

1.中间人型

这种类型的货运代理人的收入来源为作为中间人的佣金,其根据委托人的指示和要求,向委托人提供订约的机会或进行订约的介绍活动,在成功地促成双方达成交易后,来收取一定的佣金。这种类型的国际货运代理适用于规模小、业务品种单一的企业。

2.代理人型

代理人型的收入来源为代理费,代理人可进一步分为直接代理和间接代理。

①直接代理指披露委托人身份的代理人,代理人以委托人的名义与第三方发生业务关系,是一种传统的代理人类型。

②间接代理,又称隐名代理或经纪人,其未披露委托人身份,即代理人以自己的名义与第三方发生业务关系。

3.当事人型

当事人型又被称作委托人型或独立经营人型,其特点是经营收入的来源为运费或仓储费差价,也就是说,他是一种独立经营人,具有了承运人或场站经营人的功能,能为客户提供物流增值服务。国际多式联运经营人是"当事人型"国际货运代理人的典型代表。

这种类型的货运代理人既有从事某一种运输服务的经营人,也有从事多式联运的经营人,还有提供包括货物运输、保管、装卸、包装、流通所需要的加工、分拨、配送、包装物和废品回收等以及相关的信息服务的物流经营人。

➤三、国际货物包装

(一)国际货物包装的含义

包装是指为在流通过程中保护产品、方便储运、促进销售,按一定的技术方法所用的容器、材料和辅助物等的总体名称,是包装物及包装操作的总称。

国际货物包装指的是针对国际货物的包装物及包装操作的总称,其目的是保护货物本身质量和数量上的完整无损,以及便于装卸、搬运、堆放、运输和理货,对危险品和特殊商品,还有防止其危害性的作用。

(二)国际包装的分类

国际货物包装的分类角度可以有很多种,如按包装容器的形状划分,就可分为箱、桶、袋、包、筐等;按包装材料的不同,又可分为木制品、纸制品、金属制品、玻璃制品、陶瓷制品等;按被包装的货物种类划分,可分为食品、医药、轻工产品、针棉织品、家用电器和果菜包装等;按安全程度的不同,又可分为一般货物包装和危险货物包装等。以下将针对最为常见的两种包装分类的角度来加以阐述,即按形态分类和按功能分类。

1.按形态进行分类

(1)逐个包装。

逐个包装是指将商品包装成可交付给最终消费者的最小单位形态,再将物品全部或部分装进袋子或其他包装容器里并予以密封的包装技术。

(2)内部包装。

内部包装是指将逐个包装的物品归类合并为一个或两个以上的较大单位,并将其放进中间容器里的包装技术。其中也包括里边的物品,在容器里放入其他材料的状态或技术。

(3)外部包装。

外部包装主要从后续运输的角度出发,为了保护商品不受损害,并同时方便下游环节装卸、搬运、装车等物流环节,将物品放入箱子或袋子等包装容器中的包装技术。它包括了缓冲、固定、防湿防潮、防水等包装措施。

2.按功能进行分类

(1)运输包装。

运输包装又称外包装,是为了尽可能降低运输流通过程对产品造成损坏,保障产品的安全,方便储运装卸,加速交接点验,并以运输储运为主要目的的包装。运输包装涉及多部门、多作业,其主要作用目的是保护、定量(单位化)、便利和提高效率等。

(2)商业包装。

商业包装又被称之为零售包装、销售包装或消费者包装,主要是根据零售业的需要,作为商品的一部分或携带所作的包装,其又可分为商业环境包装及商业零售用品包装。其主要作用目的是定量、识别、便利和促进销售,提高销售环节的作业效率。

(三)运输包装标志

运输包装标志是指在货物的运输包装明显处书写、印刷一定的图形或文字,作为人们识别或提醒人们操作时注意的标志。制作包装标志要简明清晰,易于辨认,着色牢固,防止海水或雨水的冲湿退脱。根据运输包装标志的不同作用,一般的运输包装标志被分为运输标志、指示性标志和警示性标志。

1. 运输标志

运输标志又称唛头(shipping mark),它通常是由一个简单的几何图形和一些英文字母、数字及简单的文字组成,其作用在于使货物在装卸、运输、保管过程中容易被有关人员识别,以防错发错运。由国际标准化组织(IOS)和国际货物装卸协会推荐使用的标准运输标志通常由四个要素构成:收货人名称缩写(如 ABC. Co., Ltd)、参考号码(如 94LAO602)、目的地(如 London)、件数号码(如 CTN/NOS. 1—1500)。

2. 指示性标志

指示性标志(indicative mark)是根据商品的特性提出应注意的事项,在商品的外包装上用醒目的图形或文字表示的标志。如在易碎商品的外包装上标以"小心轻放",在受潮后易变质的商品外包装上标以"防止受潮",并配以图形指示,故指示性标志又称为安全标志或注意标志。常见的指示性标志如图 8-1 所示。

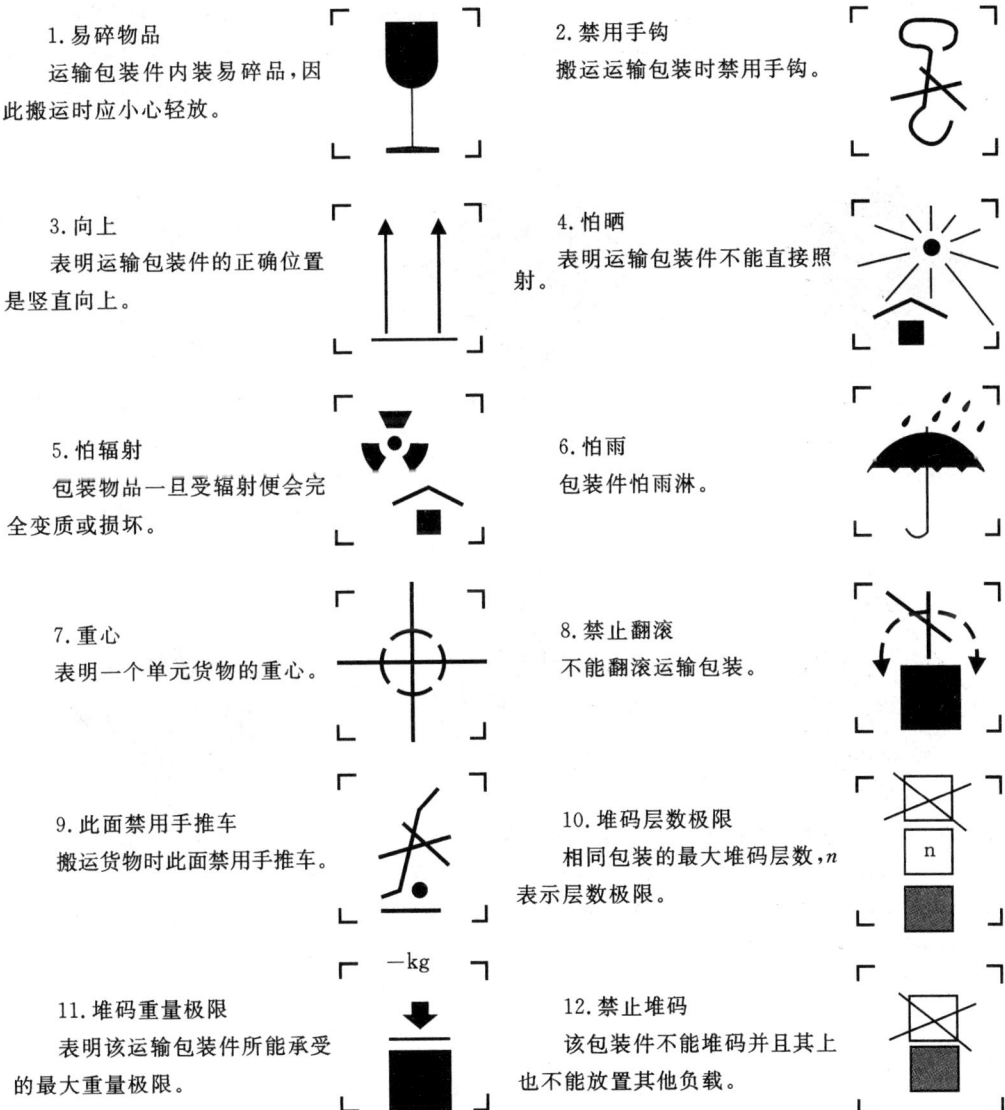

1. 易碎物品
   运输包装件内装易碎品,因此搬运时应小心轻放。

2. 禁用手钩
   搬运运输包装时禁用手钩。

3. 向上
   表明运输包装件的正确位置是竖直向上。

4. 怕晒
   表明运输包装件不能直接照射。

5. 怕辐射
   包装物品一旦受辐射便会完全变质或损坏。

6. 怕雨
   包装件怕雨淋。

7. 重心
   表明一个单元货物的重心。

8. 禁止翻滚
   不能翻滚运输包装。

9. 此面禁用手推车
   搬运货物时此面禁用手推车。

10. 堆码层数极限
    相同包装的最大堆码层数,n 表示层数极限。

11. 堆码重量极限
    表明该运输包装件所能承受的最大重量极限。

12. 禁止堆码
    该包装件不能堆码并且其上也不能放置其他负载。

图 8-1 指示性标志

3. 警告性标志

警告性标志又称危险品标志，是指在易燃品、爆炸品、有毒品、腐蚀性物品、放射性物品的运输包装上标明其危险性质的文字或图形说明。常见的警告性标志如图8-2所示。

爆炸品
UN Transport symbol for explosives

（a）

不产生重大危害的爆炸品
UN Transport symbol for Class 1.4
Explosive substances which present no significant hazard

（b）

具有大规模爆炸性，
但极不敏感的物品
UN Transport symbol Class 1.5
Very insensitive substances which have a mass explosion hazard

（c）

不燃气体
UN Transport symbol for non-inflammable gases

（d）

易燃气体
UN Transport symbol for inflammable gases

（e）

有毒物品（第2类和第6.1类）
UN Transport symbol for poisonous substances(gases Class 2., other poisonous substances Class 6.1)

（f）

易燃气体（第2类）或者易燃液体（第3类）
UN Transport symbol for inflammable gases(Class 2)or liquids(Class 3)

（g）

易燃固体（第4类）
UN Transport symbol for inflammable solids(Class 4)

（h）

易自燃物品
UN Transport symbol for substances liable to spontaneous combustion

（i）

图8-2(1) 警告性标志

放射性物品(第Ⅰ期)
UN Transport symbol for
radioactive UN substances,
Category Ⅰ
(j)

放射性物品(第Ⅱ期)
Transport symbol for radioactive
substances, Category Ⅱ
(k)

放射性物品(第Ⅲ期)
UN Transport symbol for
radioactive substances,
Category Ⅲ
(l)

放射性物品
UN Transport
symbol for radioactive
substances (m)

腐蚀性物品
UN Transport
symbol for corrosive substances
(n)

危险性类别编号的位置:＊＊
Location of serial number.＊＊
(o)

图8-2(2)　警告性标志

四、国际贸易支付

国际贸易支付是国际贸易当中十分重要的一个环节,其通常依赖一定的工具完成,通过不同的方式,服务于国际贸易实务的操作。

(一)国际贸易支付工具

在国际贸易中使用的结算工具主要有三大票据,采用现金结算的较少,一般使用票据代替现金作为流通手段和支付手段来进行国际间的债权债务结算。

1. 票据的概念

票据是指出票人依法签发的,由自己无条件支付或指示他人无条件支付一定金额给收款人或持票人的有价证券。广义上的票据包括各种有价证券和凭证,如股票、国库券、企业债券、发票、提单等;狭义上的票据则仅指《中华人民共和国票据法》上规定的票据,仅指以支付金钱为目的的有价证券。

2. 票据的特点

(1)票据的要式性。

票据的外观是有严格要求的,票据上必须记载什么,记载哪些内容,记的部位是哪里,都是法定的,不允许当事人进行改变。

(2)票据的文义性。

票据的文义性就是票据上的记载是用来确定当事人之间权利义务关系的凭据,如果记载与事实不符,也要以记载为准。

(3)票据的无因性。

这里所说的无因性,不是说票据的出票没有原因,而是不问原因。《中华人民共和国票据法》第十条规定,票据的签发、取得和转让,应当遵循诚实信用的原则,具有真实的交易关系和债权债务关系。

(4)票据的设权性。

票据的设权性是指票据的做成并不能证明任何关系,当交易双方决定用票据了解交易的时候,一方做成票据后,创设了票据的权利义务关系,当票据背后的关系发生纠纷的时候,票据的关系不受影响。

(5)票据的流通性。

流通性是票据最本质的特征。票据贵在流通,票据法上的所有涉及内容根本上都是为了流通。随着票据的流通,在票据上签章的人负连带责任。

3. 票据的种类

(1)汇票。

汇票(bill of exchange/postal order/draft/money order)是最常见的票据类型之一,《中华人民共和国票据法》第十九条规定:"汇票是出票人签发的,委托付款人在见票时,或者在指定日期无条件支付确定的金额给收款人或者持票人的票据。"汇票是国际计算中使用最广泛的一种信用工具,它是一种委付证券,基本的法律关系最少有三个人物:出票人签发发票给受票人,并委托付款人向受票人付款。

(2)本票。

本票(promissory note)是一项书面的无条件的支付承诺,由一个人做成,并交给另一人,经制票人签名承诺,即期或定期在可以确定的将来时间,支付一定数目的金钱给一个特定的人或其指定人或来人。

《中华人民共和国票据法》规定,本票指的是银行本票,指出票人签发的,承诺自己在见票时无条件支付确定金额给收款人或持票人的票据。国外票据法则允许企业和个人签发本票,称之为商业本票和一般本票。但在国际贸易中使用的本票,均为银行本票,是即期的本票。一般本票可以是即期或远期的。

(3)支票。

支票(cheque, check)是指以银行为付款人的即期汇票,可以看作是汇票的特例。支票出票人签发的支票金额,不得超出其在付款人处的存款金额。如果存款金额低于支票金额,其被称之为空头支票,银行将拒付给持票人,出票人则要付法律上的责任。

开立支票存款账户和领用支票,必须有可靠的资信,并存入一定的资金。支票可分为现金支票、转账支票和普通支票。支票一经背书即可流通转让,具有通货作用,成为替代货币发挥流通手段和支付手段智能的信用流通工具。

(二)国际贸易支付方式

国际贸易支付方式是一国的债务人向另一国的债权人偿还债务的方式,也是一国债权人向另一国债务人收回货款的方式。常见的国际贸易支付方式有汇付、托收和信用证。

1. 汇付

(1)汇付的概念。

汇付(remittance),也称汇款,是付款方通过银行将应付款项汇交收款方的支付方式。其优点在于手续简便、费用低廉。汇付流程可用图8-3表示。

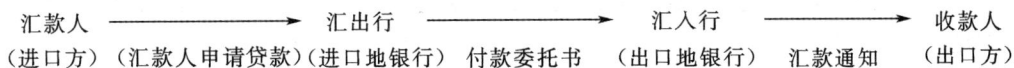

汇款人 ────────→ 汇出行 ────────→ 汇入行 ────────→ 收款人
(进口方)(汇款人申请贷款)(进口地银行)付款委托书 (出口地银行)汇款通知 (出口方)

图8-3 汇付流程

(2)汇付的种类。

①电汇。汇出行接受汇款人委托后,以电传方式将付款委托通知收款人当地的汇入行,委托它将一定金额的款项解付给指定的收款人。

②信汇。信汇是指汇款人向当地银行交付本国货币,由银行开具付款委托书,用航空邮寄交国外分行或代理行,办理付出外汇业务。采用信汇方式,由于邮程需要的时间比电汇长,银行有机会利用这笔资金,所以信汇汇率低于电汇汇率,其差额相当于邮程利息。

③票汇。票汇即接受票汇的单位(银行或邮局)将汇款人所填汇款条寄交付款单位,由该单位再通知收款人领款。其是以银行即期汇票为支付工具的一种汇付方式。

2. 托收

(1)托收的概念。

托收(collection)是出口人在货物装运后,开具以进口方为汇款人的汇票(随附或不随附货运单据),委托出口地银行通过它在进口地的分行或代理行代出口人收取货款的一种结算方式。托收属于商业信用,采用的是逆汇法。

(2)托收的种类。

①跟单托收(documentary collection)是指银行受出口商委托,凭汇票、发票、提单、保险单等商业单据向进口商收取货款的结算方式,卖方以买方为付款人开立汇票,委托银行代其向买方收取货款。

跟单托收又有两种交单方式:付款交单和承兑交单。付款交单以付款为条件,银行只有在付款人(进口方)付清货款时,才能向其交出货运单据;承兑交单指出口方发运货物后开具远期汇票,连同货运单据委托银行办理托收,并明确指示银行,进口人在汇票上承兑后即可领取全套货运单据待汇票到期日再付清货款。

②光票托收(clean collection)是指银行根据其所受到的指示处理资金单据和商业单据,其目的是为了取得承兑或付款,并在承兑或付款以后按照其他条件交付商业单据。

3. 信用证

(1)信用证的概念。

信用证(letter of credit,L/C),是指开证银行应申请人(买方)的要求并按其指示向受益人开立的载有一定金额的、在一定的期限内凭符合规定的单据付款的书面保证文件。信用证是国际贸易中最主要、最常用的支付方式。

在信用证条件下,银行承担第一性付款责任,因此,信用证付款的性质属于银行信用。

(2)信用证的种类。

信用证可作如下分类:

①根据是否要求受益人提交单据可分为跟单信用证和光票信用证。

跟单信用证,是开证行凭跟单汇票或单纯凭单据付款的信用证。相关单据有提单、铁路运单、航空运单等,也包括了发票、保险单等商业单据。

光票信用证是不附单据,受益人可以凭开立收据或汇票分批或一次性在通知行领取款项的信用证。

②根据开证行的责任可分为不可撤销信用证和可撤销信用证。

不可撤销信用证是指开证行一经开出,在有效期内未经受益人或议付行等有关当事人同意,不得随意修改或撤销的信用证。只要受益人按该证规定提供有关单据,开证行(或其指定的银行)保证付清货款。

可撤销信用证是指开证行对所开信用证不必征得受益人或有关当事人的同意,有权随时撤销或修改的信用证。

③根据是否有另一家银行为信用证加保,可分为保兑信用证和不保兑信用证。

保兑信用证是指开证行开出的信用证,有另一银行保证对符合信用证条款规定的单据履行付款义务。对信用证加保兑的银行被称之为保兑行。

不保兑信用证是指开证银行开出的信用证没有经另一家银行保兑。当开证银行资信较好或成交金额不大时,一般都使用这种不保兑的信用证。

④按信用证付款方式,分为即期信用证、远期付款信用证、承兑信用证和议付信用证。

即期付款信用证和远期付款信用证都在信用证上明确规定一家银行为付款行,不要求受益人出具汇票,仅凭提交的单据付款。承兑信用证则规定开证行或指定的承兑行对受益人开出的远期汇票进行承兑。以上三种信用证,是否有银行愿意议付与开证银行无关。

议付信用证是指信用证规定由某一银行议付或任何银行都可议付的信用证。开证行邀请其他银行买入汇票(单据),允许受益人向某一指定银行或任何银行交单议付。议付信用证又可分为公开议付信用证和限制议付信用证,前者受益人可任择一家银行作为议付行,后者则由开证行在信用证中指定一家银行为议付行,开证行对议付行承担付款责任。议付信用证是国际贸易中最常用的一种信用证。

任务三　国际海上货物运输

海上货物运输属于一种常用的国际运输方式,相较于其他国际货物运输方式,国际海上货物运输价格适中,运输量大,并且能够满足大部分种类的货物运输。但是,国际海上运输耗时较长,极容易受到海上天气的影响,这些都是选择国际海上货物运输时需要考虑的问题。

国际海上货物运输一般有两种运营方式,分别为班轮运输和船舶运输。

➤ 一、班轮运输

(一)定义

班轮运输又称为定期船运输,是指在一定的航线上,在一定的停靠港口之间定期开行的船舶运输。

(二)特点

(1)"四固定",即固定航线、固定港口、固定船期和相对固定的运费率。因此,班轮运输也被称为四定运输。

（2）由承运人负责配载装卸，承运人和托运人双方都不计算滞期费和速遣费。

（3）船、货双方的权利、义务与责任豁免，以船方签发的提单条款为依据。

（4）承运的品种和数量灵活。

（三）作用

（1）有利于一般杂货和不足整船的小额贸易货物的运输。

（2）由于"四固定"的特点，时间有保证，运价固定，为贸易双方治谈价格和装运条件提供了方便，有利于开展国际贸易。

（3）班轮运输长期在固定航线上航行，有固定设备和人员，能够提供专门的、优质的服务。

（4）由于事先公布船期、运价费率，有利于贸易双方达成交易，减少磋商内容。

（5）手续简单，货主方便。

（四）流程

班轮运输的流程如图8-4所示。

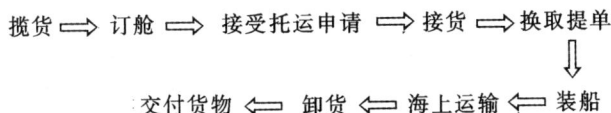

揽货 ⇒ 订舱 ⇒ 接受托运申请 ⇒ 接货 ⇒ 换取提单 ⇓

交付货物 ⇐ 卸货 ⇐ 海上运输 ⇐ 装船

图8-4 班轮运输的流程

1.揽货

揽货，即揽取货载，是从货主处争取货源的行为。说的简单直接一些，揽货，就是船公司为自己招揽顾客，船公司揽货通常也需要采用一些方式方法，常见的有制定船期表、广告宣传以及在各挂靠港设立分支机构等。揽货效果较好的船公司，便有了高效益的前期保障，揽货效果不好，船公司的效益也就无从谈起。

2.订舱

订舱是指货物托运人或其代理人向承运人（即船公司或其代理）申请货物运输，承运人对这种申请给予承诺的行为。在班轮运输中，承运人与托运人之间通常以口头或传真的形式进行磋商和预约，没有书面的运输合同，所以，一经承运人给予承诺，并随即作出仓位安排，便代表承托双方建立了有关货物运输的关系。

3.接受托运申请

船公司在接到货主或其代理提出的订舱申请后，在考虑了其航线、港口、船舶、运输条件等是否满足发货人要求之后，决定是否接受托运申请。

4.接货

普通货物的交接装船，通常由船公司在各装货港指定装船代理人，由装船代理人在各装货港的指定地点接收托运人送来的货物，并办理交接手续，将货品集中整理，按照货物的性质、包装、目的港及卸货次序进行适当的分类后再行装船，这便是"仓库收货，集中装船"。

特殊货物的装船则采用由托运人将货物直接送至船边交接装船的方式，也就是现装或直接装船。

5.换取提单（可加入提单）

托运人凭借经过签署的场站收据,向船公司或其代理换取提单,再到银行进行结汇。

海运提单是承运人收到货物后出具的货物收据,也是承运人所签署的运输契约的证明。海运提单还代表所载货物的所有权,是一种具有物权特性的凭证。

6.装船

首先船公司需对装船进行装船计划,然后等待船舶到港。船舶到港后,将货物从仓库运至船边,按照装船计划进行装船作业。

7.海上运输

货物海上运输是指货物的在运过程。承运人对货物的安全、保管和确保质量负有责任,并依据货物运输提单条款划分其与托运人之间的责任与义务。

8.卸货

船公司在卸货港的代理人根据船舶发来的到港电报,一方面编制有关单证,约定装卸公司等待船舶进港后卸货;另一方面负责把船舶预计到港时间通知收货人,以便做好接收货物的准备。另外,其作业方式与装船一样,同样采取"集中卸货,仓库交付"的办法。

9.交付货物

收货人将注明已经接收了船公司交付的货物并将签章的提单交给船公司在卸货港的代理人,经代理人审核后签发提货单给收货人,收货人凭提单前往码头仓库提取货物,并完成交接手续。

二、租船运输

(一)租船运输的定义和流程

租船运输又称为不定期船运输,没有固定的船期表,所有有关船舶所行驶的航线、停靠的港口、航行的时间等,都要按照租船双方签订的租船合同,由船舶所有人确认而定。

租船运输一般主要经过以下流程:询价(询盘)、报价(报盘或发盘)、还价(还盘)、接受(受盘)、签订租船合同。其中报价环节又分为硬性报价和条件报价两种,硬性报价常附有有效期规定,在硬性报价有效期内,报价人不得再向其他询价人报价,而询价人必须在有效期内作出接受订租的答复,否则报价失效;条件报价下,报价人可和询价人反复磋商,修改条件,询价人不用遵守任何有效期,报价人也可向多个询价人报价,当然,报价人通常还是应遵循"先到先复"的原则。

(二)租船运输的运营方式

租船运输的运营方式一般有四种,即:航次租船、定期租船、包运租船和光船租船。

1.航次租船

航次租船即定程租船,即船舶出租人向承租人提供整船或船舶的部分舱位,在指定港口之间进行单向或往返的一个航次或几个航次,用以运输制定货物的租船运输方式。

在航次租船中,船舶出租人占有和控制船舶,负责船舶的运营调度、配备和管理船员,并承担船舶运营所支付的费用,承租人负责完成货物的运输,向船舶所有人支付费用。航次租船有单次租船、来回程航次租船、连续单航次或连续来回程航次租船几种形式。

2.定期租船

定期租船又称期租船,是指由船舶出租人向承租人提供约定的由出租人配备船员的船舶,由承租人在约定时间内按照约定的用途使用船舶,并支付租金的一种租船方式。定期租船的租期非常灵活,短至一两个月,长至几十年甚至到船报废。定期租船有以下几个特点:

①船员由船舶所有人配备,并承担起开销和费用,船长应听从承租人的指挥。

②承租人负责调度工作以及船舶的燃料、港口、货物装卸和与船舶营运有关的费用。船舶所有人承担船舶的折旧费、保养维修的费用、船用物料费、润滑油的费用以及保险费用等。

③租金按船舶的载货量、租期长短和商定租金率来计算。

④租船合同中标明有关交船和还船以及停租的规定。

3. 包运租船

包运租船是指船舶所有人提供给承租人一定的运力,在确定的港口之间以事先约定的时间、航次周期和每航次较均等的货运量,完成合同规定总运量的租船方式。

4. 光船租船

光船租船是指船舶出租人向承租人提供不配备船员的船舶,在约定的时间内由承租人占有、使用和营运,并向出租人支付租金的一种租船方式。光船租船有以下特点:

①船舶所有人只提供一艘空船。

②全部船员由承租人配备并听从承租人的指挥。

③承租人负责船舶的经营及营运调度工作。

④承租人除不承担船舶的投资费用外,承担船舶全部固定及变动的营运费用。

⑤租金按船舶的装载能力、租期以及商定的租金率计算。

任务四　国际航空货物运输

在国际货物运输中,除了海上货物运输,还有一种常见的货物运输方式,即国际航空货物运输。相较于国际海上货物运输的特点,国际航空货物运输速度极快,机动性灵活性强,对货品的包装要求相对较低,同时安全性也相对较高;而其不足之处也显而易见,航空货物运输载货量相较海运要小得多,并且从成本上考量,航空货物运输价格较高,因此,国际航空货物运输常运用于贵重商品、特殊商品以及需求频次较高、配送时间较紧急的商品。

达成国际航空货物运输,在设备设施上需要配备三大要素,即飞机、航线和机场,三者缺一不可。其中航线的规划和监控,直接关系到空运的成本和安全性,不容许出现闪失。

➤ 一、国际航空货物运输的方式

国际航空货物运输常见的运输方式有班机运输、包机运输和集中托运三种,以下将对其进行详细的介绍。

(一)班机运输

班机指的是在固定的航线上定期航行的航班,其有固定的始发站、到达站和途经站,班机运输则是利用这种相对固定的设施设备来进行相对固定的国际货物运输。值得注意的是,班机运输通常使用客货混用机,既可以搭乘乘客,又可以运送货品,经济性较高。但也有一些大型的航空公司采用全货机来进行运输,以保障班机的载货容量。

班机运输的特点有迅速准确、方便货主和仓位有限等。

（二）包机运输

包机运输是指托运人包用承运人整架飞机运输货物或邮件的一种运输形式。包机运输规定包运人至少应在货物装运前 20 天向航空公司提出书面包机申请，其中需要表明货物的名称、数量、重量、尺寸、始发站及目的站等基本信息，航空公司根据包机申请所提供的信息来决定向包机人提供何种包机机型以及包机价格。包机运输通常可分为整机包机和部分包机。

包机运输可以解决旺季班机仓位不足的问题，弥补没有直达航班的缺点，可以节省时间，简化发货手续，减少货损货差，灵活性也更强一些。

（三）集中托运

集中托运是航空货运代理公司把若干批单独发运的货物集中成一批向航空公司办理托运，填写一份总运单将货物发运到同一目的站，由其在目的站的代理人负责收货、报关并将货物分拨给各实际收货人的一种运输方式。由于航空运输的运费是按不同重量标准确定不同的运费率，通常运量越多，费率越低，因此集中托运方式已成为我国进出口货物的主要运输方式之一。

集中托运的优越之处表现为低廉的费率、较高的服务和更快的资金周转，但相对的，其不足之处有不适用运输贵重物品、危险品和特殊商品，不适合易腐货物和对时间要求高的货物，在节省运费方面也没有突出表现，有时反而会加重运费的负担。

二、国际航空货物出口运输的代理业务程序

（一）揽货

揽货时，一般需要向出口单位介绍本公司的代理业务范围、服务项目及各项收费标准，双方就各项事宜达成协议后，需向发货人提供"国际货物托运书"，委托书由发货人填写并加盖公章，作为委托和接受委托的依据。

（二）订舱

订舱是向航空公司申请运输并预定仓位的行为。货物订舱需根据发货人的要求和货物本身的特点而定，一般来说，大宗货物、紧急物资、鲜活易腐物品、危险品、贵重物品等，必须预定仓位，而非紧急的零散货物，可以不预定仓位。

订舱的流程是接到发货人的发货预报后，向航空公司领取并填写订舱单，写明货物的名称、体积、重量、件数、目的地以及要求出运的时间等，航空公司根据实际情况安排航班和舱位。

（三）接单接货

接单是指航空货运代理公司在订妥舱位后，接受托运人或其代理人送交的已经审核确认的托运书及报告单证和收货凭证；接货是指航空货运代理公司把即将发运的货物从发货人手中接过来并运送到机场。接单与接货一般同时进行。

（四）制单

制单是指缮制航空货运单，包括总运单和分运单。缮制航空货运单是空运出口业务中最重要的环节，运单填写的正确与否直接关系到货物能否及时、准确地运达目的地。因此必须详细、准确地填写各项内容，严格遵守单货一致、单单一致的要求。

（五）出口报关

出口报关是指发货人或其代理人在货物发运前,向出境地海关办理货物出口手续的过程。

（六）提板箱

通常来说,航空货运大都以集装板、集装箱的形式装运,发货人或其代理根据订舱计划向航空公司申领板、箱并办理相应的手续。航空货运代理公司将体积为 2 立方米以下的货物作为小货交给航空公司拼装,大于 2 立方米的大宗货或集中托运拼装货,一般均由货运代理自己装板装箱。

（七）交接发运

交接发运就是向航空公司交单交货,由航空公司安排航空运输。交单是将随机单据和应由承运人留存的单据交给航空公司,随机单据包括第二联航空运单正本发票、装箱单、产地证明、品质鉴定书等;交货就是把与单据相符的货物交给航空公司。

（八）信息传递

航空货运代理公司在发运货物后,应及时将发运信息传递给发货人,向其提供航班号、运单号和出运日期等,并随时提供货物在运输过程中的准确信息,同时,还应将发货人留存的单据,包括盖有放行章和验讫章的出口货物报关单、出口收汇核销单、第三联航空运单正本以及用于出口产品退税的单据,交付或寄送给发货人。

（九）费用结算

费用结算主要涉及同发货人、承运人和国外代理人三方面的结算。其中同发货人结算费用是指在运费预付的情况下,收取航空运费、地面运输费、各种服务费和手续费。同承运人结算费用是指向承运人支付航空运费及代理费,同时收取代理佣金。同国外代理人费用结算主要涉及付运费和利润分成。

➤ 三、航空货物进口运输的代理业务程序

（一）到货预报

在国外发货之前,由国外代理公司将运单、航班、件数、重量、品名、实际收货人及其地址、联系电话等内容通过传真或 E-mail 发给目的地代理公司,这一过程被称为预报。到货预报的目的是使代理公司作好接货前的所有准备工作。

（二）交接单货

航空货物入境时,与货物相关的单据如运单、发票、装箱单等也随机到达,运输工具及货物处于海关监管之下。货物卸下后,将货物存入航空公司或机场的监管仓库,进行进口货物检验单录入,供报关用。同时,航空公司地面代理人与货运代理公司进行交接,交接时要做到单单核对、单货核对。

（三）理货仓储

代理公司自航空公司接货后,即短途驳进自己的监管仓库,组织理货及仓储。

（四）分类理单

运单分类,一般有:分航班号理单,分进口代理理单,分货主理单,分口岸、内地或区域理

单,分运费预付或到付理单,分寄发运单或自取运单客户理单这几种理单形式。代理公司理单人员须根据实际情况,逐单审核编配,凡单证齐全、符合报关条件的即转入制单、报关程序,否则立即与货主联系,催齐单证,使之符合报关条件。

(五)到货通知

货物到目的港后,航空货运代理公司应从航空运输的时效出发,为减少货主的仓储费,避免海关征收滞纳金,在到货后的第一个工作日就要设法通知货主,做到尽快通知货主到货情况,提醒货主配齐有关单证,尽快报关。

(六)制单

制单是指按海关要求,依据运单、发票、装箱单及证明货物合法进口的有关批准文件,制作"进口货物报关单"。

(七)进口报关

进口报关是进口运输中关键的环节。报关程序中还有许多环节,在向海关申报后,海关有初审、审单、征税、验放等主要环节。

(八)收费发货

继报关、检验等进口手续后,货主须凭盖有海关放行章、检验检疫章的进口提货单到所属监管仓库付费提货。仓库在发放货物前,一般先将单证和到付运费及垫付佣金、报关费、仓储费、装卸费、关税等费用收讫,仓库发货时,需检验提货单据上各类报关、报验章是否齐全,并登记提货人的单位、姓名、身份证号以确保安全。

四、航空货运单

航空货运单是由托运人或以托运人的名义填制,是托运人和承运人之间在承运人的航线上运输货物所订立的运输契约的凭证。它与海运单不同,它不是通常意义上的有价证券或物权凭证,不具有可转让性。

(一)航空货运单的种类

航空货运单主要有航空主运单和航空分运单两类。

1.航空主运单

航空主运单是航空货运代理公司把来自不同托运人的货物集中在一起,进行集中托运,向航空公司交付货物的凭证。

2.航空分运单

航空分运单是由航空货运代理公司在进行集中托运货物时,从各个托运人处收取货物,签发给每个托运人的运单。

(二)航空货运单的作用

1.运输合同的证明

航空货运单不是运输合同,但它是证明合同成立,以及随即产生的承运人与托运人之间相应的法律关系客观存在的证据。

2.接收货物的证明

当发货人将其货物发运后,承运人或其代理将一份航空运单正本交给发货人,作为已接受其货物的证明。

3.运费账单

航空运单上分别记载着属于收货人与发货人应负担的费用,因此,航空公司将第二联正本运单留存作为运费账单,同时,货运代理之间的费用结算也以航空运单作为凭证。

4.报关单据

当航空或运达目的地后,应向当地海关报关。在报关所需的各种单证中,航空运单通常是海关放行查验时的主要凭证。

5.保险证书

若承运人承办保险或发货人要求承运人代办保险,则航空运单即可作为保险证书。

任务五　国际陆路货物运输

➤一、国际公路货物运输

(一)国际公路货物运输的概念和特点

国际公路货物运输是指国际货物借助一定的运载工具,沿着公路作跨及两个或两个以上国家或地区的移动过程。它是车站、港口和机场集散物资的重要手段。

国际公路运输具有机动灵活、简洁方便的优势,适宜短距离的货物集散转运,更有利于实现"门到门"的货物运输。同时,从机场、港口、码头等设施进行货物的转运和集散时,国际公路运输更是一种必要的运输手段。然而,其也有一定的缺点,如:载重量小,对于大体积和重量很大的货物来说,显得力不从心;另外,受路况影响较大,路况不好的运输段容易产生货损和运输事故,运输费用也较高。

(二)国际公路货物运输的程序

1.托运人填写运单

托运人,即发货人应首先填写运单,否则,托运人将对由于运单内容不确切致使承运人遭受的损失负责。

(1)运单的性质。

运单是运输合同的证明,是承运人收到货物的初步证据和交货的凭证。在国际公路货物运输中,运单一般具有以下性质:

①运单是运输合同的证明。

②运单是货物的收据、交货的凭证。

③运单是解决责任纠纷的依据。

④运单不是物权凭证,不能转让买卖。

(2)运单的签发。

运单应由托运人(发货人)和承运人签发三份正本,签字可以是印刷的或经运单签发国的法律允许,由托运人(发货人)和承运人以盖章代替,第一份交托运人(发货人),第二份交付跟随货物,第三份由承运人留存。

当待装货物在不同车内或一辆车内装有不同种类货物或数票货物,托运人(发货人)或承運人有权要求对使用的每辆车、每种货或每票货分别签发运单。

（3）运单的内容。

一般来说，运单的内容主要包括：运单签发日期和地点，托运人（发货人）名称和地址，承运人名称和地址，货运接管的地点及日期和指定的交付地点，收货人名称和地址，一般常用的货物品名和包装方法，件数和其特殊标志的号码，货物毛重或以其他方式表示的数量，与运输有关的费用，办理海关和其他手续所必需的通知，不允许转运的说明，托运人（发货人）负责支付的费用，"现款交货"费用的金额，货物价值和交货优惠利息金额的声明，托运人（发货人）关于货物保险所给予承运人的指示，议定的履行运输的时效期限，交付承运人的单据清单。此外，还可以在运单上填写有用的其他事项。

2. 承运人接管货物

在这一程序中，承运人将核对在运单中件数、标志、号码申报的准确性和货物的外表状况及其包装。托运人（发货人）有权要求承运人核对货物的毛重或以其他方式表示的数量，也可要求对货物的内容进行核对。承运人有权对此种核对产生的费用提出索赔，核对结果应记入运单中。如运单中未包含承运人的特殊保留条件，除非有相关证明，则应认为当承运人接管货物时，货物和包装外表状况良好，件数、标志和号码与运单中的说明相符。

3. 办理海关及其他手续

同其他运输方式一样，国际公路货物运输也要依法办理海关手续及其他程序的手续，其内容流程与其他运输方式办理手续相同。

4. 货物交付与处置

货物到达指定的交货地点后，收货人有权凭收据要求承运人将第二份运单和货物交付，同时，收货人此时应支付运单中作规定的应支付费用。

如果货物到达指定交付地点后，有情况妨碍货物交付，承运人应要求托运人（发货人）给予指示。如果收货人拒绝接货，托运人（发货人）应有权处置货物而无需出示第一份运单。当收货人行使运单中托运人授予的货物处置权而指示将货物交付另一人后发生交货受阻的情况，承运人应要求原收货人给予指示。

➤ 二、国际铁路货物运输

（一）国际铁路货物联运的概念和特点

国际铁路联运是指货物经由两个或两个以上国家的铁路进行运送，使用一份运送票据，并以连带责任办理货物的全程运输。与国内铁路运输不同的是，在由一个国家的铁路向另一个国家的铁路移交货物时，无须发货人和收货人参加。

从国际铁路联运的概念中，可以看出其具备以下几个特点：

①涉及面广。运输会经由两个或两个以上的国家。

②运输条件高。每批货物的运输条件都要符合有关国际联运的规定。

③单据规定复杂。货物必须在两个或两个以上的国家内运送，在办理国际铁路联运时，其运输票据、货物、车辆及有关单证都必须符合有关规定和一些国家的要求。

④使用一份铁路联运票据完成货物的跨国运输。

⑤运输责任方面采用统一责任制。

⑥仅使用铁路一种运输方式。

（二）国际铁路联运货物出口运输组织

1.国际铁路货物联运出口货物运输计划的编制

国际铁路货物联运出口货物运输计划一般是指月度要车计划,它是对外贸易运输计划的组成部分,国际铁路货物联运月度要车计划采用"双规（铁路、外贸）上报、双轨下达"的方式,其编制程序有以下四个步骤:

①各省市自治区发货单位应按当地铁路部门的规定,填制"国际铁路联运"月度要车计划表。

②各铁路局汇总发货单位的要车计划后,上报铁道部,各省市自治区经贸厅（局）和各进出口总公司在审核汇总所属单位的计划后,报送商务部。

③商务部汇总审核计划后,与铁道部平衡核定。

④月度要车计划经两部平衡核定,并经有关国家的铁道部门确认后,由商务部核准的结果通知各地商务厅（局）和各进出口总公司,各地商务厅（局）和各进出口总公司再分别转告所属发货单位;各铁路局（分局、分站）将铁道部批准的月度要车计划分别通知发货单位。

2.国际铁路货物联运的托运和承运

发货人在托运货物时,应向车站提交货物运单,以此作为货物托运的书面申请,车站接到运单后应进行认真审核。整车货物办理托运,车站应检查是否有批准的月度、旬度的货物运输计划和要车计划,检查运单上的各项内容是否正确,如确认可以承运,应予签证。

发运零担货物与整车货物不同,发货人在托运时不需要编制月度、旬度要车计划,凭运单直接向车站申请托运,车站受理托运后,发货人应按签证指定的日期将货物搬进货场送到指定的货位上,经查验、过磅后即交由铁路保管。当车站将发货人托运的货物连同货物运单一同接受完毕,在货运单上加盖承运日期戳时,即表示货物业已承运。

托运、承运完毕,铁路运单作为运输合同即开始生效,铁路按《国际货协》的规定对货物负保管、装车并运送到指定目的地的一切责任。

知识链接

国际铁路货物联运办理的种别

整车:整车是指按一份运单托运的按其体积或种类需要单独车辆运送的货物。

零担:零担是指按一份运单托运的一批货物,重量不超过5000千克,按其体积或种类不需要单独车辆运送的货物。

大吨位集装箱:大吨位集装箱是按一份运单托运的,用大吨位集装箱运送的货物或空的大吨位集装箱。

3.国际铁路货物联运出口货物在国境站的交接

国境站除办理一般车站事务外,还办理国际铁路联运货物、车辆和列车与邻国铁路的交接,货物的换装或更换轮对,运送票据、文件的翻译及货物运送费用的计算与复核等项工作,其交接一般货物的程序是:

①出口国境站货运调度根据国内前方站列车到达预报,通知交接所和海关做好接车准备。

②出口货物列车进站后,铁路会同海关接车,并将列车随带的票据送交接所处理,货物及列车接受海关的监管和检查。

③交接所实行联合办公,由铁路、海关、外运等单位参加,并按照业务分工开展流水作业,协同工作。

以上仅是一般货物的交接过程,对于特殊货物的交接,如鲜活、易腐、超重、超限的货物,则按合同和有关协议规定,由贸易双方商定具体的交接方法和手续。

4. 国际联运出口货物的交付

国际联运出口货物抵达到站后,铁路应通知运单中所记载的收货人领取货物。在收货人付清运单中所记载的一切应付运送费用后,铁路必须将货物连同运单交付给收货人,收货人只有在货物因损毁或腐坏而使质量发生变化,以致部分货物或全部货物不能按原用途使用时,才可以拒绝领取货物。收货人领取货物时应在运行报单上填记货物领取日期,并加盖收货戳记。

(三)国际铁路货物联运进口运输组织

1. 联运进口货物运输标志的编制

运输标志又称唛头,一般印制在货物外包装上。我国规定,联运进口货物在订货工作开始前,由商务部统一编制向国外订货的代号,作为收货人的唛头,各进出口公司必须按照统一规定的收货人唛头对外签订合同。

2. 审核联运进口货物的运输条件

联运进口货物的运输条件是合同中不可缺少的重要内容,因此必须认真审核,使之符合国际联运和国内的有关规章制度。审核联运进口货物运输条件的内容主要包括收货人唛头是否正确、商品品名是否准确具体、货物的性质和数量是否符合到站的办理种别、包装是否符合有关规定等。

3. 向国境站寄送合同资料

合同资料是过境站核放货物的重要依据,各进出口公司在贸易合同签字以后,要及时将一份合同中文抄本寄给货物进口口岸的对外贸易运输(集团)分公司。合同资料包括合同的中文抄本及其附件、补充书、协议书、变更申请书、更改书和有关确认函电等。

4. 联运进口货物在国境站的交接与分拨

联运进口货物的交接程序与出口货物的交接程序基本相同,其做法是进口国境站根据邻国国境站货物列车的预报和确报,通知交接所及海关做好到达列车的检查工作,进口货物列车到达后,铁路会同海关接车,由双方铁路进行票据交接,然后将车辆交接单及随车带交的货运票据呈交接所,交接所根据交接单办理货物和车辆的现场交接。海关则对货物列车执行实际监管。

我国进口国境站交接所通过内部联合办公,开展单据核放、货物报关和验关工作,然后由铁路负责将货物调往换装线,进行换装作业,并按流向编组向国内发运。

任务六 保税仓库、保税区和自由贸易区

➤一、保税仓库

(一)保税仓库的概念

保税仓库(bonded warehouse)是指经海关批准设立的专门存放保税货物及其他未办结海

关手续货物的仓库。经海关批准可以存入保税仓库的货物有:加工贸易进口货物,转口货物,供应国际航行船舶和航空器的油料、物料和维修用零部件,供维修外国产品所进口寄售的零配件,外商进境暂存货物,未办结海关手续的一般贸易进口货物,经海关批准的其他未办结海关手续进境货物。

(二)保税仓库的类型

1.公用型保税仓库

公用型保税仓库是指由主管仓储业务的中国境内独立企业法人经营,专门向社会提供保税仓储服务的保税仓库。

2.自用型保税仓库

自用型保税仓库是指由特定的中国境内独立企业法人经营,仅存储本企业自用保税货物的保税仓库。

3.专用型保税仓库

专用型保税仓库是指专门用来存储具有特定用途或特殊种类商品的保税仓库。专用型保税仓库又可分为液体危险品保税仓库、备案保税仓库、寄售维修保税仓库和其他专用保税仓库。

(三)保税仓库的报关程序

1.进库报关

进库报关是指货物在保税仓库所在地进境时,除国家另有规定的情况外,免领进口许可证,由收货人或其代理人办理进口报关手续,海关进境现场放行后存入保税仓库的报关过程。

2.出库报关

出库报关有进口报关和出口报关两种情况。

(1)进口报关。

保税仓库货物出库用于加工贸易的,由加工贸易企业或其代理人按加工货物的报关程序办理进口报关手续。

保税仓库货物出库用于可以享受特定减免税的特定地区、特定企业和特定用途的,由享受特定减免税的企业或其代理人按特定减免税货物的报关程序办理进口报关手续。

保税仓库货物出库进入国内市场或使用于境内其他方面,由收货人或其代理人按一般进口货物的报关程序办理进口报关手续。

(2)出口报关。

保税仓库货物为转口或退运到境外而出库的,保税仓库经营企业或其代理人按一般出口货物的报关程序办理出口报关手续,但可免缴出口关税,免交验出口许可证件。

保税仓库货物出库根据情况可以逐一报关,也可以集中报关。集中报关是指保税货物出库批量少、批次频繁的,经海关批准可以办理定期集中报关手续。

知识链接

保税仓库的设立

(1)经工商行政部门注册登记,具有企业法人资格。

(2)注册资本最低限额为300万元人民币。

（3）具备向海关缴纳税款的能力。

（4）具有专门存储保税货物的营业场所。

（5）经营特殊许可商品存储的，应当具有规定的特殊许可证件。

（6）经营备料保税仓库的加工贸易企业，年出口额最低为 1000 万美元。

（7）法律、行政法规、海关规章规定的其他条件。

保税仓库应当设立在设有海关机构、便于海关监管的区域，企业申请设立保税仓库的，应向仓库所在地主管海关提交书面申请，提供能够证明已具备要求条件的有关文件。

二、保税区

（一）保税区的含义和功能

保税区（bonded area），是指经国务院批准在中华人民共和国境内设立的由海关进行监管的特定区域。保税区具有的功能有出口加工、转口贸易、商品展示、仓储运输等。也就是说，保税区既有保税加工的功能，又有保税物流的功能，但其主要的功能是保税物流。在保税区内，仅设置保税区行政机构和企业，除安全保卫人员外，其他人员不得在保税区内居住。

（二）保税区的海关监管措施

保税区与境内其他地区之间，应当设置符合海关监管要求的隔离设施。在保税区内设立的企业，应当向海关办理注册手续。区内企业应当依照国家有关法律、行政法规的规定设置账簿、编制报表，凭借合法、有效的凭证记账并进行核算，记录有关进出口保税区货物和物品的库存、转让、转移、销售、加工、使用和损耗等情况。

区内企业应当与海关实行计算机联网，进行电子数据交换，海关对进出口保税区的货物、物品、运输工具、人员及区内有关场所，有权依照《中华人民共和国海关法》的规定进行检查、查验。区内企业在保税区内举办境外商品和非保税区商品的展示活动时，展示的商品应当接受海关监管。国家禁止进出口的货物、物品，不得进出保税区。为保税加工、保税仓储、转口贸易、展示而进口进入保税区的货物均可以保税。

为了支持保税区的发展，保税区对某些符合规定的、属于免税优惠范围的物资、设备、办公用品等实行免税优惠。

（三）保税区进出口货物的报关程序

1.进出境报关

进出境报关采用报关制和备案制相结合的运行机制，即保税区与境外之间进出境的货物，属自用的，采取报关制，填写"进出口报关单"；属非自用的，包括加工出口、转口、仓储和展示的货物，采取备案制，填写"进出境备案清单"。

2.进出区报关

进出区报关要根据不同的情况，按不同的报关程序报关。

（1）保税加工货物进出区。

保税加工货物进区，报出口，要有"加工贸易登记手册"或者"加工贸易电子账册"，填写"出口报关单"，提供有关的许可证件，海关不签发"出口货物报关单退税证明联"。

保税加工货物出区，报进口，按不同的流向填写不同的"进出口货物报关单"。出区进入国内市场的，按一般进口货物报关，填写"进口货物报关单"，提供有关的许可证件；出区用于加工贸易的,按加工贸易货物报关,填写加工贸易"进口货物报关单",提供"加工贸易登记手册"或者"加工贸易电子账册";出区用于可以享受特定减免税企业的,按特定减免税货物报关,提供"进出口货物征免税证明"和其他许可证件,免征进口税。

(2)进出区外发加工。

保税区企业货物外发到区外加工或区外企业货物外发到保税区加工,需经主管海关核准;进区提交外发加工合同向保税区海关备案,加工出区后核销,不填写"进(出)口货物报关单",不缴纳税费;出区外发加工的,须由区外加工企业在加工企业所在地海关办理加工贸易备案手续,需要建立银行保证金台账的,应当设立台账,加工期限最长6个月,情况特殊的,经海关批准可以延长,延长的最长期限为6个月;备案后按加工贸易货物出区进行报关。

(3)设备进出区。

不管是施工设备还是投资设备,进出区均须向保税区海关备案,设备进区不填写报关单,不缴纳出口税,海关不签发"出口货物报关单退税证明联"。设备如果从国外进口已征进口税的,不退进口税;设备退出区外,也不必填写报关单申报,但要报保税区海关销案。

➤ 三、自由贸易区

(一)自由贸易区与自由贸易港

1. 自由贸易区

自由贸易区(free trade zone),是指在贸易和投资等方面比世贸组织有关规定更加优惠的贸易安排,在主权国家或地区的关境以外,划出特定的准许外国商品豁免关税自由进出的区域。实质上是采取自由港政策的关税隔离区。

狭义的自由贸易区仅指提供区内加工出口所需原料等货物的进口豁免关税地区,类似于出口加工区。广义的自由贸易区还包括了自由贸易港和转口贸易区。

2. 自由贸易港

(1)自由贸易港的概念。

自由贸易港是指设在国家与地区境内、海关管理关卡之外的,允许境外货物、资金自由进出的港口区。对进出港区的全部或大部分货物免征关税,并且准许在自由港内开展货物自由储存、展览、拆散、改装、重新包装、整理、加工和制造等业务活动。

(2)自由贸易港的分类。

自由贸易港依贸易管制情况可分为完全自由贸易港和有限自由港。

①完全自由贸易港,是指对所有商品进出口都实行免税的自由贸易港。

②有限自由港,是指对少数商品征收少量关税并有某些贸易限制的自由贸易港。

📋 知识链接

自由贸易港的发展

自由贸易港最早产生于欧洲,13世纪法国马赛港就开辟了自由贸易区。随着世界经济和贸易的发展,自由贸易港的数量越来越多,已达130多个。

自由贸易港划在一国关境之外,外国商品进出港口除免交关税外,还可在港内自由改装、加工、长期存货销售,但必须遵守所在国的有关政策和法令。自由贸易港主要从事转口贸易,有些自由贸易港与非自由贸易港区域划分明显,但有些划分不明显。一些不处于港口地区的自由贸易区,除从事转口贸易外,还从事加工、旅游、服务等行业。开辟自由贸易港可以扩大转口贸易,并从中获得各种贸易费用,扩大外汇收入。

目前排名世界集装箱港口中转量第一位和第二位的自由贸易港分别是新加坡港和中国香港,其均实施自由港政策,吸引大量集装箱前去中转,奠定其世界集装箱中心枢纽的地位。

(二)自由贸易区的类型

1. 自由贸易港

一般来讲,自由贸易港应处于外贸货物吞吐量大、国际航线多、联系的国家和地区多、腹地外向型经济发达的港口。

2. 综合型自由贸易区

综合型自由贸易区是指在一个国家或地区之内,兼备贸易、出口加工业,并经允许和鼓励金融业、旅游业、交通电讯业、物流业和科教卫生事业从而获得发展的贸易区域。

3. 贸易型自由区

贸易型自由区利用优越的自然地理环境,以贸易为主,发展国际贸易,促进区内经济全面发展。

4. 出口加工区

出口加工区又称为工业型的自由贸易区,主要从事加工为主,以转口贸易、国际贸易、仓储运输服务为辅,目前在亚非拉等国家比较普遍。

5. 工贸结合型自由贸易区

工贸结合型自由贸易区利用优越的交通位置,从事出口加工、转口贸易、国际贸易、仓储运输服务等综合业务。

6. 保税仓库区

保税仓库区又被称为物流型的自由贸易区,是指利用保税政策而设立的,在港口建立保税仓库区的自由贸易区。

在港口建立保税仓库区有许多好处,其可使进入保税仓库区的货物不受数量、种类及配额限制,且免征关税,无需办理报关手续,因而使外国厂商或贸易商能够把握最有利的时机,将其仓储的货物转销到其他国家和地区,以获得最佳利润。进入保税仓库区的货物,可以拆包、改装、加换标签,或将不良、损坏的产品加以整修更换,使产品更能适应国际市场的需要。

(三)世界自由贸易区发展的特点

1. 自由贸易区的功能综合

国际上自由贸易区的基本功能是进出口贸易、转口贸易、仓储、商业或工业性简单加工、商品展示及金融、货运等服务贸易功能。在区域数量增加的同时,各国各地区在发展自己的海关特殊监管区时也更加注重了功能的拓展和相互间的融合。自 20 世纪 70 年代起,以转口贸易和进出口贸易为主的自由贸易区和出口加工区开始转化或相互融合,功能逐渐趋向综合化,区域功能范围较宽,加工、物流一般是主业,同时金融、保险、商贸、中介等第三产业和服务贸易发展成效显著。如德国的汉堡自由贸易区、爱尔兰的香农自由贸易区、韩国的马山出口加工区等,均体现了这一发展趋势。

2. 自由贸易区的法制完备

为实现自由贸易区在吸引投资、引进技术、服务本国经济等方面的作用,一国或地区总是在区内实行一定的特殊经济政策。但政策相对法律而言,具有应急、灵活有余而严谨、稳定不足的特点,所以世界大多数自由贸易区,一般都将所施行的经济政策,以法律形式固定下来,且立法级别通常为中央层面。先立法后设区已经成为国际上设置并运行自由贸易区的惯例做法,以严密的法律法规来保障自由贸易区的健康发展。代表性较强的有美国对外贸易区、巴西玛瑙斯自由贸易区、马来西亚自由工业区等。

3. 自由贸易区的管理高效

世界自由贸易区设立后,中央政府会设立专门的机构对其进行宏观管理,设立的机构有权对所设区域内的一切机构与事务进行监管、有权自行制定法律与条例、有权独立行政而不受其他职能部门干预等。如美国的对外贸易区委员会、欧盟的欧盟理事会、墨西哥的部际委员会、巴拿马的自由贸易区管理委员会等最具有典型意义。

4. 自由贸易区的政策优惠

目前世界各国或地区针对自由贸易区实行的经济政策,虽因经济发展水平、政治制度不同而有所差异,但比国内其他经济地区享有更多的优惠待遇是一个共同点。自由贸易区作为"境内关外",为鼓励外商前来投资,要求进出境关税豁免,境外进出特殊监管区的货物,包括转运、储存,均无须缴纳关税,且一般不受数量限制;区内货物运往境内其他区域,需征收关税,征收对象一般是根据出区货物所含进口部分的原材料或零部件。

如智利的伊基克自由贸易区,除了免收关税外,还免公司所得税和增值税,货物(包括生活资料)免除一切地方税,进口货物仅征货价 3% 的货物税。而在巴拿马科隆自由贸易区,客户每年需交的主要税种是公司所得税,税率为 2.5%~8.5%,而其他地区则高达 32%,地方税收仅交车辆牌照税,其余全部免税。

5. 自由贸易区的海关监管便捷

海关机构大都比较精简,管理便捷,监管手续简化,一概免除繁杂的常规手续,对区内企业和货物实行"一线放开,二线管住,区内自由"和"管住卡口,管出不管进",因此自由贸易区通关速度高,货物集散快,物流量大。如汉堡自由港对区内的非监管货物,只要能够提供有关单证证明,视同在欧盟境内另一口岸已办结手续,海关也可予以通行。

实训八　国际多式联运

实训目标
掌握国际多式联运的主要业务。

实训要求
会根据实际状况安排国际多式联运。

项目描述
2015 年 9 月 16 日,江苏宏发造纸厂委托青岛鹏飞外贸公司与洛杉矶废纸公司签订了一份贸易合同,购买进口美废 11 号,生产箱板纸共计 20 吨,装于一个 20 英尺的标箱内,贸易条件为 FCA。起始地为芝加哥,目的地为南京。之后,青岛鹏飞外贸公司又委托中海集运作为这票货物的多式联运经营人完成"门到门"的运输任务,并且该公司自有集装箱卡车可完成国内公路段的运输。

根据以上资料,假设你是中海集运公司的物流人员,请分组模拟完成这票货物的多式联运进口业务。

项目小结

本项目介绍了国际货物运输的基本知识,包含了国际海运、国际空运的业务介绍和国际多式联运的讲练结合,明确了国际货物运输在运输中的重要性,主要就国际进出口货物的知识和国际货运方式做了详细介绍,侧重介绍了国际海上货物运输和国际航空货物运输的业务要点。

思考与练习

1.班轮运输的特点是什么?

2.主要的国际航空货物运输方式有哪些?

3.海关查验有哪些要求?

项目九
运输分析与决策

学习目标

知识目标：

了解运输合理化的途径；

熟悉各种运输方式的技术经济特性；

掌握运输方式选择的方法；

掌握运输路线的选择和优化方法。

技能目标：

能够结合理论知识，解决实际的运输方式选择问题；

能够运用节约里程法选择最短的运输路线。

案例导入

中国制造挺进欧洲：8条中欧货运班列领跑"一带一路"

从马德里出发，直奔中亚，目标中国义乌。2015年2月22日（农历正月初四）上午10点，经过24天的长途跋涉，从西班牙首都马德里返程的国际货运班列缓缓驶入义乌西站。这是"义新欧"国际铁路联运大通道运行以来的首趟回程班列，也是西班牙乃至欧洲商品第一次通过铁路直接运抵义乌。

"一带一路"

"我感到很振奋，也充满信心。"在义乌做外贸生意的东北商人老纪，最近一直很关注"义新欧"班列的运行情况。他说，相比中亚和中东地区，他更愿意做欧洲和南美的生意，"这可以保证我有足够的利润，实现我对产品质量的追求、产业升级的理想"。

相对海运，火车运输成本要高，但对于一些易变质或附加值较高的商品，这是极具吸引力的替代选择。中国远洋运输（集团）公司一位常年在义乌做货运代理生意的林姓商人，每年大概有1500多个标箱的货物发往西班牙。首趟"义新欧"班列，就搭载了他们的18个货柜。柜子里装的，都是从义乌小商品市场采购的箱包、日用品和饰品。他选择"义新欧"的原因，主要就是考虑运输成本。从义乌到西班牙，如果走空运，一个货柜运费高达40万元人民币，海运大概4000美金，但需要至少35天，资金回笼压力巨大。18个货柜，按一个柜子40万元货值算，加起来720万元，每天银行利息就要不少钱。这还不算台风、触礁等意外风险以及经常波动的海运运价。因为有政府补贴，现在直达马德里的这趟货运班列，运费只比海运高20%。他表示，如果"义新欧"能够像义乌—中亚五国班列一样常态化运行的话，公司约有四成货柜会改走铁路。

拥挤的丝绸之路

据"义新欧"运营方透露，为保证首趟货运班列如期开行，从2014年9月份开始，他们就开始在西班牙设点，为返程列车组货。但即便如此，返程列车仍未满载而归。这部分折射出中西之间的贸易失衡状况：大量中国货涌入西班牙，但西班牙的对华出口额却少得多。2013年，西班牙对华贸易逆差高达134.2亿欧元。"义新欧"的到来令西班牙侨界一片欢腾。但与此同时，部分华商对铁路运输仍持观望态度。如果无法解决返程空驶问题，就意味着出口商的成本压力大大增加。多位接受记者采访的业内人士均表示，单向性是物流业的大忌，缺乏返程货物一直是制约中欧班列成本降低的一大原因。目前，"义新欧"班列的运费成本约为海运的三倍。

将中国货物运往欧洲的传统方式是海路运输，但自2011年10月重庆发出第一班直达杜伊斯堡的国际货运列车之后，从中国内陆到欧洲的铁路线变得日益繁忙。在中国确定"一带一路"战略后，各省纷纷不惜重金补贴打造中欧班列交通线，以致中国铁路总公司于2014年下半年再次调整了中欧班列运行图，将运行线路由8条增加至19条。跨越亚欧大陆桥的"新丝绸之路"正逐渐变得拥挤。这些定期运营的班列，开行方是各地铁路局，运营方有国企、民企和外企。其中，苏州始发的班列，运营方是德国物流业巨头DHL。经由"新丝绸之路"，中国的商品15天左右就可以运抵莫斯科、华沙、汉堡等城市，时间相当于海路运输的1/3。

但和"义新欧"一样，这些班列都面临从欧洲很难揽到足够回程货物的问题。这是由中欧贸易结构决定的，目前中欧每年陆路运输量7000多万吨、海运量2亿多吨，但大部分货物都是中国出口到欧洲，欧洲对华出口仅有少量的精密仪器、机械、高档服装等。而中国货运代理企业在海外网点也不健全，揽货能力有限。以重庆始发的"渝新欧"为例，在开通两年多后的2013年3月，才迎来首趟回程载货列车和几个零散的集装箱。还有成都的"蓉欧"，原本希望2014年一季度能揽到回程货，但直到7月底才首次测试性运营回程货物，回程货物仅3个集装箱。一位中欧班列运营人士甚至透露，部分企业在发货到中亚或欧洲后，由于没有返程货物，运出去的集装箱在卸货后无法运回，不得不在国外直接廉价卖掉。

截至目前，"郑欧"已实现每周两班的班列化运营。但开通返程班列的只有"渝新欧"和"郑欧"线路。自2013年4月以来，成都至罗兹的班列已开行80趟，虽然货运量在不断增加，但迄今仍亏本运营。

西班牙《国家报》援引国内企业界人士的分析称，要使"义新欧"形成一条定期运营的固定线路并实现盈利，除了天气和商品价格，还取决于中西双方正在进行的谈判能否使更多种类的西班牙商品进入中国。

激发欧洲对华贸易

中共中央党校国际战略研究院教授、国际关系与国家统一研究室主任赵磊，将自己新春伊始的第一站丝绸之路经济带调研之行选在了新疆。"渝新欧"班列，现在运价比海运要便宜，但因回程货物缺乏，成本仍居高不下。赵磊指出："为什么没有回程货物呢？难道欧洲没有中国人需要的东西吗？当然有，但现在只是单方面的需求被激发出来了。"他回忆自己去英国访问的情景，当时英国的一个主管部长曾跟他讲，他们国家目前最需要的，是来自中国的投资。"为什么呢？英国曾是全球制造业的基地、世界工厂，但是他们的制造业基础已经衰落了，这么多年没有升级换代。"至于引进的投资究竟有何用途，这位部长给出的答案是："提升英国的制造业基础，让英国人能够生产更好的产品。"赵磊分析，这其实包含了多重意思。提升英国的制造业基础，加大相关基础设施建设，这个过程中还可以生产产品，解决英国的就业问题。最后，生产出的这些产品,再卖到中国。

在赵磊看来,欧中贸易需求的信号其实已经很强烈。"李克强总理到欧洲的时候,一方面推荐我们的优势产业,包括核能、动车,但另一方面,欧洲的企业也嗅到了中国的商机,纷纷向克强总理和中国企业推荐他们的产品。"要解决"最后一公里"问题,就需要有了解中国需求同时熟悉欧洲优缺点的中介,比如说服务类、贸易类的公司能够加入进来。"目前中欧班列空驶的情况还比较多,但我相信,如果把这'最后一公里'做好,三五年之后情况就会有所改观。"

(资料来源:中国制造挺进欧洲:8条中欧货运班列领跑"一带一路"[EB/OL].凤凰财经网.)

学而思

1. 中欧班列目前存在哪些问题与挑战?
2. 怎样解决目前中欧班列回程空驶的问题?
3. 从运输合理化的角度讨论中欧班列开行的意义。

任务一　运输合理化

运输合理化是指从物流系统的总体目标出发,按照货物流通规律,运用系统理论和系统工程的原理和方法,合理选择运输路线和运输工具,以最短的路径、最少的环节、最快的速度和最少的劳动消耗,组织好货物的运输与配载,以期获取最大的经济效益。

运输合理化直接关系着物流活动的组织效率与效果。合理的运输活动不仅能够节约物流成本,提高商品流通速度,同时,由于它能有效地连接生产和消费,从而既有利于物流服务和商品附加值的实现,又能有效地促进生产商的生产。

一、合理运输的"五要素"

在物流系统中,实现运输合理化应当从多个因素入手,起决定性作用的有五方面的因素,称作影响运输合理化的"五要素"。

(一)运输距离

在运输时,运输时间、货损、运费和车辆周转等运输的若干技术经济指标,都与运输距离有一定比例关系,运输距离长短是决定运输是否合理的一个最基本的因素。因此,物流公司在组织商品运输时,首先要考虑运输距离,尽可能实现运输路径的优化。

(二)运输时间

运输是物流过程中需要花费较多时间的环节,尤其是远程运输,在全部物流时间中,运输时间短有利于运输工具的加速周转,充分发挥运力效能,有利于运输线路通过能力的提高,有利于货主资金的周转,对运输合理化具有重要的意义。

(三)运输费用

运输费用在物流总费用中占有很大比例,根据调查,对于物流企业来说,运输成本要占到物流总成本的35%～50%,对于商品来说,物流成本和费用也要占到商品价格的5%～10%,因此,运输费用是衡量物流经济效益的重要指标。运输费用的高低,不仅关系到物流企业或运输部门的经济核算,同时也影响着商品的销售成本。因此,运输费用也是各种合理化措施是否行之有效的最终判断依据之一。

(四)运输工具

各种运输工具都有其使用的优势领域,对运输工具进行优化选择,要根据不同的商品特点,选择最佳的运输线路合理使用运力,最大程度地发挥所用运输工具的作用。

(五)运输环节

运输业务活动,需要进行装卸、搬运、包装等多个环节。在实际操作中,多一道环节,势必会增加运输的附属活动,比如反复的装卸和搬运,在这一过程中,就势必会增加起运的运费和总运费。因此,减少运输环节,尤其是同类运输工具的运输环节,对合理运输有促进的作用。

二、不合理运输的形式

对运输环节进行优化是为了避免不合理运输的出现,不合理运输会造成运力的浪费以及运输费用不必要的增加,直接影响到物流效率。常见的不合理运输一般包括以下形式。

(一)空驶

空驶是不合理运输中最为严重的形式。在实际运输组织中,并不是所有空驶现象都属于不合理运输,因调运不当,货源计划不周,不采用运输社会化而形成的空驶,才是不合理运输的表现。一般造成车辆空驶主要有以下几种原因:

①能利用社会化的运输体系而不利用,却依靠自备车送货提货,造成单程空驶的现象。

②由于工作失误或计划不周,造成货源不实,车辆空去空回,形成双程空驶。

③车辆过分专用,无法搭运回程货,造成单程空驶。

(二)重复运输

可以直接运输的物资进行不必要的中转,称为重复运输。本来可以直接将货物运到目的地,但是在未达目的地或目的地之外的其他场所将货卸下,再重复装运送达目的地。这不仅浪费了装卸劳力,增加了作业负担,同时也增加了物资损耗和出入库手续,造成物流时间长、费用消耗高和资源占用等不利的影响。重复运输如图9-1所示。

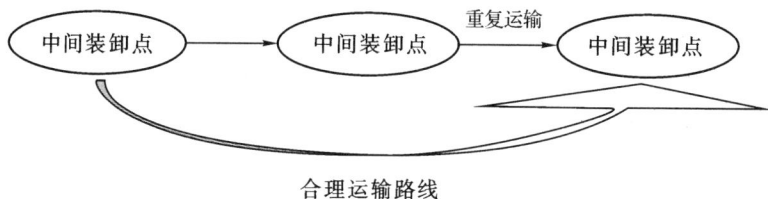

中间装卸点 → 中间装卸点 →(重复运输)→ 中间装卸点

合理运输路线

图 9-1 重复运输

(三)迂回运输

明明可以选取短距离运输,却选择路程较长路线进行运输的形式叫做迂回运输。同样的,并不是所有迂回现象都是不合理的运输形式,只有当计划不周、地理不熟、组织不当而发生的迂回,才属于不合理运输。迂回运输如图9-2所示。

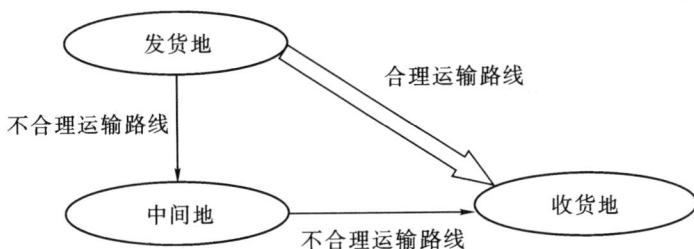

图 9 - 2 迁回运输

（四）过远运输

过远运输是指调运物资舍近求远，明明近处有资源，却从远处调运资源，拉长了货物运距，造成浪费现象。过远运输在运输总量中占有相当大的比重，主要表现在木材和建筑材料的运输上。在木材的不合理运输总量中，过远运输甚至达到了 70% 以上。

知识链接

迁回运输与过远运输的区别

迁回运输与过远运输虽然都属于拉长距离、浪费运力的不合理运输现象，两者不同之处表现在：过远运输是因为在选择运输资源时，商品或物资的供应地舍近求远，从而延长了运输的距离，而迁回运输则是因为运输线路的选择错误延长了运输距离。

（五）对流运输

对流运输也叫做相向运输，指同一种货物，或者不同种货物，但是彼此间可以相互替代而又不影响管理、技术和效益的货物，在同一线路上或平行线路上作相对方向的运送，而与对方运程的全部或一部分发生重叠的运输。对流运输如图 9-3 所示。

造成对流运输的原因主要有以下三个方面：

①物资流通体制不合理。物资流通领域内存在条块分割、多头管理、各行其是的现象。

②物资供需衔接不合理。这一点主要因为物资价格不合理、同类产品质量差异大，使得一些生产建设单位订购物资舍近求远，造成了一些生产企业的同类产品在同一区间内相互对流。

③物资中转环节过多。由于物资经过多次的转手买卖，造成货运里程的增加，物资被辗转运送。

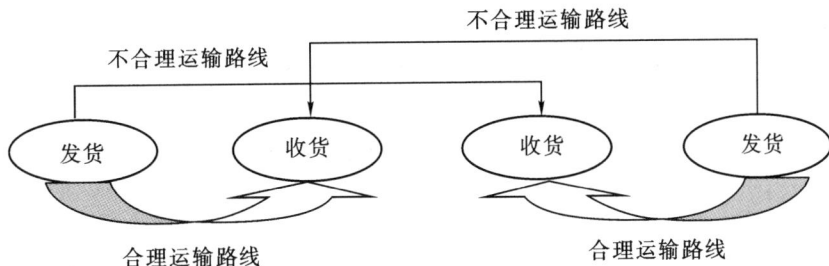

图 9-3 对流运输

（六）倒流运输

倒流运输是货物从销地或中转地向产地或起运地回流的一种运输现象。倒流运输对于运输活动造成了巨大的浪费,其原因在于,往返两程的运输都是不必要的,形成了双程的浪费。倒流运输如图9-4所示。

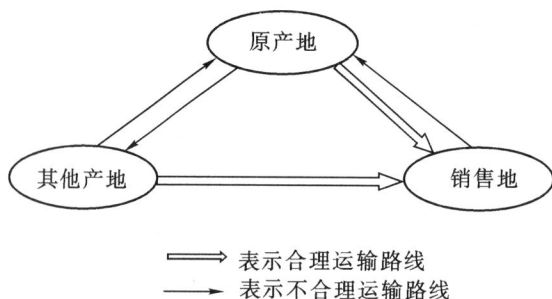

　　　　　⟹ 表示合理运输路线
　　　　　⟶ 表示不合理运输路线

图9-4　倒流运输

三、运输合理化策略

提高运输合理化的策略有很多,随着相关研究的深入,众多学者提出了不同的理论。根据现有研究,将运输合理化的策略总结为以下几个方面。

(一)选择合适的运输方式

一方面,不同的运输方式具有不同的技术经济特性,适合于不同的运输环境、运输线路和运输距离等;另一方面,不同的货物对于运输环境与条件也具有不同的需求。因此,在进行运输方式的选择时,要根据货物的大小、种类、数量,充分考虑货物性质,根据货主对货物运输的要求,进行充分的比较和分析,选择合适的运输方式。

(二)选择合理的运输工具

同一种运输方式下,具有多种运输工具,不同的运输工具服务于不同的运输环境和运输对象。因此,要根据商品的性质和数量等基本信息,选择合适种类、合适吨位的运输工具。

(三)选择正确的运输路线

在进行运输线路规划时,一般应坚持尽量选择直达、快速的运输路线的原则,尽量减少运输时间。在实际运输计划中,可以选择循环运输的形式,提高车辆的容积利用率和里程利用率,以节约运输费用,提高物流效率。

(四)提高运输工具的实载率

运输工具的实载率有两方面的含义:一个是指单车实际载重与运距的乘积和标定载重与行驶里程的乘积的比率,它是安排单车、单船运输时,判断装载是否合理的重要指标之一;另一方面的含义是指车船在一定时期内实际完成的货物周转量(单位:吨公里)占载重吨位与行驶公里乘积的百分比。

知识链接

吨公里

吨公里:货物运输的计量单位,"吨公里"就是表示1吨货物运送1公里的距离。100吨公里可以表示为:将100吨货物运输了1公里,也可以表示为:将1吨货物运输了100公里。

在进行运输活动时,应当充分利用运输工具的额定能力,减少车船空驶和不满载行驶的时间,从而减少运输过程中的浪费现象。

提高运输工具实载率的方法有很多,国内外学者在这一方面进行了大量研究,我国在中华人民共和国成立初期就在铁路运输领域提出了"满载超轴"的概念,提出充分利用铁路货车的容积和载重量,尽量做到不空驶、不浪费,大大提高了当时的运输效率。如今,铁路运输效率大大提高,"整车运输""合装整车""整车分卸""整车零卸"的概念被迅速提出并应用于实践。目前,国内外运输部门将"合理配载"的概念运用于运输实践,提出将多个委托人的货或者同一委托人不同种类的货进行配装,以达到运输工具容积和载重的充分运用,大大减少了车辆空驶的状况。

(五)减少运力投入,增加运输能力

其核心就是要少投入,多产出,走高效益之路。运输的投入主要在于运输能耗和运输基础设施的建设,在设施建设已定型和完成的情况下,应当尽量减少能源的投入。做到了这一点就能大大节约运费,降低单位货物的运输成本,达到合理化的目的。提高运输工具的空间利用效率,就是在运输工具最大载重允许的条件下,增加运输能力,减少其他运输工具的投入使用。实践中,"满载超轴"、水运拖排和拖带法、顶推法、汽车列车都是在这个方面的应用。

(六)发展社会化运输体系

在过去,物流公司依靠自有车辆,进行自我服务,规模小、运量少,难于自我调剂,因此经常容易出现空驶、运力选择不当、不能满载等一系列浪费现象,配套的收发货设施、装卸搬运设施很难有效地运行,造成大量的浪费。运输社会化是指发展运输的大生产优势,实行专业化分工,形成良好的第三方物流,使物流活动规模化、产业化,这样不仅能提高整个供应链的效益,同时能够促进物流产业本身的完善和发展。实行运输社会化,统一安排运输工具,能避免对迂回、倒流和空驶等多种运输不合理现象。实行运输社会化不仅能够实现企业的最大效益,还能够让企业追求规模效益。

由于铁路运输受国家宏观调控,因此,当前铁路运输的社会化运输体系建设较为完善,而在公路运输企业中,一部分公路运输企业数量大、规模小,公路运输的社会化运输体系建设面临着重大的考验。

社会化运输体系中,联运体系的建设具有十分重要的意义。近年来,联合运输的概念被广泛提出,并应用于运输实践。通过组建运输物流集团公司,形成辐射全国的铁路、公路、水运联合运输网络,统一的管理,使得运输业务在速度和成本上占据了较大的竞争优势。通过建成全国商品物流配送中心,形成全国连锁的物流网点,提供物流配送,同时开展社会化物流配送服务,从而降低成本,提高竞争能力。通过组建区域性仓储集团公司,在主要港口码头和交通枢纽建立大型仓储,已满足日益增长的物流量,为企业提供仓储服务。通过建立物流信息网络,实时跟踪物流动态,实现配送、运输、加工、仓储等物流活动的透明化、安全化、高效化,为客户提供技术服务与咨询。通过形成社会化的综合运输体系,提高我国物流业竞争优势。

(七)开展中短距离的铁路与公路分流

一般在中短距离运输时,也就是公路运输的经济运营里程内,或者超过公路经济里程,但是经过论证可以使用公路运输时,尽量采用"以公代铁"的运输形式。这种合理化措施采用公路分流的形式,使得运力较为紧张的铁路运输得到一定程度的缓解,从而加大这一区段的运输

通过能力,同时能够充分发挥公路运输"门到门"的优势和在中途运输中速度快且灵活机动的优势,实现铁路运输难以提供的服务。目前,我国"以公代铁"在杂货、日用百货运输及煤炭运输中较为普遍。

(八)发展直达运输

直达运输,就是在货运组织过程中,越过商业、物资仓库或交通中转环节,把货物从产地或起运地直接运到消费地,以减少中间环节。直达运输是运输合理化的重要途径之一。它可以减少商品的周转环节,减少货物的迂回、对流等不合理运输现象,从而减少商品的损耗,节省运输费用。

(九)做到"四就"直拨运输

"四就"直拨运输,是指各商业、物资批发企业,在组织货物调运过程中,对当地生产或由外地到达的货物,不运进批发站仓库,采取直拨的办法,把货物直接分拨给市内基层批发、零售商店或用户,减少一道中间环节。"四就"直拨运输包括就厂直拨,就车站、码头直拨,就仓库直拨和就车、船过载。就厂直拨,是指批发企业对于从工厂收购的商品,经过验收后,不经过商业仓库,直接调拨给销售单位和主要用户,或直接运送到车站、码头以运往外地。就车站、码头直拨,是指批发企业对于从外地调入到车站和码头的商品,在允许占用仓库货位的期限内,不经仓库,直接在车站、码头将商品分拨给要货单位。就仓库直拨,是指批发企业对于已经在仓库储存的商品,在发货时不采用层级调拨的方法,而是直接从仓库调拨给销售单位和用户。就车、船过载,是指批发企业对于用车或船运到本地的商品,经验收后,不经过仓库,直接转换其他运输工具,将商品转运给要货单位。"四就"直拨运输通过减少运输中间环节,减少装卸搬运次数,达到节约运输成本的目的。

(十)配载运输

配载运输就是充分利用运输工具的载重量和容积,合理安排装载的货物及载运方法以求得运输合理化的一种运输方式,也是提高运输工具实载率的一种有效形式。配载运输往往是轻重商品的混合配载,比如以重质货物运输为主的情况下,同时搭载一些轻泡货物。在基本不增加运力投入的情况下基本不减少重质货物运输,而且解决了轻泡货物的搭运,因而效果显著。

优化运输的方式有很多,利用不同的措施实现运输的合理化,不仅可以节省运输成本,减少货损货差,也能够使得整个物流环节得以优化,实现物流的合理化。

任务二 运输方式的选择

现代化运输体系主要由五种运输方式构成,分别是:公路运输、铁路运输、航空运输、水路运输和管道运输。不同的运输方式具有不同的技术经济特性,在安全性、可靠性、经济性各个方面表现着不同的特征,因此,不同的运输方式适合于不同的运输情境。在整个物流大系统中,运输子系统作为物流七大功能主系统中最重要的子系统之一,运输成本对于物流总成本的控制起着非常重要的作用,合理地选择运输方式,不仅能够起到降低运输成本、提高运输效率的作用,同时也能够对整个物流系统的合理化产生有效的影响。

➤ 一、运输方式的技术经济特征分析与比较

(一)公路运输

公路运输也称为汽车运输,它主要承担的是近距离、小批量的货运,同时承担水运和铁路运输难以到达地区的长途及大批量运输,或者铁路、水运有时难以发挥优势作用的短途运输。

公路运输最大的优点就是灵活性强,可以实现门到门的运输,尤其适合城市区域内的配送,另外,公路运输在零担货运方面表现了较强的优势。

1.公路运输的优点

①可以实现门对门的一条龙服务,机动灵活。运输工具可以深入飞机、铁路难以到达的山区、矿山等。

②公路运输在中短途运输方面发挥着重要优势,中短途运输费用低、速度快。根据调查,公路运输在中短途运输领域比铁路运输的速度快4～6倍,比水路运输快近10倍。

③原始投资少,资金周转快。用于建设公路的技术与材料较易实现,公路建设可在全社会广泛开展。

④适应性强,可以与其他运输方式快速衔接。公路运输是综合运输体系的重要组成部分,易于衔接铁路、水路运输以及航空运输,有利于疏通商品,是物资集散最有效的工具。如公路与铁路联合的驮背运输,公路与水运联合的鱼背运输等。

2.公路运输的缺点

①公路运输不适合大批量运输。公路运输的经济半径一般在200公里以内,一般保持运输距离在200公里以内,才能保证效益大于成本。

②公路运输在担负长途运输中费用过高,一是因为公路税费成本高,过路费、过桥费负担较重,第二是因为燃油价格相对较高。

③公路运输环境污染性大,汽车运输通过燃烧柴油释放大量的二氧化碳和硫化物,对空气造成严重污染。同时,公路运输事故率高,因此汽车运输的安全性也是需要考虑的问题。

(二)铁路运输

铁路货物运输是使用铁路货车运输物资的一种形式。它与公路运输一起,构成陆上货物运输的两个基本运输方式。

铁路运输受气候和自然条件的影响较小,运输能力及单车装载量大,在运输的经常性和低成本性两方面占据了重要优势。铁路运输具备多种类型的运输车辆,可以承担多种商品的运输任务,同时铁路运输几乎可以不受货物重量和容积的限制。在以上这些方面,铁路运输与公路运输相比,体现出强大的优势。

铁路运输一般承担长距离、大批量的运输,在没有支持水运的条件下,大批量货物主要依靠铁路运输完成,因此铁路运输在干线运输方面起着主力作用。

1.铁路运输的优点

①运输距离长,运输能力大,能承担大宗货物运输。

②运行速度快,一般铁路货运车辆的运行速度能够达到每小时80～100公里。

③运输成本低。铁路运输原材料成本小,主要成本来源于固定资产折旧,随着铁路运输运量越大、运距越长,平摊的折旧成本就越小。一般来说,铁路运输的成本比公路运输和航空运

输要低得多。

④污染小,能耗低,安全性好。

⑤适应性强,受自然环境影响较小。在现代科技发展下,铁路建设约束小、范围广,受地理条件和气候条件的限制少。

2.铁路运输的缺点

①投资高,建设周期长。修建铁路需要遇水架桥、遇山挖洞,因此修建铁路初期建设成本高、耗时长。据统计,单线铁路造价为每公里 100 万元～300 万元,复线铁路达到每公里 400 万元～500 万元。

②短距离运输成本高。

③只能在固定的线路上行驶,不能实现门到门的运输。

(三)水路运输

水路运输是以船舶为主要的运输工具,以港口或港站为运输基地,以水域包括海洋、河流和湖泊为运输活动范围的一种运输方式。

1.水路运输的优点

①水路运输运载能力大。在五种运输方式中,水路运输的运载能力居于第一位。目前,最大的顶推驳船队的运输能力能够达到 3 万～4 万吨,最大的油船运输能力达到 50 万吨。

②成本低、投资省。水路运输利用的是天然的海洋或者河道,占地少、成本小。

③能耗小。

④水路运输适合于长距离运输,平均运距是铁路的 2.3 倍,达到公路运输平均运距的 59 倍。

2.水路运输的缺点

①水路运输受天气等自然条件的限制较大。特别是有些内河以及港口,受季节影响较大,比如冬天河道结冰,或者水位下降,都会影响到正常的水运作业。

②水路运输速度慢。

③水路运输依靠的是天然的海域和河流,不能随意延伸,因此,水路运输一般是与铁路、公路和管道运输配合,实行多式联运。

(四)航空运输

航空运输,是使用飞机、直升机以及其他航空器进行运输的一种运输方式。航空运输一般运输两种货物:一种是价值高、运费承担能力强的货物,比如一些精密的仪器或其零部件、高档产品等;另一类就是紧急物资,比如在灾难发生初期,道路资源受损的情况下,救灾抢险的救援物资大部分是通过飞机运送的。

1.航空运输的优点

①速度非常快,时速一般能够达到每小时 800～900 公里。

②灵活性强,机动性能好。飞机可以飞跃各种天然屏障,不受地形限制。

③航空运输是世界上最安全的交通方式,安全性高。根据美国国家安全委员会的调查,坐飞机比坐汽车安全 22 倍,在 60 年里,飞机失事造成的死亡人数不如 3 个月里汽车事故造成的死亡人数多。

2.航空运输的缺点

①航空运输的运输费用高。

②运输能力有限,受货物尺寸、重量的限制。

③易受天气影响,气象条件会影响到航班的准时性,从而影响货物的运输效率。

(五)管道运输

管道运输是货物借助管道内高压气泵的压力实现运输的一种运输形式。管道运输的运输工具和线路都是管道本身。

1.管道运输的优点

①快速、经济。

②不易受天气影响。管道运输采用封闭运输的形式,管道内货物不易受周围环境的影响。

③安全可靠、无污染。由于封闭运输,管道内货物不会对外界环境产生影响。

④运量大,连续性强。一条直径720mm的管道,可以实现运煤2000万吨。

⑤与其他几种运输方式相比,能耗最低。

2.管道运输的缺点

①运送货物单一,专业性强。管道运输一般只能用来运输石油、天然气、煤浆等特定货物。

②灵活性差。管道一经修好,更改线路较为困难,成本较高。

(六)五种运输方式对比分析

公路运输、铁路运输、水路运输、航空运输和管道运输五种运输方式,从安全性、经济性、能耗大小等方面相比较,各自具有不同的技术经济特征,具体见表9-1。

表9-1 各种运输方式的技术经济特性

运输方式	优点	缺点
公路运输	机动、灵活、门到门 适应性强 原始投资少、资金周转快 适合中短途运输	运输能力小、效率低 运输成本高、时间不确定 易污染环境、途中事故率较高
铁路运输	运输能力大,运输成本低 不受天气影响、稳定安全 运输准确性高 中长距离运费低、能耗小	建设投资高、建设周期长 短距离货运运费高 无法实现门到门服务
水路运输	长距离运输运费低廉 运输能力大 能耗小	运输速度慢 受天气影响大
航空运输	运送速度快 灵活性强 安全性高	运输能力小,主要受重量、尺寸限制 运费高 受气象条件影响大
管道运输	快速、经济 不受天气影响 封闭运输、安全无污染 运输量大、连续性强 能耗最低	运送货物单一,专业性强 灵活性差

在进行物流运输方式选择的时候,要熟悉各种运输方式的技术经济特性,根据商品的特征、运输条件和市场需求,合理地选择适合的运输方式,以实现物流成本的节约和物流效益的最大化。

➤二、运输方式的选择

(一)运输方式选择的影响因素

运输方式的选择是运输合理化的重要环节,在进行运输方式选择时,要考虑以下几个方面因素。

1.运输货物的特性

运输货物的特性直接影响着运输方式的选择,只有根据运输货物自身特点选择适合的运输方式才能有效地完成运输业务活动。运输货物的自身特性包括了货物的种类、价值、形状、容积、危险性、变质性、单件重量等信息。比如,轻便、容积小、价值高的货物,如精密贵重的仪器一般选择航空运输;原材料等大批量的货物,或者价格低廉、形体庞大的货物适合于铁路或者水路运输;新鲜、易腐的货物一般需要选择安全性高、快速的运输方式,如航空运输,短距离还可使用公路运输。

当然,不同类型的货物,在同一种运输方式下,车型的使用也是不同的。比如,鲜活产品对运输环境的要求较高,一般采用冷藏车进行运输;易燃、易爆的危险品,如石油类货物一般采用油罐车进行运输。

2.运输方式的经济性

运输方式的经济性主要指运输的成本问题。运输成本是指在一定时间内完成一定运输量的全部费用支出,它包括了起运地和目的地之间的所有的运输费用以及为了进行运输管理、维持运输中存货所发生的总费用。

运输成本一般由四项内容构成,分别为:基础设施成本、运转设备成本、营运成本和作业成本,而这些成本可根据成本特性划分为变动成本、固定成本、联合成本和公共成本四部分。固定成本与运输里程和运输量没有直接关系,它是指在短期内不发生变化,但又必须得到补偿的费用,比如企业建设初期的投资、固定资产部分的成本分摊;变动成本是指在一定时间内随着运输量变化而变化,包括在一次投入中使用并消耗的各种燃料费用、作业人员报酬以及维修费用等,变动成本与运输里程和运输量成正比;联合成本是指决定提供某种特定的运输服务而产生的不可避免的费用,比如,当承运人决定运送一定量的货物从地点 A 运至地点 B 时,这就同时意味着这项决定中已经产生了从地点 B 运回至地点 A 的回程运输的"联合成本";公共成本是指承运人代表所有的托运人或某个分市场的托运人支付的费用,如货票工本费等。

运输成本根据货物种类、重量、容积、运距的不同而不同。而且,运输工具不同,运输成本也会发生变化。总结起来,运输成本一般与运输距离、货物装载量、产品密度、运输工具的空间利用率、设备的装卸搬运能力、运输责任(承运的货物价值越高、越特殊,承运人承担的责任风险就越大,相应的运输成本就越大)、运输供需市场有着密切的关联。

值得注意的是,在实际进行运输方式选择时,并不是运输成本越低越好,还必须注意到运输成本和其他物流子系统间的相互关系,不能只考虑经济成本,还应考虑时间成本、客户满意度等多个因素。

3.运输速度

运输速度快慢表现在完成特定的运输作业所需花费的时间,即运输时间。运输时间指的是从发货地到目的地货物交付给收货人的全部时间,它包含了车辆运行时间、在途停留时间和始发、终点两端的作业时间。在从运输速度方面考虑选择运输方式时,必须明确各种运输方式下所需要的运输时间,但是并不能仅根据运输速度来选择运输方式,同时也需要考虑其他方面的因素。

运输速度和运输成本的关系主要表现在两个方面:第一,运输服务商提供的运输速度越快,那么它的运输费用就越高;第二,运输服务时间越短,转移中的存货就越少,可利用的运输间隔时间就短。因此,在选择运输方式时,要综合考虑运输时间与运输成本的关系,以求达到两者的平衡。

4.运输的安全可靠性

运输的安全可靠性是评价运输服务水平最基本的标准。

运输的安全性是指货物在运输过程中发生破损、污染或者丢失的机率。在进行运输方式选择时,首先考虑的就是该种运输方式能否将货物在指定的时间安全地送至指定的地点。

运输方式的可靠性反映在运输方式的一致性方面,运输方式的一致性是指在若干次运输活动中,进行某一特定的运输(相同的货物,相同的发货地和交货地)所需的时间与原定时间是否一致,或者与前几次运输所消耗的时间是否一致。运输的一致性影响到托运人和承运人双方承担的存货义务和相关风险,它是运输可靠性的重要反映。比如一项给定的运输作业第一次花费了三天,而第二次却花费了六天,那么这种偏差会直接影响到之后的物流作业安排,会大大影响物流效率和效益。因此,在进行运输方式选择时,运输的可靠性是必要的考量因素。

5.运输距离

每一批货物运输距离的长短直接影响运输方式的选择。运输距离与运输成本有着密切的关系,不同运输方式下,其运输距离与运输成本的关系也是不一样的。每一种运输方式都有其经济距离。一般地,运输距离在200公里以内,采用公路运输;当运输距离在200～500公里之间,采用铁路运输;当运输距离达到500公里以上,采用水路运输是最经济的。同时,在根据运输距离选择运输方式时,也要考虑到运输过程中途径地形的环境特点和运输基础设施建设水平。

6.运输服务的便利性

运输服务的便利性指为货物运输服务提供方便的特征,比如运输工具的可得性、处理货物的能力和条件以及运输服务的服务频率等。尽管现代交通发达,可供选择的运输工具种类与数量都非常多,但是对于不同运输的时间和地点需求,并不是所有承运人或者托运人都能轻松获得所需的运输工具。

7.竞争因素

选择合适的运输方式有利于物流企业实现更有竞争力的服务优势。假如买方从多个供应商手中购买商品,那么物流服务就会像价格一样影响着买方对于供应商的选择。相反地,如果供应商根据各自的销售渠道选择不同的运输方式,则可以控制物流服务的各项要素,从而影响买方的购买。

当然,在实际进行运输方式的选择时,还会受到各种影响因素的制约,运输方式的选择也没有固定的参照标准,在实际中还需要综合考虑各方面的因素。

（二）运输方式选择的方法

1.定性分析法

定性分析法也叫做"主观分析方法"，它主要依靠预测人员的长期实践所得到的经验以及主观判断、分析能力，推断事物的性质和发展趋势的一种分析方法。

运用定性分析法进行运输方式的选择，主要是根据运输任务的要求，以及各种运输方式的技术经济特性及功能，同时考虑货物的特性及货主需求等因素对运输方式进行主观选择。具体在使用定性分析方法选择运输方式时，有很多途径，具体如下：

①依靠管理人员的主观判断。这种方法依靠的是管理层决策团队的经验、才能和直觉，这就需要管理层人员对于一线业务和客户有深度的熟悉和了解。

②运输市场调查法。运输市场调查法，就是指运输企业为了实现自身利益，运用科学方法和手段，系统地、有目的地收集、分析和研究与运输市场有关的各种信息，掌握运输市场的现状和发展趋势，找出影响运输决策的主要因素，帮助运输企业准确地进行预测和决策。

③德尔菲法。德尔菲法又称专家意见法，是采用背对背的通信方式征询专家小组成员的决策意见，经过几轮征询，使专家小组的决策意见趋于集中，最后得出一致结论的方法。德尔菲法是一种利用函询形式进行的集体匿名思想交流过程，它的大致流程为：先由各个专家针对决策问题提出自己的估计和假设，经过调查小组工作人员进行整理、归纳、统计之后，再发回各位专家手中，这时专家们根据统计结果，参考他人意见修改自己的意见，即开始下一轮的决策，如此往复，直到各专家得到一致结果为止。

知识链接

德尔菲法

德尔菲法是在20世纪40年代由O.赫尔姆和N.达尔克首创，经过T.J.戈登和兰德公司进一步发展而成的。德尔菲这一名称最早起源于古希腊有关太阳神阿波罗的神话。传说中阿波罗具有预见未来的能力。因此，这种预测方法被命名为德尔菲法。1946年，兰德公司首次用这种方法用来进行预测，后来该方法被迅速广泛采用。

德尔菲法是为了克服专家会议法的缺点而产生的一种专家预测方法。在预测过程中，专家彼此互不相识、互不往来，这就克服了在专家会议法中经常发生的专家们不能充分发表意见、权威人物的意见左右其他人的意见等弊病。各位专家能真正充分地发表自己的预测意见。

在实际运用中，德尔菲法一般可以分为三种：经典型德尔菲法、策略型德尔菲法和决策型德尔菲法。

2.定量分析法

定量分析法也叫做"客观分析方法"，它是对社会现象的数量特征、数量关系与数量变化进行分析的方法。应用定量分析方法进行运输方式的选择，由于其采用大量的数据和科学的模型，因此与定性分析方法相比，具有较强的客观性。

（1）单一因素的运输方式选择。

①成本比较法。

【例9-1】某公司从甲地向乙地某配送公司运输150台计算机监视器，其价值为人民币292500元，其转运确定的标准中转时间为2.5天，如果超出该时间，每台监视器每天的机会成本为48元。现有两种运输方案，请评估每种运输方案的成本并选择最佳方案。

方案 A：这是一家长途卡车货运公司，它可以按照合同费率 12 元/km 装运这批监视器。从甲地到乙地的距离为 1940km。这家公司估计能够在 3 天时间内把这批货物送到目的地。一辆卡车能装载 192 台监视器。

方案 B：这是一家铁路公司，它能够在工厂的站台提货，然后直接送到指定地点。该公司报价为 12000 元，考虑到公司在转换铁路车时需要时间，故预计要花 5 天时间。

分析：

虽然方案 A、方案 B 都能完成该项运输任务，但由于采用的运输方式不同，运输费用以及运输时间也不同。

总成本＝运费＋机会成本，分别计算两种运输方案下的总成本：

方案 A：总成本＝运费＋机会成本＝12×1940＋(3−2.5)×48×150＝26880(元)

方案 B：总成本＝运费＋机会成本＝12000＋(5−2.5)×48×150＝30000(元)

方案 A 的总成本小于方案 B 的总成本，因此选择方案 A 较经济。

【例 9−2】某文具公司的分拨计划是将生产的文具先存放在自有的工厂仓库 A，然后通过外包的形式选择运输公司，将产品运输至基层站点的自有仓库 B。现在有铁路运输、驮背运输、汽车运输和航空运输四种运输方式可供选择。已知年运量 D 为 700000 件，每件产品的价格 C 为 30 元，每年的存货成本 I 为产品价格的 30%，Q 为年存货量。据估计，运输时间每减少一天，平均库存水平可以减少 1%。

企业希望选择总成本最小的运输方式，各种运输服务的有关参数如表 9−2 所示。

表 9−2　各运输服务的有关参数

运输方式	运输费率 R（元/件）	运达时间 T（天）	每年运输批次	平均存货量 $Q/2$（件）
铁路运输	0.10	21	10	100000
驮背运输	0.15	14	20	50000
汽车运输	0.20	5	20	50000
航空运输	1.40	2	40	25000

分析：

在实际运输活动中，计算运输费用不能单凭运输单价的高低，而应对运输过程中发生的各种费用以及对其他环节费用的影响进行综合分析。在本案例中，运输方式的选择需要考虑两点：一个是运输成本，另一个是存货成本，两个因素结合在一起才能得到总成本。

从参数表中可以看出，各种运输方式的在途时间各有不同，在途货物量可以用年运量的一定比例表示，即 $T/365$。那么，在途运输的年存货成本为 $ICDT/365$，两端储存点的存货成本各为 $ICQ/2$，但产品在不同储存点的价值 C 不同，在工厂储存点的 C 即为产品的价格，在购买者储存点的 C 则为产品价格与运费率之和。

由于运输时间每减少一天，平均库存水平可以减少 1%，所以仓库库存成本相应降低，这时仓库平均存货系数就是：

(1−1%×7 天)＝0.93 ；(1−1%×16 天)＝0.84 ；(1−1%×19 天)＝0.81

各种运输方式的成本计算结果如表 9−3 所示。

表 9-3　各种运输服务的成本比较　　　　　　　　　　　　　　　　单位:元

成本类型	计算方法	运输服务方案成本计算表			
		铁路运输	驮背运输	汽车运输	航空运输
运输	$R \times D$	(0.10×700000) $=70000$	(0.15×700000) $=105000$	(0.20×700000) $=140000$	(1.4×700000) $=980000$
在途存货	$ICDT/365$	$(0.30 \times 30 \times 700000 \times 21)/365$ $=363465$	$(0.30 \times 30 \times 700000 \times 14)/365$ $=241644$	$(0.30 \times 30 \times 700000 \times 5)/365$ $=86301$	$(0.30 \times 30 \times 700000 \times 2)/365$ $=34521$
工厂存货	$ICQ/2$	$(0.30 \times 30 \times 100000)$ $=900000$	$(0.30 \times 30 \times 50000 \times 0.93)$ $=418500$	$(0.30 \times 30 \times 50000 \times 0.84)$ $=378000$	$(0.30 \times 30 \times 25000 \times 0.81)$ $=182250$
仓库存货	$ICQ/2$	$(0.30 \times 30.1 \times 100000)$ $=903000$	$(0.30 \times 30.15 \times 50000 \times 0.93)$ $=420593$	$(0.30 \times 30.2 \times 50000 \times 0.84)$ $=380520$	$(0.30 \times 31.4 \times 25000 \times 0.81)$ $=190755$
总成本		2235465	1185737	984821	1387526

由表 9-3 可以看出,运输费用最低的是铁路运输,库存成本最低的为航空运输,在选择汽车运输时,其总成本最小,因此,应当选择汽车运输。值得注意的是,在汽车运输条件下,运输时间仅有 5 天,相对于铁路运输的 21 天,缩短了 16 天的时间。

②竞争因素决定法。

运输方式的选择除了受运输距离、运输货物特性、运输成本等因素的影响外,还受运输参与方竞争因素的影响。当运输方式的选择涉及了竞争优势的时候,需要考虑竞争因素的影响。在物流活动中,当买方通过供应渠道从多个供应商处购买商品时,物流的服务和价格就会影响到买方对于供应商的选择。反之,供应商也可以通过运输方式的选择控制物流服务的竞争要素从而影响到买方。

良好的运输服务,对于买方来说意味着可以保持较低的存货水平和较为确定的运作时间表。为了能获得期望的运输服务,降低成本,买方将更大的运输份额给予能提供更好服务的供应商。供应商因此获得更大的运输份额,从而得到的更多利润去支付用于提高它的运输服务,这样就鼓励了供应商去寻求更适合于买方需求的运输服务方式,而并不是单纯追求低成本。这样,运输方式的选择成了供应商和买方共同的决策。还有一种情况,当一个供应商为了争取买方而选择更优的运输方式时,与其有竞争关系的其他供应商也可能做出相应的竞争反应。

下面的例子仅从第一种情况考虑,即没有涉及其他竞争者的后续反应情况,单根据现有情况,选择最优的运输方式。

【例 9-3】某制造商分别从两个供应商购买了共 3000 个配件,每个配件单价 100 元。目前这 3000 个配件是由两个供应商平均提供的,如供应商缩短运达时间,则可以多得到交易份额,每缩短一天,可从总交易量中多得 5% 的份额,即 150 个配件。供应商从每个配件中可赚得占配件价格(不包括运输费用)20% 利润。

于是供应商 A 考虑,如将运输方式从铁路转到卡车运输或航空运输是否有利可图。各种运输方式的运费率和运达时间如表9-4所示。

表9-4　各种运输方式的运费率和运达时间

运输方式	运费率（元/件）	运达时间（天）
铁路	2.50	7
卡车	6.00	4
航空	10.35	2

分析：

供应商A只是根据他可能获得的潜在利润来对运输方式进行选择。表9-5是不同运输方式下的利润比较。

表9-5　不同运输方式的利润比较

运输方式	配件销售量（件）	毛利（元）	运输成本核算（元）	净利润（元）
铁路	1500	1500×100×0.2=30000.00	3750.00	26250.00
卡车	1500+150×3=1950	1950×100×0.2=39000.00	11700.00	27300.00
航空	1500+150×5=2250	2250×100×0.2=45000.00	23287.50	21712.50

供应商提供更为优质的运输服务，如果制造商能够给予供应商更多的交易份额，那么供应商A应当选择卡车运输。同时，此时供应商A需要密切留意供应商B可能做出的竞争反应，如果供应商B做出反应，则会直接影响供应商A的利益。

（2）多因素的运输方式选择——综合评价法。

综合评价法，也叫做多指标综合评价技术。它是通过分析评价对象的各种影响因素，形成一定的统计指标体系，采用一定的评价模型和评价方法，对评价对象多个方面的数量特征进行综合，转化为综合评价值，进而确定评价对象的优劣和类型，从而对评价对象进行优劣排序的一种统计分析方法。其基本思想是将多个指标转化为一个能够反映综合情况的指标来进行评价。

采用综合评价法来进行运输方式的选择，大致思路如下：首先，根据运输任务假设出可供选择的各种运输方式，那么本次综合评价的评价对象即为假设的各种运输方式；其次，对选择运输方式的影响因素进行分析，列出评价指标体系，并收集指标值；第三，选用特定模型和方法将多指标加权综合成为一个综合指标；第四，通过指标值和模型计算得出不同运输方式的综合得分，并进行得分排序；第五，通过得分排序情况进行综合分析，得出最优的运输方式。

①综合评价的特点。

首先，评价过程不是针对逐个指标进行评价，而是通过一些特定模型将多个指标进行综合来进行评价的。

其次，在综合评价过程中，一般要根据指标的重要性进行加权处理。

最后，综合评价的结果并不是具有具体含义的统计指标，而是反映了评价对象综合水平的一种综合指标。

②综合评价方法的步骤。

首先，确定评价对象。假定现有一批运输任务，经过管理人员和专家集中分析，确定了四种可行的运输方式:公路运输、铁路运输、水路运输和航空运输。那么,本次评价的对象即为这四种运输方式。

第二,确定影响运输方式选择的因素,从而确定综合评价指标体系。

通过分析,认为安全性、经济性、时效性和能耗水平为影响运输方式选择的四大因素,也就是说要从这四个方面评价运输方式的优劣。

安全性:安全性就是指运输过程中货物的完整程度,用货物的破损率来表示运输的安全性,如果破损率越小,那么安全性越好。因此,选择吨公里经济损失(F_1)作为评价指标。

经济性:主要表现为运输业务过程中发生的各项费用的节省,如运输费、装卸费、包装费、管理费等。在运输过程中,总费用支出越少,经济性越好。因此,选择总费用(F_2)作为评价指标。

时效性:时效性反应了运输业务是否迅速,它是指货物从发货地到收货地所需要的时间,即货物的在途时间,在途时间越少,运输的时效性越强。因此选择在途时间(F_3)作为评价指标。

能耗水平:能耗水平是反映运输活动的能源消费水平和节能降耗状况的主要指标,能耗水平越低,运输活动越优。因此,选择单位吨公里能耗水平(F_4)作为评价指标。

根据以上描述,列出评价指标体系,见表9-6。

表9-6 运输方式选择的评价指标体系

	影响因素	指标
运输方式的选择	安全性	吨公里经济损失
	经济性	总费用
	时效性	在途时间
	能耗水平	单位吨公里能耗水平

第三,根据指标体系,查阅资料,收集指标值数据,并对不同单位的指标数据进行同度量处理。

第四,确定指标体系中各指标的权重。

权重系数反映了每个影响因素在运输方式选择中所占据的重要程度,根据重要程度,以比例系数的形式对不同指标进行加权处理。加权的指标系数就是权重,又称权数或权值。

根据运输方式的安全性、经济性、时效性和能耗水平,对其指标赋予权值:

安全性指标:吨公里经济损失(F_1),权重系数为a_1。

经济性指标:总费用(F_2),权重系数为a_2。

时效性指标:在途时间(F_3),权重系数为a_3。

能耗水平指标:单位吨公里能耗水平(F_4),权重系数为a_4。

在进行赋权的过程中,要符合各项权重系数之和等于1的原则。

第五,计算综合评价指数或综合评价分值。

分别用G、T、S和H代表公路运输、铁路运输、水路运输和航空运输四种运输方式的综合指标值。不同的运输方式具有不同的指标值,各运输方式的综合指标值如下:

$$G = a_1 \cdot F_1(G) + a_2 \cdot F_2(G) + a_3 \cdot F_3(G) + a_4 \cdot F_4(G)$$
$$T = a_1 \cdot F_1(T) + a_2 \cdot F_2(T) + a_3 \cdot F_3(T) + a_4 \cdot F_4(T)$$
$$S = a_1 \cdot F_1(S) + a_2 \cdot F_2(S) + a_3 \cdot F_3(S) + a_4 \cdot F_4(S)$$
$$H = a_1 \cdot F_1(H) + a_2 \cdot F_2(H) + a_3 \cdot F_3(H) + a_4 \cdot F_4(H)$$

第六,最后根据综合评价指数或分值对评价对象进行优劣排序。通过比较分析,得出最优的运输方式。

(3)权重系数的计算方法。

权重系数的计算方法可以分为定性分析法和定量分析法。定性分析法是依靠专家打分的方法对指标权重进行估计。专家打分法是指通过匿名方式征询有关专家的意见,对专家意见进行收集、统计、分析、处理和归纳,客观综合多数专家的经验和主观判断,对大量难以采用技术方法进行定量分析的因素做出合理的估算,经过多轮的意见征询、反馈和调整后,对指标权重进行分析的方法。专家打分法受专家的主观经验和其他个人因素影响较多,因此一般作为权重确定的附属手段。

权重计算的定量分析方法有很多,比如层次分析法、主成分分析法和其他数理统计法等。

①层次分析法。

层次分析法是将决策问题按照总目标、子目标、评价准则、具体备选方案的顺序分解为不同的层次结构,接着用求解判断矩阵特征向量的方法,求得每一层次各因素对上一层次相应因素的优先权重,最后使用再加权的方法,递阶归并各备选方案对总目标的最终权重,最终权重值最大者即为最优方案。这里的"优先权重"是一种相对的量度,它表示各备选方案在某一评价准则下的优先程度,以及各子目标对上一层目标而言重要程度的相对量度。层次分析法,适合于具有分层交错评价指标且目标值难于定量描述的决策问题。其用法是构造判断矩阵,求出最大特征值,及其对应的特征向量,经过归一化后,即为某一层次指标对于上一层次相应指标的相对权重。

知识链接

层次分析法

层次分析法(analytic hierarchy process,AHP)是将与决策问题有关的因素分解成目标、准则、方案等层次,在此基础之上进行定性和定量分析的一种决策方法。它由美国运筹学家匹兹堡大学教授萨蒂于20世纪70年代初提出,当时他在为美国国防部研究"根据各个工业部门对国家福利贡献度的大小进行电力分配"的问题时,应用网络系统理论和多目标综合评价方法,提出了一种基于层次权重决策分析的方法,即层次分析法。

②主成分分析法。

在实证问题研究中,为了全面、系统地分析问题,我们必须考虑众多影响因素,这些涉及的因素一般称为指标。因为每个指标都在不同程度上反映了所研究问题的某些信息,并且指标之间有一定的相关性,因而所得的统计数据在反映决策问题的信息上存在一定程度的重叠。在用统计方法研究多变量问题时,变量太多则会增加工作量和分析问题的复杂性,人们希望在进行定量分析的过程中,涉及的变量尽可能少,而希望得到的信息量尽可能多,这就需要用到主成分分析的方法。

主成分分析(principal components analysis,PCA)也叫做主分量分析,通过利用降维的思想,将多指标转化为少数几个综合指标(即主成分),其每个主成分都能够反映原始变量的大部分信息,且包含信息不重叠。主成分分析法是希望用较少的变量去解释原来较多的变量,将本来数量大、相关性高的变量转化成彼此相互独立或不相关的少数变量,这个少数变量即所谓的主成分,用这些主成分去解释决策问题的综合性指标。

3.总结

以上列出了几种进行运输方式选择的定性分析方法和定量分析方法。定性分析法是凭借决策小组人员(包括专家或管理人员)的直觉和经验,来进行运输方式的评价和选择的方法,这种方法由于主观性较强,一般适合于原始资料不足、数据资料不充分的情况下使用。定量分析方法是依据统计数据,建立科学的数学模型,并用统计分析方法对评价对象的各项指标进行综合分析的方法,与定性分析方法相比,定量分析方法更为准确、客观。

然而,定性分析的方法同样需要采用数学工具进行计算,而定量分析则必须建立在定性预测的基础之上,因此两种方法往往相辅相成,定性是定量的基础,定量是定性的具体化。实际中,在根据运输任务解决运输方式决策的问题上,往往将两种方法结合使用,通过综合评价,得到最为科学的决策结果。

任务三　运输线路的选择与优化

在运输服务中,运输设备的投入需要大量的资金,设备的运行、维修成本也很高。运输路线的选择关系到运输设备和运输人员的利用,运输作业时,当存在多条运输线路可供选择时,就需要运用科学的方法确定最优的运输路线。货运车辆运行路线的合理规划可以为承运人带来更高的车辆利用率、更低的运输成本和更少的设备资金投入,同时能够为托运人提供更好的运输服务。因此,在企业可接受的利润率以及客户服务水平的限制下提供最科学、最合理的车辆路线规划非常重要。

➤一、运输路线选择的问题描述

一般地,企业在进行运输路线规划时,往往希望得到一条运输路线最短、运输费用最低的路线。从收货地到交货地,常见的物流运输线路有不成圈的直线、丁字线、交叉线、分支线或者闭合回路的环形线。尽管线路类型多种多样,但就货物运输而言,总结起来有三种类型。

(一)起讫点不同的单一问题

起讫点不同的单一问题指的就是指物流运输的始发和终到并不是同一个点,且任意两节点间或运输路线之间不互相影响,这是最简单的一种运输线路规划问题。对这种起讫点不同的运输线路的选择优化,最简单的方法就是寻找两节点间的最短线路。对于运输网络来说,运输线路由多个线段组成,各个线段的交汇处就是运输线路的节点,在运输活动中,运输工具就是反复在这些节点之间移动,两个相邻运输节点之间的成本可以用这段线路的长度或者车辆在这段线路运行的时间来表示。这类问题的线路优化方法,叫做点到点间的最短路径法。

(二)起讫点重合的问题

起讫点重合指的就是运输路线的起点与终点是同一节点。这种情况一般在具备自有车辆的物流企业较为常见,企业使用自备车辆进行送货,运输车辆从仓库装货,将货物运送至各个零售点,送完货后返回企业仓库重新装货。另外,邮递员送信也是属于这种起讫点重合的问题。

起讫点重合的线路选择问题通常被称为"旅行推销员"问题或者邮递员线路问题。起讫点重合的线路属于一种闭合的循环回路,这种线路在进行优化的时候需要做到:货运车辆在途径所有节点的同时,使得所行驶的里程数最短。

(三)多起讫点问题

多起讫点问题就是指多个货源地对应于多个需求地的现象,那么运输路线规划问题就变成了为这些需求地寻找相应货源地,同时需要找到货源地与目的地之间的最佳路径。这种问题在运输实践中经常存在,比如多个供应商要将产品供应给多个工厂,或者多个工厂将生产好的商品供应给多个零售商等,这就是多起讫点问题。

在实际中,货物调运是一种典型的多起讫点问题,它是单一货品的供需分配。一般地,在供需点和供需量既定的条件下,货物调运的线路优化问题追求的是运费最小或运输距离最短。

(四)带有限制条件的运输问题

在实际运输过程中,往往由于客户的特殊需求或运输路线的路况等一系列客观限制条件,使得运输线路规划问题变得复杂。在这些限制条件下,运输路线规划很难得到最佳方案。实际操作中,往往采用简化模型的方法,将带有多个限制条件的复杂问题转化为以上所提到的三种简易模型,进而求得运输路线优化方案。

➤二、运输路线的选择和优化方法

运输线路的选择和优化有很多,不同的运输问题,对应有不同的优化方法。

(一)节约里程法

对于起讫点重合的问题,通常使用节约里程法。

节约里程法又叫节约算法或节约法,它的核心思想是依次将运输线路中的两个回路合并为一个回路,并且使得每次合并后线路的总运输距离能够达到最大减幅,直到达到一辆货车的装载限额时,再对下一辆货车的线路进行优化。优化过程一般分为并行方式和串行方式两种。利用节约里程法确定运输路线的主要出发点是,根据配送中心的运输能力和配送中心到各用户以及各用户之间的距离来制定运输方案,使得总的车辆运输的吨公里数最小,同时满足所有用户的要求,并且不使任何一辆货车超载。

1.节约里程法的原理

假如有一家配送中心 P 向 A、B 两地的用户送货,配送中心到用户 A 的最短距离为 L_1,配送中心到用户 B 的最短距离为 L_2,用户 A 与用户 B 之间的最短距离为 L_3。用户 A 的货物需求量为 Q_1,用户 B 的货物需求量为 Q_2。

如果配送中心 P 采用分别送货的形式,那么就需要两个车次,行驶的总路程为:$L = 2(L_1 + L_2)$,如图 9-5 所示。

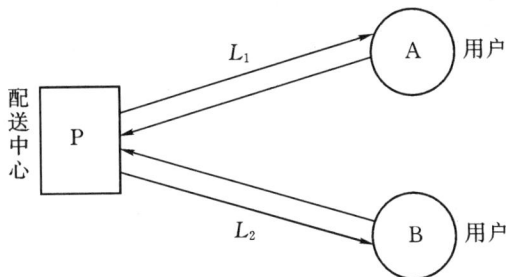

图 9-5 往返发货形式

如果配送中心改变发货形式,采用一个车次,往返于配送中心 P、用户 A 和用户 B 之间进行巡回送货,那么这时运输总路程变为:$L' = L_1 + L_2 + L_3$,如图 9-6 所示。

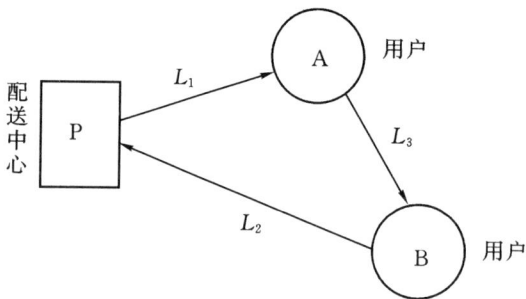

图 9-6　巡回发货形式

在巡回发货形式下,运输总路程的节约量为:

$$\Delta L = L' - L = L_1 + L_2 - L_3$$

由于三角形的两边之和大于第三边,因此 $\Delta L > 0$,所以巡回发货方式是优于往返发货形式的。

如果配送中心的服务范围内还存在第 $3,4,5,\cdots,n$ 个用户,在载运车辆载重允许的情况下,可以按照相同的原理,将它们按节约路程的大小依次连入巡回线路,直至该车辆载重饱和为止,余下的用户可以使用新的车辆,利用同样的方法进行路线规划。

2. 节约里程法的步骤

节约里程法的主要步骤如下:

①列出配送中心至各用户的运输网络结构图。

②根据运输里程表,按照节约里程公式,计算配送中心至各用户节点以及各用户节点之间的最短距离。

③计算出各用户节点相互间的节约里程,按照节约里程的大小进行排序并列表。

④按照节约里程的大小和各用户节点对货物的需求量,在车辆载重允许的条件下,将各个可能入选的用户点相连接,形成一条闭合的运输路线。

⑤当第一辆货车达到最大载重量时,完成了第一个闭合回路,接下来按照上述程序对第二辆货车进行运输线路的规划,开始第二条运输闭合回路的设计,以此类推,直到覆盖全部用户节点为止。

3. 节约里程法计算实例

【例 9-4】已知某物流配送中心 P 向 5 个用户 A、B、C、D、E 配送货物,其配送运输网络、配送中心与用户的距离以及用户之间的距离如图 9-7 所示,图中括号内的数字表示客户的需求量(单位:t),线路上的数字表示两结点之间的最短距离(单位:km),配送中心有 3 台 2 吨卡车和 2 台 4 吨卡车可供选择。

问题 1:试利用节约里程法制定最优的配送方案。

问题 2:设卡车行驶的速度平均为 40km/h,试比较优化后的方案比单独向各用户分送可以节约的时间。

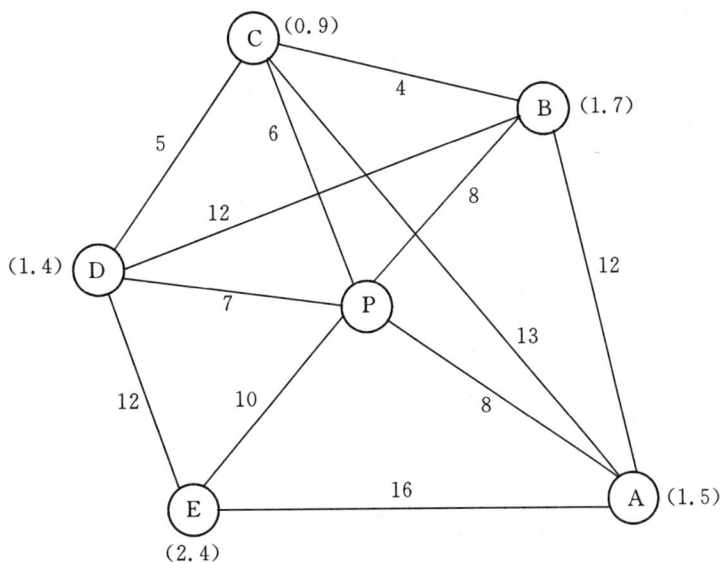

图 9-7 运输网络

解：

①计算配送中心至各收货点以及各收货点之间的最短距离，并列表，见表 9-7。

表 9-7 运输里程表

需要量	P					
1.5	8	A				
1.7	8	12	B			
0.9	6	13	4	C		
1.4	7	15	9	5	D	
2.4	10	16	18	16	12	E

②根据运输里程表，按节约里程公式求出相应的节约里程数，并且按照节约里程数由大到小进行排序。

如计算 A—B 的节约里程如下：

P—A 的距离是：8km；

P—B 的距离是：8km；

A—B 的距离是：12km；

A—B 的节约里程为：8+8-12=4(km)。

节约里程表见表 9-8。

表 9-8 节约里程表

序号	路线	节约里程(km)	序号	路线	节约里程(km)
1	BC	10	6	AE	2
2	CD	8	7	AC	1

序号	路线	节约里程(km)	序号	路线	节约里程(km)
3	BD	6	8	BE	0
4	DE	5	9	CE	0
5	AB	4	10	AD	0

③确定单独配送的运输路线。见图9-8。

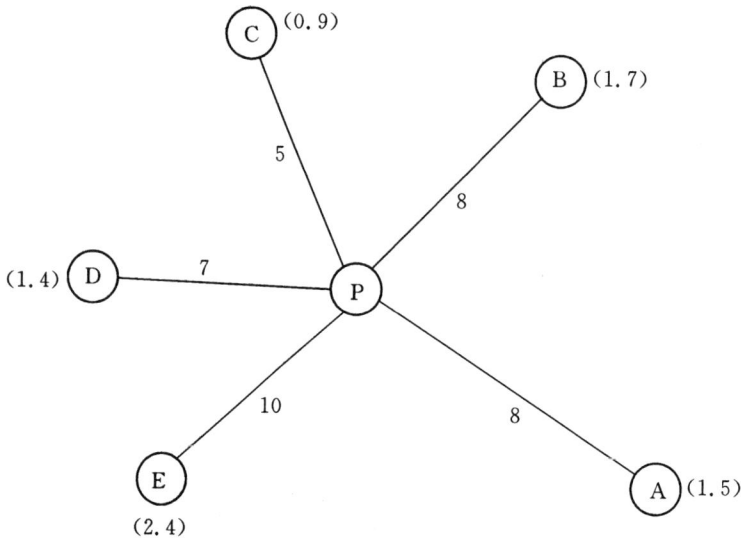

图9-8 单独配送路线

在单独配送路线(初始线路)下,需要3台两吨卡车和2台四吨卡车,运输总距离为
$(8+8+6+7+10)\times2=78(km)$。

④按节约里程的大小和各用户节点的货物需求量,在车辆最大载重允许的条件下,将尽可能多的节点连接起来,最后形成两条闭合的配送线路,如图9-9所示。

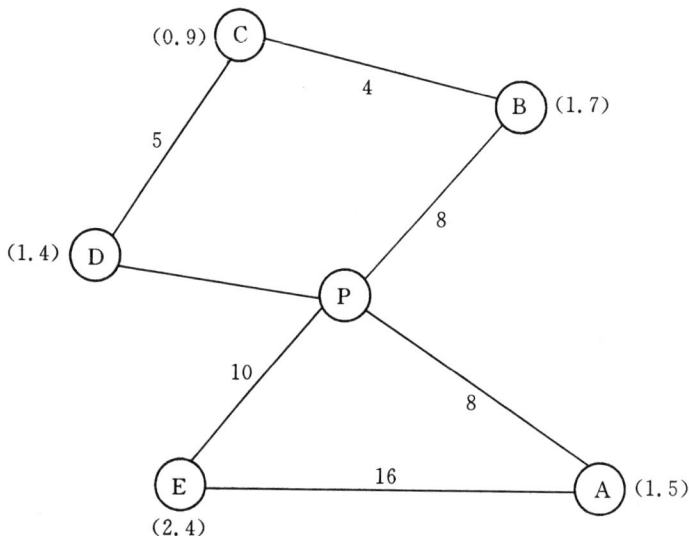

图9-9 优化后的配送网络

配送路线 1：路径为 P—B—C—D—P，运输里程为 8＋4＋5＋7＝24(km)，运输量为 1.7＋0.9＋1.4＝4(t)；

配送路线 2：路径为 P—A—E，运输里程为 8＋16＋10＝34(km)，运输量为 1.5＋2.4＝3.9(t)。

⑤经过优化后的线路总里程为 24＋34＝58(km)，与初始化路线相比，节约里程 $\Delta S＝78－58＝20(km)$，需要 2 台 4 吨卡车进行运输。

⑥由于卡车的行驶速度 $V＝40km/h$，因此经过优化后节约时间 $\Delta T＝\Delta S/V＝0.5(h)$。

4.节约里程法的优缺点

节约里程法的使用简便、易行，一方面对运输里程进行了优化，与一般方法相比明显缩短了运输里程；另一方面，节约里程法在实施过程中体现了物流配送网络的优势，实现了企业物流活动的整合。

但是，节约里程法同样存在一些缺点：

第一，利用节约法选择配送路线过于强调了运输里程的节约，并没有考虑行程中的时间因素，在实际情况下，时间更能决定物流配送的成本和服务质量。例如城市间配送时选择高速公路能够大大节省运输时间；在城市内部进行配送时，要考虑交通高峰期的配送问题。运输时间的长短不仅关系着配送人员的精神状态，同时对于特殊货物（生鲜、易腐货物）影响较大，因此，时间对于配送路线的选择有时显得更为重要。

第二，利用节约里程法选择配送路线不能对客户的需求进行灵活多变的处理。随着现代运输业的发展，消费者的需求越来越趋向于个性化，小批量、多品种、多批次的配送业务比例越来越高。而节约里程法更适合于在需求稳定或是需求时间不紧迫的情况下使用，这显然不能满足如今多变的市场环境。

（二）最短路线法

一般地，对于起讫点不同的单一问题往往采用最短路径法，这是一种最简单、最直接的方法。它的基本原理是：运输网络由节点和线段构成，点与点之间由线段连接，线代表节点之间的运行成本，如距离、时间或其组合的形式。最开始的时候，网络上的节点除了起点之外都是没有经过求解的，都是未知节点，最短路径法就是从起点开始，向终点移动，在此过程中寻找与起点相邻的、最近的节点，记住已经"行驶"的里程数，将这个最近的节点作为新的起点，再寻找下一个与此起点相邻的、最近的节点，将前两次行驶里程数相加作为总里程数，以此类推，直到到达终点为止，将最终的行驶路线和总的行驶里程数记录下来，即得到了最优路线。

最短路径法的具体步骤如下：

第一步：第 n 次迭代的目的：找出第 n 个距起点最近的节点，对 n 个节点重复此过程，直到所找出的最近节点是终点截止。

第二步：第 n 次迭代的输入值：在前面的迭代过程中找出 $n-1$ 个距起点最近的节点，及其距起点最短的路径和距离。这些节点和起点统称为已解的节点，其余的称为未解节点。

第三步：第 n 个最近节点的候选点：在网络中，已解的节点和一个或多个未解的节点相连接，其中，距离最短的那个节点就是候选点，将已解节点和候选点相连接。

第四步：计算出第 n 个最近的节点：将每个已解节点与其候选点之间的距离进行累加记为总距离，所得出的总距离最短的候选点就是第 n 个最近的节点，其最短路径就是由始发点开始到该节点所途经的所有节点组成。

实训九 运输决策

一、运输方式的选择

1.实训目标

熟悉并掌握各种运输方式的基本特点和成本构成,根据条件会计算各方式下的运输成本。

2.项目描述

某电器有限公司要从 X 市的工厂直接将 500 台电器送往位于 Y 市的一个批发中心,这批货物价值 180 万元。Y 市的批发中心确定这批电器的标准运输时间为 2.5 天,如果超过了标准时间,电器的机会成本为 30 元/台。电器公司的物流总管设计了三种运输方案:

A 公司是一家长途货运公司,可以按优惠运费率 0.05 元/(公里每台)来承运这批电脑,装卸费为 0.1 元/台。X 市到 Y 市的公路运价里程为 1100 公里,因为装卸货物会占用较长时间,估计需要 3 天时间。

B 公司是一家水运公司,可以提供水陆联运服务,即先用汽车从电器厂的仓库将货物运至 X 市码头,仓库距码头的距离为 20 公里,装船运至 Y 市码头,两个码头之间相距 1200 公里,再用汽车运至批发中心,码头距批发中心 17 公里。由于中转多次,估计需要 5 天才能运到。询价后得知:陆运运费率为 0.06 元/(公里每台),装卸费为 0.1 元/台,水运运费率为 0.06 元/(千米每百台)。

C 公司是一家物流公司,可以提供全方位物流服务,报价 22280 元。该公司承诺在标准时间内运到,但是准点的概率为 80%。

问题:请问物流总管应该选择哪一种运输方案?

(资料来源:董秀红.物流运输管理与实务[M].北京:中国财富出版社,2014.)

3.实训要求

(1)要求首先掌握各种运输方式的成本构成要素。

(2)通过计算对各种运输方式进行成本比较。

(3)运输方案要求写明选择原因、计算过程。

二、运输线路的选择与优化——节约里程法

1.实训目标

熟悉和掌握节约里程法的基本原理和求解过程。

2.项目描述

某配送中心(P)向 10 个用户(A—J)配送货物,其配送路线网络、配送中心与用户间的距离以及用户之间的距离如图 9-10 所示,图中各配送点上面的数字表示客户的需求量(单位:t),线路上的数字表示两个用户节点之间的距离(单位:km),配送中心现配有 2 吨车(即最大载重量是 2 吨)和 4 吨车两种车型,数量不限,但是规定每辆车一次运行的最长距离为 30 公里。

问题 1:试用节约里程法制订最优的配送方案。

问题 2:设配送中心在向客户配送货物过程中单位时间平均支出成本为 450 元,假定卡车行驶的平均速度为 20km/h,试计算优化后的方案比单独向各用户分送可节约多少费用。

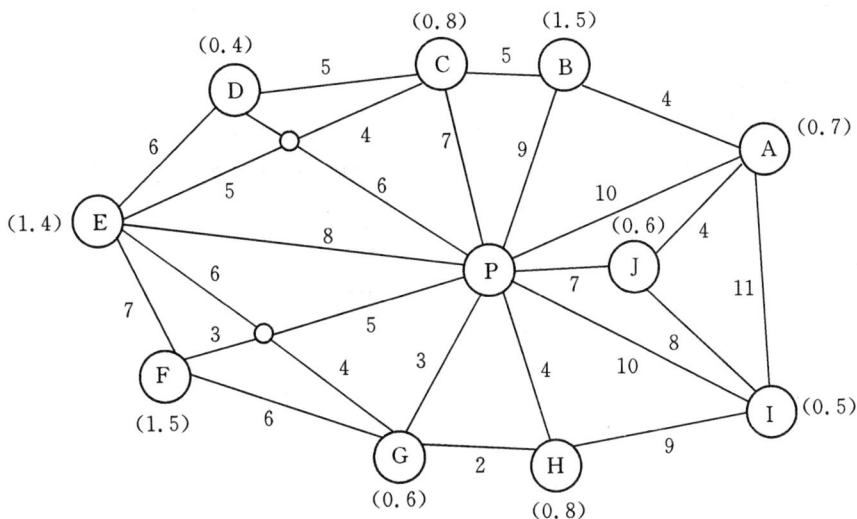

图 9-10　配送网络

3.实训要求

(1)熟悉节约里程法的基本原理与求解步骤。

(2)列出里程表和节约里程表,写出详细的求解过程。

三、运输线路的选择与优化

1.实训目标

能够通过企业实践,解决实际的运输线路规划问题,提高实际业务能力。

2.项目描述

深入物流企业内部,就某项具体业务绘制运输网络,运用本章所学知识解决实际最佳运输量和最佳运输线路问题。

3.实训要求

(1)熟悉该物流企业的业务范围、客户信息、车型设置、车辆设置、客户管理、承运信息、线路优化以及车辆调度和成本等之间的相关业务流程和特点。

(2)在了解业务的过程中,就某项具体业务运用所学知识,进行最佳运输量和最佳运输线路问题的分析。

四、运输合理化

1.实训目标

掌握运输合理化的定义、运输合理化的影响因素和实现途径。能够利用所学的理论知识,解决实际的运输问题。

2.项目描述

Stevens 公司的运输安排

1988 年 4 月,一家跨国食品及家用品公司 Leewick 有限公司与 Stevens 公司签订了合同。6 个月后,另一家跨国医药及营养品生产公司 Nutricarce 有限公司又与 Stevens 公司签订了一份类似合同。

根据协议,Stevens 公司接管物流业务后,两家公司的物流资产和员工就转入 Stevens 公司,且上述两家跨国公司的仓库管理员工也加盟 Stevens 公司,不过大多数员工可继续为各自的公司工作。为确保平稳过渡给第三方,Leewick 有限公司和 Nutricare 有限公司的运输队按惯例独立进行管理和监督。

Stevens 公司有 4 个运输队:A、B、C 和 D。A 队负责快速运送消费品和批量发货,并为销售家用品和仪器的超市及小商店发货;B 队向医生及医院运送医药品;C 队是以前 Leewick 的运输队,它服务的客户与 A 队相似;D 队是以前 Nutricare 的运输队,为药店、医院及超市服务,车队信息如表 9-9、表 9-10 所示。

表 9-9　运输车队结构

车辆大小	类型	A 队	B 队	C 队	D 队	总量	预计容量 每周/吨数
速运	货车	0	D	0	0	5	20
小型	箱装	9	4	4	4	21	60
48 英尺	箱装	3	0	1	0	4	80
53 英尺	箱装	4	0	2	0	6	120
	总量	16	9	7	4	36	280

表 9-10　运输部组织结构

A 队	B 队	C 队	D 队
1 位主管	1 位主管	1 位主管	1 位主管
2 位主管助理	1 位助理	1 位助理	—
3 名职员	2 名职员	1 名职员	1 名职员
16 个司机	9 个司机	7 个司机	4 个司机
32 个帮手	18 个帮手	14 个帮手	8 个帮手
54 个雇员	31 个雇员	24 个雇员	14 个雇员

运营了仅 1 年后,Stevens 公司的客户对提供的服务很满意。不过,车队所得利润低于期望值。1999 年,报表显示综合物流分公司的所有利润远低于预算值,其差额归因于运输的工作。分公司总经理已要求运输经理立刻采取行动通过提高运输的工作效率来节约成本。

(资料来源:汪时珍.现代运输管理[M].合肥:安徽大学出版社,2015.)

3.实训要求

(1)讨论:什么原因导致了 Stevens 公司的运输工作与预期相差过大?

(2)如果你是 Stevens 公司的运输经理,你认为应该采取什么运输服务措施使公司赢利?详细说明理由。

项目小结

1.运输合理化。

①合理运输的五要素:运输距离、运输时间、运输费用、运输工具和运输环节。

②不合理运输的形式:空驶、重复运输、迂回运输、过远运输、对流运输和倒流运输。不合理运输会造成运力的浪费以及运输费用不必要的增加。

③合理运输的途径:选择合适的运输方式;选择合理的运输工具;选择正确的运输路线;提高运输工具的实载率;减少运力投入,增加运输能力;发展社会化运输体系;开展中短距离的铁路与公路分流;发展直达运输;做到"四就"直拨运输;配载运输。

2.运输方式的选择。

①各种运输方式的技术经济特征。在进行物流运输方式选择的时候,要熟悉各种运输方式的技术经济特性,根据商品的特征、运输条件和市场需求,合理地选择适合的运输方式,以实现物流成本的节约和物流效益的最大化。

②运输方式选择的影响因素:运输货物的特性;运输方式的经济性;运输速度;运输的安全可靠性;运输距离;运输服务的便利性;竞争因素。

③运输方式选择的方法:定性分析法;定量分析法:成本比较法、竞争因素决定法、综合评价法。在实际操作中,通常将定性分析法与定量分析法结合使用。

3.运输路线的选择与优化。

运输路线选择的问题:起讫点不同的单一问题、起讫点重合的问题和多起讫点问题。

运输路线选择与优化的方法:节约里程法和最短路径法。节约里程法的核心思想是依次将运输线路中的两个回路合并为一个回路,并且使得每次合并后线路的总运输距离能够达到最大减幅,直到达到一辆货车的装载限额时,再对下一辆货车的线路进行优化。最短路径法就是从起点开始,向终点移动,在此过程中寻找与起点相邻的、最近的节点,记住已经"行驶"的里程数,将这个最近的节点作为新的起点,再寻找下一个与此起点相邻的、最近的节点,将前两次行驶里程数相加作为总里程数,以此类推,直到到达终点为止,即最短路径。

思考与练习

1.不合理运输有哪些? 合理化运输的影响因素有哪些?

2.运输合理化的实现途径有哪些?

3.简述五大运输方式及其技术经济特征。

4.简述影响运输方式选择的因素。

5.简述运输方式选择的方法。

6.运输路线选择的问题分为哪几种? 分别是什么?

参考文献

[1]陈贻龙,邵振一.运输经济学[M].北京:人民交通出版社,1999.

[2]王成钢.交通运输市场概论[M].北京:人民交通出版社,1999.

[3]杨家其.现代物流与运输[M].北京:人民交通出版社,2003.

[4]成耀荣.综合运输学[M].北京:人民交通出版社,2003.

[5]肖旭.物流管理基础[M].北京:机械工业出版社,2004.

[6]张理,李雪松.现代物流运输管理[M].北京:中国水利水电出版社,2005.

[7]阎子刚.物流运输管理实务[M].北京:高等教育出版社,2006.

[8]杨茅甄.集装箱运输管理实务[M].北京:高等教育出版社,2007.

[9]霍红,刘莉.国际运输实务[M].北京:中国物资出版社,2007.

[10]陈明蔚.物流运输组织与实务[M].北京:清华大学出版社,2009.

[11]张翼英,等.智能物流[M].北京:中国水利水电出版社,2012.

[12]丁天明.运输管理实务[M].北京:北京邮电大学出版社,2013.

全国高职高专"十三五"物流类专业系列规划教材

物流管理概论	物流经济地理
物流信息管理	现代物流技术
物流成本管理	物流信息技术
物流企业管理	物流设施设备认知与操作
供应链管理	物流装卸搬运设备与技术
仓储与配送管理	物流系统规划与设计
采购管理实务	物流管理信息系统
第三方物流管理	物流管理软件应用
客户关系管理实务	连锁经营管理
物流中心运营与管理	特许经营实务
物流运输组织与管理	连锁企业促销管理
运输设备与管理	连锁企业采购管理
运输管理实务	连锁企业配送管理
集装箱运输与管理	连锁企业门店营运管理
物流案例教程	连锁企业总部运营管理
物流服务营销	连锁企业财务管理
物流电子商务	连锁企业信息系统管理
物流经济学	连锁企业人力资源管理
物流市场营销	零售管理
物流法律法规	物资采购
物流专业英语	工程物资成本核算与控制
物流应用写作	物流金融业务操作与管理
国际物流与货运代理	

欢迎各位老师联系投稿！

联系人：李逢国
手机：15029259886 办公电话：029—82664840
电子邮件：1905020073@qq.com lifeng198066@126.com
QQ：1905020073（加为好友时请注明"教材编写"等字样）

图书在版编目(CIP)数据

运输管理实务/柯沪芬,高怡主编.—西安:西
安交通大学出版社,2017.11(2021.1重印)
ISBN 978-7-5693-0285-1

Ⅰ.①运… Ⅱ.①柯…②高… Ⅲ.①交通运输
管理-教材 Ⅳ.①F502

中国版本图书馆 CIP 数据核字(2017)第 300454 号

书　　名	运输管理实务
主　　编	柯沪芬　高　怡
责任编辑	王建洪

出版发行　西安交通大学出版社
　　　　　　（西安市兴庆南路 1 号　邮政编码 710048）
网　　址　http://www.xjtupress.com
电　　话　(029)82668357　82667874(发行中心)
　　　　　　(029)82668315(总编办)
传　　真　(029)82668280
印　　刷　陕西金德佳印务有限公司

开　　本　787mm×1092mm　1/16　**印张** 15.75　**字数** 382 千字
版次印次　2018 年 2 月第 1 版　　2021 年 1 月第 3 次印刷
书　　号　ISBN 978-7-5693-0285-1
定　　价　39.80 元